权威·前沿·原创

皮书系列为
"十二五""十三五""十四五"时期国家重点出版物出版专项规划项目

图书在版编目（CIP）数据

中国音频传媒发展研究报告 . 2022 / 颜春龙，申启
武主编；牛存有，赖黎捷副主编 . --北京：社会科学
文献出版社，2022.12
　（传媒蓝皮书）
　ISBN 978-7-5228-0763-8

　Ⅰ . ①中… 　Ⅱ . ①颜… ②申… ③牛… ④赖… 　Ⅲ.
①音频技术-传播媒介-产业发展-研究报告-中国-
2022 　Ⅳ . ①G219.2

中国版本图书馆 CIP 数据核字（2022）第 170220 号

传媒蓝皮书
中国音频传媒发展研究报告（2022）

主　　编／颜春龙　申启武
副 主 编／牛存有　赖黎捷

出 版 人／王利民
责任编辑／张建中
文稿编辑／王　娇
责任印制／王京美

出　　　版／社会科学文献出版社·政法传媒分社（010）59367156
　　　　　　地址：北京市北三环中路甲 29 号院华龙大厦　邮编：100029
　　　　　　网址：www.ssap.com.cn
发　　　行／社会科学文献出版社（010）59367028
印　　　装／天津千鹤文化传播有限公司

规　　　格／开本：787mm×1092mm　1/16
　　　　　　印张：22　字数：328 千字
版　　　次／2022 年 12 月第 1 版　2022 年 12 月第 1 次印刷
书　　　号／ISBN 978-7-5228-0763-8
定　　　价／178.00 元

读者服务电话：4008918866

传媒蓝皮书

BLUE BOOK OF CHINA'S MEDIA

中国音频传媒发展研究报告（2022）

REPORT ON THE DEVELOPMENT OF CHINA'S AUDIO MEDIA (2022)

主　编／颜春龙　　申启武
副主编／牛存有　　赖黎捷

社会科学文献出版社
SOCIAL SCIENCES ACADEMIC PRESS（CHINA）

B

BLUE BOOK

智库成果出版与传播平台

本书出品方

重庆师范大学广播（CCData 音频传媒）研究院
暨南大学新闻与传播学院
重庆师范大学新闻与传媒学院

《中国音频传媒发展研究报告(2022)》
编 委 会

主编简介

颜春龙　重庆师范大学新闻与传媒学院院长、三级教授，重庆师范大学广播（CCData音频传媒）研究院副院长，重庆市沙坪坝区政协副主席。主要从事传媒产业、传媒法与社会治理、影视传媒文化和环境新闻传播等领域教学与研究，曾在美国纽约州立大学布法罗分校传播系访学、中国社会科学院民族学与人类学研究所做博士后，获省级宣传文化系统"四个一批"理论界人才、省级高校哲学社会科学学术带头人等荣誉称号，出版专著编著9部，发表论文40余篇，主持国家级及省部级课题10余项，参与媒体融合和现代服务业集聚区、文化旅游集聚区、文化演艺院团深化改革等重大项目的规划研究，以及作为国家新闻传播学、文化产业专家库成员多次参加省级新闻奖、文化产业发展专项资金、互联网发展专项资金、正高职称和教育部"长江学者"特聘教授等项目的评审。兼任中国广播电视社会组织联合会媒介融合研究基地副主任、中国高校影视学会广播专业委员会常务副会长、中国新闻史学会地方新闻史研究会常务理事、重庆市记协常务理事、重庆市广电协会常务理事、重庆市版权研究基地主任。

申启武　暨南大学新闻与传播学院教授、博士生导师，重庆师范大学广播（CCData音频传媒）研究院执行院长、特聘研究员。拥有十余年的媒体工作经历，主要从事广播理论与实务的教学与研究；主持国家社科基金一般项目、国家广电总局社科研究重大项目与一般项目、国务院侨务办公室人文社科一般项目及广东省社科基金一般项目、广东省高校人文社科重点研究基地重大项目等；发表论文 80 多篇，出版专著 7 部，主编著作 5 部；获第十一届全国广播电视学术论文评选一等奖，第六届全国广播电视学术著作评选二等奖，广东省广播影视奖社科论文类一等奖、二等奖等，并有作品获 2000、2001、2002 年度"中国广播文艺奖"一等奖和获"中国广电学会广播文艺专家奖"一等奖。兼任中国广播电视社会组织联合会特邀理事、中国高校影视学会理事、中国高校影视学会广播专业委员会副主任委员、全球修辞学会—视听传播学会副会长、《中国广播电视学刊》编委，连续多年担任广东省广播影视奖评委以及第 20、23、25 届中国新闻奖评委。

摘　要

《中国音频传媒发展研究报告（2022）》是由重庆师范大学广播（CCData音频传媒）研究院主持，暨南大学新闻与传播学院、重庆师范大学新闻与传媒学院联合编撰的年度报告，汇聚了中国广播媒体与音频领域的专家、学者、业界精英的真知灼见，以及中科网联数据科技有限公司（CCData）融媒体专业研究团队的研究成果。

2021年是中国共产党成立100周年，也是中国人民对外广播事业创建80周年。中国广播主流媒体以高度责任感，与党同心，与时代同行，创作了一批又一批思想深刻、情感充沛、制作精良、矩阵强大的音频作品，广播大型直播开始成为常态，各类新闻网站也在加速音频化，广播音频行业的有关政策法规体系构建与治理也在持续加强。

2021年，我国媒体融合向纵深发展，广播音频的纵向横向融合顺势而为。在音频平台加快升级、小宇宙等小众播客迅猛发展的新产业格局下，传统媒体推动广播内容视频化、社交化，同时加快广播深度融合的生态化布局，打造跨界广播IP，构建全媒体传播体系；全国广播频率融合传播发展继续深入，传播效果较好，传播格局基本稳定，"音频+"的声音互联网生态发展向好。截至2021年底，我国在线音频用户达到6.9亿人。

本报告持续关注中国音频生态发展的最新动态和未来趋势，分享和推介广播频率融媒传播效果评估，解读全国广播频率融媒传播效果EMC融播指数和全国广播市场收听竞争格局基础数据，探讨媒体深度融合背景下传统广播视频化融合路径，洞察中国网络语音直播、网络音频、有声书读物等在

2021 年度发展中的新趋向和新态势。本报告通过科学、真实的第一手数据和客观、理性的案例分析，全场景呈现中国广播和音频传媒市场的发展和创新成果，为音频产业融合升级提供理性参考和客观依据。

综观 2021 年中国音频传媒市场，"平台化"与版权体系建设交互进行、交相呼应。一方面，全国广播媒体的新媒体矩阵日趋完备，全媒体传播体系日趋完善，新平台型媒体和资源聚集型"云平台"发展态势日渐清晰；另一方面，全国广播媒体通过加强版权管理运营、积极布局车联网与移动互联网，有序深化版权保护与同业交流，产品定位、目标市场等进一步明确，逐渐从之前的市场扩张、资源争夺阶段过渡到自我沉淀和精耕细作阶段。2021 年，新《著作权法》的修订和实施，促进了网络音乐版权保护适用等法律制度进一步健全，网络音乐正版化生态体系正逐步建立。与此同时，随着互联网数字技术的发展、人们阅读习惯的改变、政策的推动以及社会经济的发展，有声书在我国成为越来越受欢迎的音频内容产品。我国已成为全球有声书第二大市场，有声书产业不断快速发展，市场体系也逐渐成熟，云听的融合创新盈利模式更是为广播媒体转型发展带来新的启迪。

在视频消费市场竞争日趋激烈的当下，音频类产品的市场规模不断扩大，音频消费占媒体消费总量的比重持续提高，广播音频的广告投放显示出巨大弹性，广播媒体一站式音频娱乐平台建设步伐进一步加快，音频流媒体、在线客户端等使在线音频与传统广播收听时长持平。音频流媒体、在线播客、有声书、音频直播、音频社交等不断拓展听觉应用场景，5G、智能音箱、VR 穿戴设备等在助推音频传播个性化、便利化、社交化特征彰显的同时，加快推动新媒体内容的广播化，听觉"黄金时代"已然近在咫尺。

关键词： 音频传媒　视频化　EMC 融播指数

目 录 ↖⟩

Ⅰ 总报告

Ⅱ 媒体融合篇

Ⅲ 广播电台篇

皮书数据库阅读**使用指南**

总 报 告

General Report

B.1

建党百年中国音频传播的守正与创新

——2021年中国音频传媒发展报告

覃信刚[*]

摘 要： 2021年适逢中国共产党百年华诞，中国主流广播音频以高度
负责的精神，与党同心同向，与时代同步同行；以特有的政治
敏锐、特有的家国情怀，记录历史伟业，展现百年风华，生动
鲜活地讲好中国共产党的故事，齐声唱响共产党的主旋律，创
作了一批又一批思想深刻、情感充沛、结构宏大、矩阵宽广的
广播音频作品。同时，国际传播、法律法规建设、媒体融合、
"新闻+政务、服务、商务"的运营等也有效开展，亮点
频频。

关键词： 建党百年 媒体融合 "新闻+" 音频传播

---

[*] 覃信刚，云南师范大学地理学部博士生导师，云南广播电视台原台长，高级记者（二级）。

2021 年是中国共产党成立 100 周年。百年征程波澜壮阔，震撼人心；百年初心历久弥坚，记忆永恒。在建党百年这个极具标志性的重要年份，中国主流广播音频与党同心同向，与时代同步同行，以特有的政治敏锐、特有的家国情怀，以及大国工匠式的制作本领，创作了一批又一批思想深刻、情感充沛、结构宏大、矩阵宽广的广播音频作品，有的成为现象级经典，有的成为里程碑式案例。在此期间，广播音频传媒行业的其他工作，如媒体融合、法律法规建设、新媒体发展等也与时俱进，亮点频频。

一　高光聚焦：庆祝建党百年大会直播成为经典

广播音频现场直播是广播传播的重要形态、竞争锐器。2021 年是党和国家事业不平凡的一年，广播大型直播形成常态。2021 年 2 月 11 日，中央广播电视总台（以下简称"总台"）春节特别节目《中国声音中国年》以"心在一起，爱就没有距离"为主题，在所属中国之声、音乐之声、南海之声等 11 套广播频率同步直播，在新兴音频客户端云听、央视影音等同步进行音视频直播，时间长达 6 小时 30 分钟，为用户奉献了一场"声音盛宴"，既掀起了传统广播的"声浪"，又丰富了互联网广播的音频内容。据初步统计，在广播端，《中国声音中国年》的总触达人次为 1633 万人次；在新媒体端，仅微博话题阅读人次即达 1.2 亿人次，直播观看人次超 450 万人次，相关报道点播回放超 2 亿次，在总台平台的跨媒体总触达人次为 4323 万人次。[①] 2021 年 5 月，青岛广播电视台新闻综合广播组成融媒体团队，开展"重走岛城红色之路"活动，历时 15 天，行程 1000 多公里，现场直播 10 余场，通过传统广播、移动客户端、社交媒体平台等观看直播的用户达上百万人次。2021 年国庆节期间，广东广播电视台交通之声的"出行提示"，既有云游粤港澳大湾区的直升机直播，又有前方记者的现场播报，并与社交媒体

---

① 郭静、李天娇、章成霞：《〈中国声音中国年〉实现主流价值创造性转化和创新性发展》，《中国广播》2021 年第 2 期。

合作，产生了良好影响。

2021年，全国广播音频传媒高光聚焦中国共产党成立100周年大会，全力以赴做好建党百年宣传报道，营造"党的庆典，人民的节日"浓厚舆论氛围，使音频传媒成为盛世伟业传播高地。其中，庆祝建党百年大会直播就是经典之作。

"奋斗百年路 启航新征程"大型主题采访活动于2021年1月18日在国家博物馆正式启动。在启动仪式上，中宣部特别强调，记录历史伟业，展现百年风华，生动鲜活讲好中国共产党的故事是庆祝建党百年党和国家政治生活中的一件大事。总台中国之声等主流广播音频围绕建党百年伟业，以及新时期乡村振兴、共同富裕、抗"疫"等不同主题进行了一系列报道，营造了良好的舆论氛围。节日前夕，总台又对庆祝中国共产党成立100周年大会综合演练进行了报道，还对大会现场直播和转播进行了预告。2021年7月1日上午，庆祝中国共产党成立100周年大会在北京天安门广场隆重举行，全国各界代表7万余人以盛大仪式欢庆中国共产党百年华诞。中共中央总书记、国家主席、中央军委主席习近平发表重要讲话。① 总台抽调精兵强将组成大型直播团队，以当今最精良的直播设备进行了长达4个多小时的声势浩大的广播电视现场直播。总台15个广播频率、云听客户端、央广网、国际在线等新媒体平台同步直播，包括44种语言的对外传播平台同步推出特别板块。全国地市级以上广播电视台主频率、有条件的县级融媒体中心、农村大喇叭都进行了转播，有全国电台入驻的自媒体、社交媒体头部平台，如喜马拉雅、蜻蜓FM也同步转播了大会实况。全国省、市广播电视台主频率的总监、技术总监（包括台长、总编辑等），都坐镇现场指挥转播。笔者使用5G手机、传统收音机、天猫精灵收听中国之声、音乐之声、中国乡村之声等的音频，又转换收听云听、阿基米德、喜马拉雅和学习强国、北京时间的音频，同时对比中央电视台的直播，深感新时代我国广播音频现场直

① 《庆祝中国共产党成立100周年大会》，百度百科，2021年，https://baike.baidu.com/item/庆祝中国共产党成立100周年大会/56428816？fr=aladdin。

播，无论是传统广播还是互联网广播都进入了高质量发展阶段，而庆祝中国共产党成立 100 周年大会广播音频现场直播，是继开国大典、香港回归、新中国成立 70 周年庆典等广播音频现场直播之后的又一经典之作。这一经典之作具有非凡的历史分量和当代价值，是极具标志性的重大节点上的划时代耀眼坐标。有理由相信，广播音频现场直播的"声景"，特别是习近平总书记的重要讲话将成为听众的永恒记忆和前行力量。

二 盛世讴歌：唱出新时代红色旋律最强音

建党百年之际，中国江山如画，人民精神如炬，全国广播音频紧紧围绕庆祝中国共产党成立 100 周年这一重大主题，精心策划、精心组织，推出了一批又一批思想精深、艺术精湛、制作精良的广播音频作品，热情讴歌党和人民的丰功伟绩。

《中国共产党百年瞬间》（以下简称《百年瞬间》）就是这样的精品力作。《百年瞬间》是由总台中国之声整体策划并与央视新闻、云听客户端、央广网等平台联合全国 60 余家省、市电台同步推出的大型特别报道，共365 集，从 2021 年 1 月 1 日开始，每天播出 1 集，播出 1 年。《百年瞬间》全方位、立体化、多角度、纵深式展现了中国共产党波澜壮阔的伟业，且以经典的原声、动人的情节呈现，结构宏大、矩阵宽广、思考深刻、情感充沛、感人至深，不但在主流广播音频领域堪称巨作，在主流新媒体领域也称得上典范，使当代声音互联网的红色旋律发出了最强音。

中国共产党成立百年，广播音频以"百"为主题进行大制作、大传播，产生了震撼人心的力量，给人以永恒记忆。总台、国家文物局、中央网信办联合制作的《红色印记——百件革命文物的声音档案》、邢台广播电视台精心策划推出的《百集抗大故事》，就属于"百大"作品。前者精挑细选建党百年历程中具有典型性的 100 件文物，邀请 100 位具有代表性的文艺工作者和主播担任讲述人，真实准确地还原艰难岁月中革命文物经历的革命场景，展现百年大党波澜壮阔的历史场景，使红色传播触达听众心灵，变成他们永恒的红色记忆。后者的制作单位邢台广播电视台是一个地市级媒体，制作"百大"节目，对其来说无疑存在不少困难，但其勇于担当、甘于奉献，深入挖掘抗大在河北邢台的宝贵党史资源，开展了《百集抗大故事》重大主题报道。主播们进村、进校、进军营，开门办广播、开门办客户端，传承了抗大精神，也继承了延安窑洞电台精神，这一节目在著名社交媒体头部平台被推送，引得评论区好评不断。蒙语、维语、藏语、哈萨克语、朝鲜语广播推出的200集系列节目《民族先锋——少数民族优秀共产党员》，不但展示了5种少数民族"声景"，同时对铸牢中华民族共同体意识产生了无法估量的作用。同样融合传播的《见证初心·百集京华党史故事》、百集音频微剧《烈火芳华——雨花英烈传》也使人过耳不忘，获得美的艺术享受。

建党百年之际，中共中央宣传部、国家广播电视总局组织制作的26部优秀广播剧在全国展播，这批优秀广播剧有的讲述英雄典型故事，有的展现百年苦难与辉煌，使2021年成为我国广播剧领域的红色之年、致敬之年、传承之年，影响力空前。

与优秀广播剧一样，音乐党史课同样迈入红色之年。由湖南广播电视台创新推出的音乐党史课"百炼成钢路，音乐颂党史"，融合党史教育与革命歌曲、融合经典音乐和影视作品，用百年党史叙事，以"觉醒号角""苦难辉煌""永葆本色""中流砥柱""屹立东方""精神丰碑""关键一招""希望田野""伟大复兴"九大历史篇章为主线，再现了党的艰难的奋斗历程。音乐党史课以音乐+党史的形式形成全新的课程，相继走进党政事业单位、企业、学校、社区，甚至农村大喇叭也办起了"村村响"党史课，成为广播音频红色传播的一大亮点。

三 国际传播：展示真实立体全面的中国

2021年，习近平总书记多次强调，要切实做好国际传播工作。5月27日，他在致信祝贺《中国日报》创刊40周年时强调："更好展示真实、立体、全面的中国，为促进中国和世界交流沟通作出新的贡献！"① 5 月 31 日下午，习近平总书记在中共中央政治局第 30 次集体学习时强调："加强和改进国际传播工作，展示真实立体全面的中国。"② 12 月 3 日，习近平总书记在致信祝贺中国人民对外广播事业创建 80 周年时强调："加强国际传播能力建设，打造具有强大引领力、传播力、影响力的国际一流新型主流媒体。"③ 全国广播音频行业努力实践，全力落实习近平总书记的要求，推动了国际传播的发展。

一是成功举办第五届中阿广播电视合作论坛等，云上开拓全球音频传播新生态。"丝绸之路视听工程"已在 34 个国家打造了多个地方品牌，"中国联合展台"线上平台全面升级，围绕"一带一路"倡议、人类命运共同体、生态文明、抗"疫"、乡村振兴等主题讲述新时代中国高质量发展的故事，展现可信、可爱、可敬的中国形象。

二是围绕重大外交活动和特殊事态提升国际传播影响力。2021 年 10 月 11~12 日，联合国生物多样性大会在昆明举办，这次大会的主题是"生态文明：共建地球生命共同体"，来自 140 多个缔约方及 30 多个国际机构和组织的共计 5000 余位代表通过线上线下结合方式参加大会，中国广播音频的全方位报道传遍了这些缔约方及国际机构和组织。同时，与亚洲—太平洋广播联盟、欧洲广播联盟、非洲广播联盟、阿拉伯国家广播联盟等共同发布《关于保护生物多样性的联合倡议》，境外 820 余家媒体机构对该联合倡议进行了转载，有效扩大了我国的国际传播影响力。2021 年 4 月，云南西双版纳勐养子保护区 10 多头野生亚洲象向北迁移，全国对外广播、少数民族语言广播及新闻音频节目及时跟踪报道，引发世界广播音频节目大量转播，全国广播音频节目的报道基本秉持客观、真实的立场，

---

① 《贺信》，《人民日报》2021 年 5 月 28 日。
② 《习近平在中共中央政治局第 30 次集体学习时强调　加强和改进国际传播工作　展示真实立体全面的中国》，人民网，2021 年 6 月 2 日，http://politics.people.com.cn/n1/2021/0602/c1024-32119745.html。
③ 《贺信》，《人民日报》2021 年 12 月 4 日。

展现了中国的良好形象。

三是国际传播不断向周边国家和其他海外地区拓展。除总台全力打造具有强大引领力、传播力、影响力的国际一流新型主流媒体，加大国际传播力度外，我国地方各级广播电台也利用地缘优势，加大对周边国家的传播力度。例如，云南广播电视台、广西广播电视台的国际频率就精选有关新闻向周边国家传播，与周边国家交流互鉴，不断创新形态。云南广播电视台、广西广播电视台还在周边国家广播电台开设了中国广播节目，传播中国文化，受到当地听众和官员普遍认可。另外，海外应用 Castbox 已成为美国最大的第三方播客平台，"截至 2021 年 12 月，共使用 75 种语言，覆盖 175 个国家，活跃用户超 4000 万，并且连续两年名列 Google 年度应用奖项之中"。①

四 守正创新：广播音频行业有关政策法规体系构建与治理持续加强

2021 年是广播音频红色传播具有里程碑意义的一年，也是有关政策法规体系构建与治理持续加强的一年。虽然广播音频没有单独颁布有关的政策法规，但其他有关的政策法规，内容均包括了广播音频行业治理。

（一）政策法规体系构建加强

开展思想政治工作是党的优良传统，也是广播音频传播的鲜明特色。2021 年 7 月，中共中央、国务院印发《关于新时代加强和改进思想政治工作的意见》，明确指出要把思想政治工作融入各项宣传中，落实到党报党刊、电台电视台、新媒体等各级各类媒体，不断提高新闻舆论传播力、引导力、影响力、公信力。网络空间既是文化空间、政治空间，也是广播音频空间。打造生态良好的网络广播音频空间，是用户的期盼。2021 年 9 月，中

---

① 《声网 & Castbox：播客浪潮中出海弄潮儿的大"声"意》，"驱动之家"百家号，2021 年 7 月 21 日，https://baijiahao.baidu.com/s? id=1705864637479171285&wfr=spider&for=pc。

共中央办公厅、国务院办公厅印发《关于加强网络文明建设的意见》，对网络文明建设做出明确部署，提出目标要求，加强了对网络广播音频的治理。而2021年10月8日国家广播电视总局发布的《广播电视和网络视听"十四五"发展规划》，对高质量发展传统广播、互联网广播，构建网上网下一体化舆论引导创新体系，是较好的引领和保证。

我国的广播是党和人民的喉舌，是主流媒体、主阵地，长期以来把社会效益放在第一位。2021年10月8日，国家发展改革委就《市场准入负面清单（2021年版）》向社会公开征求意见。其中，禁止准入事项有：非公有资本不得从事新闻采编播发业务，不得投资设立和经营新闻机构，包括广播播出机构、互联网新闻信息采编发布服务机构以及频率、栏目、公众账号等。这再次巩固和确立了广播作为主流媒体的优势地位。《中华人民共和国广播电视法（征求）意见稿》把音频等视听节目及其相关活动列入广播电视活动，规范了网络视听节目的广播电视属性，音频治理的实践开始上升为法律规范。政策法规体系构建的加强无疑是广播音频高质量发展的有力保障。

（二）行业治理加强

2021年，中共中央宣传部、国家网信办、国家广播电视总局等多个部委出台30余个部门规章和管理意见。这些规章和管理意见大多数为综合性的，不只涉及某一类媒体，基本上包括了广播音频。如《互联网广告管理办法（公开征求意见稿）》《关于进一步加强文艺节目及其人员管理的通知》《关于加强网络直播规范管理工作的指导意见》《网络直播营销管理办法（试行）》《关于加强网络文化市场未成年人保护工作的意见》等，有效推动了广播音频节目的健康发展。4月，上海广播电视台6名主持人违规参加刑满释放不久的企业主周某某的生日宴会，当众发表不当言论，遭到网络舆论强烈批评；11月，天津交通广播"红绿灯"节目男女主持人讨论城市美食话题时发生争执，大吼大叫，男主持人摔门而出。这两起主持人事件，严重影响了所属广播电视台的形象，相关主持人遭到严肃处理。

五　媒体融合：广播音频朝纵深发展

2020年，中共中央办公厅、国务院办公厅印发《关于加快推进媒体深度融合发展的意见》，国家广播电视总局印发《关于加快推进广播电视媒体深度融合发展的意见》，各省、市在2020年和2021年也相继出台实施意见，推动媒体融合朝纵深发展，广播音频也顺势而为。

一是组织架构朝四级平台贯通发展。2021年，总台先后成立重庆总站、浙江总站、河北总站、北京总站、山东总站。当地省、市级广播音频可依托这些总站，加强广播音频的纵向融合。同时，全国县级融媒体中心基本建成，尽管有少数县未开办广播电台，但应急广播有了一定保障。而在智慧广电建设中，延安冯庄乡冯庄村将互联网智能广播与有声图书馆结合起来，发起"有声乡村"试验，创办了智慧广播，不断播出党史、新农村建设、红色经典等21个板块内容，通过数字乡村建设丰富了村民精神生活。中央级、省级和县级媒体融合有了较快发展，作为上下贯通的"腰部媒体"，地市级广播音频也不甘落后，在观察、观望中思考深度融合。这种融合不是广播与电视的融合，而是广播电视台与党报的融合。据不完全统计，2021年，全国除北京、上海、天津、重庆的区县级（这些区县与省的地市平级）媒体融合全部实施外，其他省（区、市）有20多家地市级广播电视台与党报组建了全媒体机构，虽然在全国333家全媒体机构中的占比不高，但让人看到，地市级广播电视台与党报融合也是大势所趋。如能在1～3年内完成融合，那我国就形成了中央、省、地市和县级四级媒体融合的格局，这是1983年全国四级办广播电视的迭代和升华。尽管广播音频在融媒体中所占份额不大，但它的影响力不可低估。

二是广播音频节目纵向横向融合得到了加强。"全国广播一家人"，广播业历来比较团结，纵向横向的合作都有，但从来没有像现在如此之多，如前述许多鸿篇巨制就是融合的产物，这在很大程度上也是由融合带来的便利。

三是主流新媒体不断成长壮大，如云听、阿基米德。前者是声音互联网的"国家队"，也是中央级的音频新媒体、主流新媒体，从2020年3月4日上线以来，仅一年时间客户端的阅览量即达10亿次以上。后者是地市级的音频新媒体、主流新媒体，创办以来也比较受用户青睐，这里的用户已经突破了地域的限制，成为全国甚至世界的广播音频用户。云听作为音频新媒体、主流新媒体，有三个显著的特征。第一，领袖传播、政治传播形成广播音频高地。云听作为党媒，高度负责地传播党的路线方针政策，传播领袖的重要讲话、重要活动内容，为其他音频做出了表率。云听认真践行习近平总书记致总台贺信中提出的"努力打造具有强大引领力、传播力、影响力的国际一流新型主流媒体"，[①] 实施"移动优先"战略，努力传播好中国之声的节目，并将中国之声重点栏目《新闻和报纸摘要》《新闻纵横》《新闻晚高峰》单独推送，并一集一集储存，汇聚成"新闻资料库"，使用户可选择回听，这是传统广播做不到的，特别是给全国各级干部带来极大方便：要学习、了解党的路线方针政策，用智能手机收听云听《新闻和报纸摘要》就可以做到。这给新时期用户收听广播音频带来极大方便。云听于2021年3月上线"党建频道"，开办的《平"语"近人》《习声回响》已成为用户喜爱的精品节目，使领袖传播适应了用户的需要。第二，音频的类型化编排有序开展。类型化虽是传统广播概念，但用于互联网广播也无不妥，这也是融合的结果。学习强国、北京时间的音频和云听、阿基米德的空间编排实质上就是类型化编排，如云听的一种类型细分为党建、资讯、听书、文化、历史、评书、相声小品、情感、VIP、音乐、云医、教育，其汇播的传统类型分为中央台、地方台、"本地台＋重点推荐＋精彩回听"，另一种类型细分为听精品、听资讯、听广播、听电视等。这些类型致力于做精、做细，加上回听、链接，使互联网广播的空间编排日益成熟。而学习强国在音频内容中强化"听"的特性，其类型细分为听同期声、听原著、听广播、听新闻报摘、

① 王子锋、代晓灵：《习近平致信祝贺中国人民对外广播事业创建80周年强调　加强国际传播能力建设　打造具有强大引领力传播力影响力的国际一流新型主流媒体》，人民网，2021年12月3日，http：//cpc.people.com.cn/n1/2021/1203/c64094-32299177.html。

听理论、听文化、听健康、听乡村大喇叭、听小喇叭、听英语等。再细分，还可听马克思主义经典原著、听习近平同志重要论述、听习近平金句、听中国共产党历史、听乡村振兴、听共同富裕、听抗"疫"故事以及各种直播。学习强国的音频类型化编排，既注重宏观，又未忘"最后一公里"——农村大喇叭，并注意音频传播规律，与看电视相区别，值得倡导。第三，"音频+"的声音互联网生态发展向好。过去，用智能手机听广播，总感觉不及传统收音机音质好。2021年，笔者在重庆、贵州、云南等多个地方使用5G手机收听广播，感觉音质大为改善。也就是说，"音频+5G"为全国的公共音频服务带来巨大变化：国家广电总局曾要求城市收听广播要达到15套，现在使用5G收听，则可收听全国广播电台的节目。截至2021年底，我国在线音频用户达到6.9亿人，随着音频用户的不断增加，收听广播的套数将大大超过15套。另外，"音频+短视频"和"H5、音频+直播带货"也逐步规范发展。阿基米德创办6年，笔者收听了6年，除感受到这家新媒体的诸多创新之处，也感受到收听效果的向好。

六　"新闻+政务、服务、商务"：
广播音频传媒的新探索

2020年，受新冠肺炎疫情影响和网络冲击，广播音频广告收入下滑，一些广播机构绩效打折发放，给事业发展带来一定影响。2021年，广播音频传媒人在困难中奋起，顽强拼搏。有关数据表明：2021年传统广播媒体广告投放和2020年相比有所好转，实现了持续6个月的正增长，尤其是2月投放同比呈现大幅上涨，涨幅达到48.9%，[①] 3月环比也由负增长12.5%转为正增长21.4%。[②] 但自3月开始，广播广告增幅持续收窄，直至8月进

---

① 《数据｜2月同比上涨48.9%，广播广告呈现恢复性增长》，腾讯网，2021年3月25日，https://new.qq.com/rain/a/20210325A001LG00。

② 《营销传播行业：3月广告市场环比小幅改善疫情后的恢复性增长持续—财信证券》，凡人图书馆网站，2022年7月18日，https://www.stdlibrary.com/p-2943678.html。

人负增长，跌幅同比达到9.8%，9月和10月跌幅收窄。① 虽然线上音频平台喜马拉雅、蜻蜓FM和荔枝已形成"三强"之势，但云听、阿基米德、听听FM等平台也在快速成长。不过广播音频传媒人应看到，广播音频想要纾困解难，采取"新闻+政务、服务、商务"运营模式无疑是一个有效途径。2021年，广播音频在"新闻+政务、服务、商务"方面做了许多有益的探索，收到一定成效。

"新闻+政务、服务、商务"，首先是"新闻+政务"。从河北电台开办《阳光热线》节目以来，全国省、市级电台基本上都开办了"新闻+政务"这类节目。2021年，通过5G智能手机收听云听、喜马拉雅等地市级以上电台的节目，能感受到"新闻+政务"的运营模式日趋完善和成熟。333家电台都在新闻广播或新闻综合广播开办了此类节目，节目内容大多关于各级党政部门，主要包括政策法规解释以及听众与嘉宾的互动交流，还有各部门对自身成就的传播。在应急广播方面，对地震、气候灾害的报道都非常及时。同时，深度参与党委和政府的智慧政务，如苏州广电的《无线苏州》在苏州智慧政务方面就发挥了积极作用。不同的是，这类节目过去只在传统广播播出，而现在是全媒体播出，微博、微信、客户端、网站、短视频、H5、直播齐上，虽然盈利不足，但对全媒体传播是一件好事，也不断巩固或扩大了主流广播的影响。在服务方面，主要涉及民生，如教育、旅游、医疗以及咨询等。在商务方面，直播带货发展趋于平缓，不像2020年那样势头强劲，但成都广电集团、佛山广电等都在打造直播电商基地，扩大商务范围，其会展、论坛、会议等都可以直播。但音频直播不同于视频直播，要做出影响并能盈利，还需不懈努力。

---

① 《【行业】10月广播广告花费同比下滑3.2%!》，腾讯网，2021年12月1日，https://new.qq.com/omn/20211130/20211130A0DQ0A00.html。

媒体融合篇
Media Convergence

B.2

2021年中国广播深度融合的
生态化布局报告

北京广播电视台节目研发中心*

摘　要： 本报告以北京广播电视台广播端2021年的创新实践为例，重点剖析了北京广播电视台在媒体深度融合背景下，以机制创新与内容创新为抓手，打造跨界广播IP，探索新型盈利模式，构建全媒体传播体系的经验。此外，从顶层设计、创新实践及创新策略三个维度解析了传统广播全媒体传播体系构建的现状与趋势。

关键词： 媒体融合　北京广播电视台　全媒体传播体系

---

* 北京广播电视台节目研发中心：成立于2021年1月，由原研究发展部、广播发展研究中心、媒资版权管理部、品牌传播部及总编室部分科室组成，现有人员63人，是北京广播电视台内容生产核心研发机构、专业智库、创新引擎，是媒资版权商标管理与开发的综合平台，主要职能是节目模式样态研发、收听收视及跨屏传播数据分析、媒资版权商标运营管理、音视频资料开发应用和上星频道落地。

2014 年 8 月 18 日，习近平总书记主持召开中央全面深化改革领导小组第四次会议，审议通过《关于推动传统媒体和新兴媒体融合发展的指导意见》。这是我国关于媒体融合发展的顶层设计，自此"媒体融合"上升为国家战略。从"融合"到"深度融合"，传统广电媒体以主力军角色投入主战场，以改革创新攻坚克难。一方面，深化体制机制改革，通过改革创新管理机制，配套完善政策措施，把握新媒体传播规律，统筹处理好媒体融合主体之间的关系，锻造全媒体传播链条，形成协同高效的全媒体传播体系；另一方面，坚持内容创新，强化内容生产能力建设，保持内容创作定力，专注内容产品质量，提升优质内容产能，创新内容表现形式，提升内容传播效果，通过优秀内容的生产和传播，促进媒体深度融合。

一 顶层设计指明媒体深度融合方向

从"加快传统媒体和新兴媒体融合发展"到"构建全媒体传播格局"，再到如今的"推进媒体深度融合"，媒体融合不断提速。媒体融合发展是一场只有起点没有终点的持续变革，当前已步入"爬坡过坎"的关键阶段。

（一）从"融合"到"深度融合"

2014 年 8 月 18 日，中央全面深化改革领导小组第四次会议审议通过了《关于推动传统媒体和新兴媒体融合发展的指导意见》。习近平总书记强调，要着力打造一批形态多样、手段先进、具有竞争力的新型主流媒体，建成几家拥有强大实力和传播力、公信力、影响力的新型媒体集团，形成立体多样、融合发展的现代传播体系。[①]

2020 年 6 月 30 日，习近平总书记主持召开中央全面深化改革委员会第十四次会议，会议审议通过了《关于加快推进媒体深度融合发展的指导意

---

① 文松辉：《习近平谈融合发展"金句"：建成新型主流媒体 扩大主流价值影响力版图》，人民网，2019 年 1 月 25 日，http://politics.people.com.cn/n1/2019/0125/c1024 - 30591043.html。

见》。此外，会议强调，推动媒体融合向纵深发展，要深化体制机制改革，加大全媒体人才培养力度，打造一批具有强大影响力和竞争力的新型主流媒体。同年9月，中共中央办公厅、国务院办公厅印发了《关于加快推进媒体深度融合发展的意见》。

2020年11月13日，国家广播电视总局印发《关于加快推进广播电视媒体深度融合发展的意见》，提出了更明确具体的目标："力争用1至2年时间，新型传播平台和全媒体人才队伍建设取得明显进展，主流舆论引导能力、精品内容生产和传播能力、信息和服务聚合能力、先进技术引领能力、创新创造活力大幅提升。用2至3年时间，在重点领域和关键环节的改革创新取得实质突破。着眼长远，广播电视行业逐步建立以内容建设为根本、先进技术为支撑、创新管理为保障的全媒体传播体系。"

（二）"深度融合"的目标与路径

什么是媒体深度融合的理想形态？综合顶层设计、学界研究和业内实践的成果，可以归纳为以下三点。

第一，有平台。媒体深度融合的理想形态是主流媒体成为集信息、商务、政务、民生等于一体的强大主流平台。2020年，中共中央办公厅、国务院办公厅印发《关于加快推进媒体深度融合发展的意见》，指出要把党的优良传统和新技术新手段结合起来，强化媒体与受众的连接，以开放平台吸引用户参与信息生产传播，生产群众更喜爱的内容，建构群众离不开的渠道。以先进技术引领构建主流平台，有利于走好全媒体时代群众路线，增强主流媒体聚合能力及传播能力。

第二，有连接。在全媒体传播体系中，传播者就是服务者，要与用户建立深度连接，增强用户黏性。传统媒体要大胆创新、调整角色定位，将新型主流媒体打造为新型服务者，用服务功能吸引用户，用强连接留住用户。

第三，有数据。在全媒体时代，必须坚持"内容为王"，而数据是发挥内容优势的基础。媒体深度融合应充分将主流媒体长时间积累的数据资源开发出来，不断拓展新闻信息服务的广度和深度，在数据版权、数据服务、数据库等方面发挥比较优势，提供满足用户资讯、社交等需求的有竞争力的产品和服务。尤其是人民群众喜闻乐见的精品内容，更是主流媒体在媒体深度融合中需要着力打造、建设的。

如何做到媒体深度融合？2020年11月19日，时任中宣部副部长、国务院新闻办公室主任徐麟在2020中国新媒体大会上提出了从六个方面加快推进媒体深度融合的理念、路径和方法。

第一，加快构建全媒体传播体系。这是全媒体时代推进媒体深度融合的重要目标。在内涵上，以内容建设为根本、先进技术为支撑、改革创新为抓手，实现资源集约、结构优化、差异发展、协同高效。在格局上，呈现出传统媒体和新兴媒体交融并存、网上和网下一体发展的态势。

第二，始终坚守正确方向导向。坚持正确的政治方向、舆论导向和价值取向，是新闻舆论工作的灵魂。绝不能将这一重大战略低层次、片面化理解为吸粉引流、增加收入，使媒体融合丧失灵魂、迷失方向。

第三，着力扩大优质内容产能。始终保持内容定力，不断深化内容生产供给侧结构性改革，在提高内容数量和质量上下功夫，不断强化自身内容生产优势。把正能量和大流量结合起来，用心用情制作有品质、有格调的内容。

第四，积极抢占传播技术高地。媒体融合是一次以技术创新为引领的媒体变革。大胆将信息通信、人工智能、大数据等方面的先进技术融入新闻信息生成、传播、服务全过程，驱动传统媒体加快转型升级，引领和带动媒体深度融合发展。

第五，大刀阔斧推进深化改革。既要做好相关机构融合，也要做好新闻业务、资源要素融合。深化内部组织架构和采编流程改革，建立适应移动互联网传播的组织架构和工作机制，形成集约高效的内容生产体系和全媒体传播链条。

第六，充分激发人才队伍活力。创新用人机制和激励机制，建立科学合理的考核评价体系、职称晋级制度、薪酬分配办法。加强采编播管、技术开发、产品运营的人才建设，促进科技人才与传媒人才融合发展。

以上六个方面，简而言之就是全媒为本、导向为先、内容为王、技术为要、改革为重、人才为宝，这是推进媒体深度融合发展过程中需要牢牢把握的基本问题和关键环节。

二 北京广播电视台媒体深度融合的创新实践

近年来，北京广播电视台（以下简称"北京台"）全面推进组织架构优化、运行流程重构，以机制改革为抓手，推动传统广播全媒体传播体系构建取得了新突破、新进展。

（一）机制融合创新

在组织架构优化方面，北京台整合广播、电视、新媒体等方面资源要素和相关力量，组建成立融媒体中心，建立融媒联动工作机制。编制印发了《北京广播电视台加快推进媒体深度融合发展三年行动计划》，明确了全台媒体融合的方向、目标、思路、措施和办法。

在重构采编流程方面，"听听FM"音频客户端与各专业广播建立内容生产协调机制，鼓励适合网络传播的广播节目优先在"听听FM"播出。全台现有200档广播节目在播出24小时内，修改标题后在移动端传播；有近40档广播节目的内容被二次剪辑成适合互联网传播的短音频内容。现已初步建成以"新闻演播室+融合新闻云+指挥调度系统"为核心的媒体融合业务平台，打通了广播端"讯听云"和电视端"北京时间"内容生产发布系统，实现了各个制播系统的任务协同和资源共享。

在创新激励机制方面，建立全台新媒体创作激励机制，设立媒体深度融合专项资金，制定媒体深度融合资金分配办法，鼓励内容首发移动端，激励生产人员主动向新媒体平台提供优质稿件。制定出台了《北京广播电视台电视端、广播端及新媒体端传播效果综合考核指标》，所有频道频率的新媒体考核权重占比超过50%。对广播频率在"听听FM"上的收听数据进行量化考核。"听听FM"上广播直播和回放收听、互动聊天室的相关数据等成为每月考核中有固定占比的指标，激发了生产人员参与客户端运营的热情。

"听听 FM"和故事广播中心组建"一体化运营工作组"，由北京台分管领导任组长，总编室、人力资源部、计财部、故事广播中心、广告运营中心、"听听 FM"相关负责人任副组长，由各部门对接人员任组员。由故事广播中心副主任作为"一体化运营工作组"日常工作协调人，与各方进行日常沟通。故事广播中心和"听听 FM"两个团队，实现办公空间一体化、人员管理一体化、党务和党建一体化。此外，北京台积极推进"听听 FM"和故事广播中心的一体化运营工作，做到统一定位、内容共享、人员互通，在总结经验的基础上逐步推广，实现"听听 FM"与其他广播频率的深度融合，并逐步开展了以下五方面工作。

第一，完成故事广播中心全新音频包装。将"听听 FM""音频社交"的定位作为故事广播中心的全新频率定位，对全频率所有时段进行全新音频包装。

第二，根据"一体化"定位制定广播频率内容。重点打造四大节目板块——"听人生"的夜间板块、"听知识"的午间板块、"听主播"的早晚高峰衍生时段板块和"听故事"的其他时段板块，节目样态以直播互动为主。

第三，打通图书版权上中下游资源渠道。重点整合内容版权方（如出版社）、内容发行渠道（如京东图书）、内容运营方（如豆瓣网）等版权产业链资源，依托并扩容故事广播中心的《读书俱乐部》节目，打造节目生产、运营一体化样板。

第四，孵化优质播客、培育"网红"主播。打通社会优质主播与电台主播的双向流动通道，成为具备互联网思维的优秀广播主持人的孵化器。依托总台每年一届的"北京广播节"举办"融媒网络主播大赛"，获奖人员签约后在"听听 FM"或故事广播中心开办节目。鼓励北京台节目人员以全职或兼职形式在"听听 FM"上开办网络直播节目或者经营"听听号"。

第五，面向全台进行人才招募，创作精品节目。"听听 FM"依托故事广播中心面向全台招募精品节目制作人、主持人、编辑，并通过跨部门支付的方式向节目人员发放制作费。

（二）内容生产创新

机制改革激发并释放了北京台面向全媒体创新优质内容的活力。优质内容是广电媒体的安身立命之本。媒体深度融合不仅是内容分发平台的转移，也是内容生产方式的全面融合转型。广播媒体需要充分发挥自身在内容制作上的特有优势，实现由单向传播向多元互动传播的转变，形成面向海量用户的精准化、个性化推送和运营能力，进而完成内容生产层面上的融媒转型。

1. 转变生产思路，制作精品内容

北京台注重对垂类精品内容的培育。目前，收听广播和音频的移动互联网用户规模越来越大，面对渠道的泛化，用户对可收藏、可转发、可反复收听的广播和音频精品内容的需求更加强烈。因此，在内容音频节目生产过程中，提升品质是广播媒体深度融合发展的突破口。广播和音频节目应转变主做"免费"低成本内容的理念，避免过度生产一次性"易碎"的节目，提高精品意识，着力制作吸引用户通过多渠道反复收听的内容。

《小虎爱推理》是由北京台官方客户端"听听FM"出品，专为6~12岁的小学生打造的系列儿童推理广播剧。该广播剧聚焦亲子垂直领域，是探索广播媒体精品内容制作与 IP 运营新路径的一次初具成效的尝试。该广播剧从校园、家庭、社会多个层面立体展示当代小学生的成长世界。启蒙知识、启迪心智和启发思想的创作初衷在广泛的社会传播中得以实现。该广播剧从设计之初，就将版权合作、付费收听、图书出版、线下活动开展、衍生品开发等纳入运营体系，旨在打造可反复收听、可营收的精品内容，截至2021年5月，已制作播出300多集。《小虎爱推理》上线后，为丰富运营手段，采用"内容模块化"的呈现方式：在剧集之外，增设了《推理中的小知识》《小侦探信箱》等板块，既可以与剧集组合播出，也可以拆分独立播出，为运营提供了抓手。通过侦探小分队线下活动开展、征集语音成为小主播的方式回馈付费用户，积累了一批小虎的"死忠粉"。截至2021年底，

该广播剧全网总播放量约5000万次，总订阅量近12万人，先后获得了北京广播电视网络视听发展基金2020年度和2021年度扶持项目网络音频节目类的奖励。

2. 改变节目形态，适应碎片化传播

移动优先的时代，传播渠道发生变化，需要对节目资源进行新媒体改造和开发利用，将广播内容和形态打造成适合新媒体传播的节目内容和形态，以适应碎片化的互联网传播需求。在进行节目形态设计时，要站在移动优先的角度，充分考虑节目资源在新媒体端的开发利用，打造节目形态的升级版。

短视频栏目《北京话匣子》作为北京台原创的一档新媒体栏目，以独具特色的京腔京韵讲述有趣的历史文化故事。在北京话里"话匣子"有两层意思，一指收音机，二指讲起话来滔滔不绝的"侃爷"。《北京话匣子》这个名字寄托了创作者——传统广播人搭载新媒体技术，向大众传播京味文化的美好愿景，蕴含着探索文化传播的无限可能。《北京话匣子》以短视频为主，每期1~2分钟，通过故事性的叙述手法，弘扬京味文化、讲述北京故事，发挥"体量轻、网感强、内容精"的栏目优势，呈现出良好的成长态势，其传播力远远超出其他同级别栏目的传播力。栏目通过"听听FM"、"北京时间"、微博、快手、抖音等平台同步播出，"北京话匣子"快手账号作为《北京话匣子》的首发平台，截至2021年，粉丝数36万人，视频总播放量2.2亿次，最高单条视频播放量1100万次。截至2022年7月底，《北京话匣子》抖音账号"梁叔儿"粉丝数已突破20万人，北京冬奥会期间，抖音成为《北京话匣子》的流量爆发点，《冰墩墩为何有一层透明外壳》短视频单条播放量9100万次，转评赞200万次，是栏目迄今为止流量最高的一条短视频。微博"北京广播"账号"梁叔说北京"话题阅读量超1200万次，先后十余次上榜同城热搜。该栏目在2021年6月获得北京广播电视网络视听发展基金发放的2021年度第一批奖励。"《北京话匣子》北京脊梁中轴线"系列节目在2021年第一季度北京广播电视局组织的优秀节目评选中获得"优秀融媒体新闻作品"称号。《北京话匣子》是传统广播媒体探索移动优先，为新媒体传播路径定制的短视频栏目，传播效果实现突破，未来还将会对栏目内容进行音频开发，实现优质内容应用最大化。

3. 坚守广播基因，内容跨界"破圈"

为适应传播新形式，广播媒体一方面要不断寻找自我突破的路径，制造"爆点"进行跨界"破圈"，实现广播产品和创新项目相互引流；另一方面要坚守广播基因，找到自己的市场独特性，在跨界合作中拥有话语权，紧紧围绕广播元素，打造有强大广播基因的 IP。

《一路畅通》作为北京交通广播的顶级广播 IP，依靠坚实的用户基础、影响力广泛的主持人以及有较高消费能力的粉丝群体，持续在跨界"破圈"道路上探索实践。2021 年 5 月，《一路畅通》与"开心麻花"联合将话剧《恋爱吧！人类》打造成横跨三大平台的融媒体产品，实现了定位"破圈"、宣传媒介"破圈"、受众人群"破圈"，不仅扩大了北京台的传播力、影响力，而且实现了广播收听及经营创收的"双提升"。话剧《恋爱吧！人类》首轮演出 10 场，上座率达 100%，现场观剧人数超过 7600 人，创下"开心麻花"品牌 2021 年最高话剧票房纪录。

在跨界"破圈"的同时，实现对广播节目的内容反哺。《一路畅通》栏目利用片花宣传、主创访谈、话题互动、节目口播、与"听听 FM"同步播出云剧场《猫眼看世界》等相关资源反哺广播内容。《恋爱吧！人类》调整了剧本内容，有机结合广播元素制作了全新的"猫电台"《猫眼看世界》，其成为《一路畅通》栏目中创新的节目板块，在 2021 年 5 月 10~30 日的主宣传期内，每天讲述《恋爱吧！人类》中人物故事的来龙去脉与情感的详细进程。作为独立于话剧和广播之外的播客单元，该节目板块上线"听听 FM"进行新媒体传播，实现了线上线下内容"一鱼多吃"，充分提升了深度融合型内容的传播效率。

（三）经营创收创新

在日新月异的媒体市场中，融媒体传播为广播经营创收开辟了新赛道。广播媒体应充分利用新平台、新内容、新技术实现经营创收创新，在适应新环境的同时更好地提升价值。

1.内容付费

北京台精心打造的亲子网络广播剧《小虎爱推理》，在经营创收方面有所突破，虽然回报周期较长，但是其盈利链条也随即拉长，通过更高效的投入得到持续不断的产出。截至2021年底，已经上线播出聚焦校园学习和家庭生活场景的《初露锋芒》、聚焦假期游学旅途的《河西迷途》和聚焦建党建团百年的红领巾特辑《藏在邮票里的秘密》。后续计划上线聚焦我国民族文化和传统历史的200集付费内容。除了付费收听的盈利模式外，该广播剧与"樊登读书"合作，将"免费"内容二次加工，进行图书出版，计划首次印刷2万套，这意味着版税收入也将成为经营创收的新渠道。该广播剧还定期联合培训机构选拔小粉丝，参与内容板块《推理中的小知识》的录制，既增强了用户黏性又增加了收入。付费产品在上线1年后，通过付费收听、活动营销和奖励基金等收入方式，已收回制作成本，后续收入将为持续生产提供资金支持，投入与产出已形成良性循环。

2.粉丝经济

《一路畅通》与"开心麻花"联合打造的话剧《恋爱吧！人类》实现了对粉丝经济和广播品牌商业化运作的探索。双方在合作之初就瞄准了"5·20"节日契机，通过打造与"恋爱"相关的话题和场景，来撬动用户的付费热情。10场《恋爱吧！人类》的票房收入超过184万元，创下"开心麻花"品牌2021年最高话剧票房纪录，不仅巩固了原有的用户基础，变现了粉丝经济，更成功吸引了一批高收入、高品位的新粉丝，实现了用户升级。

《恋爱吧！人类》市场反馈热烈，最先售罄的是1180元的坐席票，甚至有听众购买了多个场次，为的就是"检验你们有没有进步"，还有不少听众给排练中的主持人"点外卖"，这都是粉丝才会有的行为。因此，4位主演为了"宠粉"，即使不是自己出演的场次，他们也尽量在彩蛋、合影环节出现在剧场中，给观众带来惊喜；主持人和粉丝之间也上演了双向的"互宠"。这些都是培育粉丝经济的必要环节。

"开心麻花"话剧票平均280元的票价远远超出电影票、下午茶甚至一场"剧本杀"的价格。凭一张话剧票，就能筛选出一批高收入、高品位、高黏度的受众，而他们在日常的广播互动中或许只是"潜水"的状态。同时，这张话剧票也让"开心麻花"收获了忠实粉丝，不仅实现了免费拉新，吸引的还都是目标受众。观剧后，兴奋的观众不仅在微博、微信上晒票根、写感想，还去"小红书"、"大众点评"、B站、豆瓣这些年轻人聚集的新媒体进行"安利"，让传统的广播媒体实现了传播"破圈"。这场跨界合作，既让优质粉丝有了发声的契机，也帮助加深了主办方对粉丝群体的了解，成功将"电波"中的粉丝优势转化为实际的经济收入，具有未来商业开发和多样化商业合作的市场潜力。

3. 商务定制

为企业量身打造的商务合作也成为广播经营创收的新路径。在当下"快生活"的环境下，短视频以时间短、信息集中、内容灵活、指向性强、易被受众理解、接受度高等优点，被赋予更多的商业价值。《北京话匣子》作为一档短视频栏目，将挖掘京味传统文化与提炼企业品牌的文化基因有机融合、无缝链接，以核心价值为坐标，以故事叙述为表象，解读品牌文化内涵，叠加大众对品牌的好感和信任，成为企业传播品牌文化的有效载体。《北京话匣子》与老店六必居策划推出《一百年前的北京老字号是如何做生意的?》，与平谷区融媒体中心策划推出《在北京赏红叶，为何一定要去金海湖?》，以此实践商务定制盈利模式。

（四）平台渠道拓展

1. 探索音视频一体化

"听听FM"是北京台集中广播优势资源重点打造的网络音频平台，截至2021年，客户端累计下载量1070万次，稳居"全国广电媒体音频客户端"前3名。"北京时间"则是北京台集中电视优势资源打造的网络视频平台。2021年，北京台推动各方资源与"北京时间""听听FM"联动，深挖资源潜力，助推新媒体平台创新发展。全台各频道频率、栏目和主持人入驻的"北京时间"和"听听FM"账号数已接近400个。除此之外，"听听

FM"还积极探索场景服务，先后与北京市文物局、北京公交、京港地铁、西郊线等展开合作，独家定制了"有声电车"，策划了"北京之声·博物馆"等主题项目。

2. 拓展商业平台合作

2021年，北京台与音频内容付费领域的三大"顶流"——"得到App""凯书讲故事""樊登读书"签订战略合作协议，这有助于北京台在垂直领域深度打造过硬产品，开拓优质用户群体，未来还将在线上IP开发、线下活动开展、品牌打造等方面互利共赢。

"听听FM"与百度、小米、天猫、今日头条、360、科大讯飞、腾讯随行、阿里斑马、华为智能仓等头部互联网企业和品牌建立深度合作，积极布局智能音箱和车载领域。2020年8月，"听听FM"正式入驻腾讯随行，其是广电行业第一家入驻车载应用平台的音频客户端。2021年底，"听听FM"车载小程序进入200万辆汽车的智能终端，未来将进一步聚焦"音频互动"，围绕车内语音互动场景开发聊天室产品，宣传主持人、频道频率和节目品牌；重点与华为、百度开展技术合作；探索与重点车企合作打造品牌电台，推进前沿业务。

（五）品牌传播IP化

继续以"创新·融合·破圈"的全媒思维办好广播跨年、广播过大年、听见经典系列等品牌传播活动。强化各类活动服务北京台整体发展思路，宣传广播端品牌传播价值。

1. 行业IP: 拓展声音领域

2021年，北京台打造了具有创新性、可持续性的"声音探索者大会暨北京广播节"活动品牌，以创新的形式向全社会展现音频的价值，并初步形成了"声音探索者""北京广播节""你好大主播""广播开放日"等具有创新性、可持续性的一系列品牌IP。

"声音探索者大会暨北京广播节"历时3个月，聚焦2020年1月至2021年7月创新性强、影响力大、有示范效应的声音案例和项目，从"作品·产品""创作人·团队""平台·技术"三个领域，组建由 15 位跨领域权威专家构成的评委会，甄选了 12 个具有代表性的音频行业创新项目。这 12 个创新项目既是专家对未来音频行业发展趋势的判断，也展示了北京台对传统广播媒体深度融合转型可发展方向的探索。微博上"声音探索者"话题量（阅读量）超过 2252.7 万次，讨论数 5.2 万次；全抖音平台"声音探索者"话题量达到 1308.2 万次。

"广播开放日"是此次大会面向用户的特别环节，推出六大主题活动、七大沉浸式体验互动项目，以用户偏好的艺术展览、文艺演出、互动游戏等形式全方位、立体化呈现北京台深厚的文化底蕴和独特的文化魅力，推动音频与用户之间的互动互融，让看不见摸不到的广播可视化，留存转化到全台的私域流量矩阵之中。未来，"广播开放日"将成为"声音探索者大会暨北京广播节"的常设品牌 IP，而"声音探索者"系列品牌已经着手进行商标注册，以持续深化品牌的影响力。

2. 活动 IP：打造跨界大戏

第一，音视频跨界跨年。北京台推出广播跨年 IP "大声喊　新年好"，长达 9 小时的广播跨年融媒特别节目形式新颖、内容丰富，紧扣声音主线，以音视频共振的戏剧形式精制多场景声音剧，打造"时光·声音盒子"的概念，12 位主持人化身"美好声音"发现者，用声音讲述一年的国家大事与北京故事，结合流动视频直播、诵读晚会、记者现场报道等丰富的音视频内容，引领用户在"声音大戏"中迎接新年。另外，广播跨年主 IP 下的延伸 IP "诵读点亮新年"已是北京地区知名跨年品牌活动，2022 年的活动以"冰雪颂"为主题。戏剧化呈现"声音大戏"的"时光·声音盒子"是此次广播跨年活动的新晋 IP，设计师在舞台上打造出了极具艺术性的盒子造型。北京台后续将对此 IP 进行商业价值开发，如在落地活动中将盒子作为城市景观呈现，制造"网红打卡盛地"等。

第二，京津冀跨省市联动。2021 年 6～10 月，北京台副中心之声在与北京市老龄办合作举办"银发达人"评选活动的基础上，联合天津市、河北省老龄办及老干部局，联动天津生活广播、河北生活广播举办 2021 年"京津冀银发达人"大型评选和展示活动。京津冀三地 600 多位选手报名，使该届活动成为参加人数最多、报名范围最广的一届。该活动通过融媒体制作和宣传，其海报登上西单商圈 LED 大屏，日曝光量破亿次。报名达人获网络点赞 122 万次，更有粉丝创建了"银发达人"百度百科、百度贴吧。副中心之声发挥主流媒体作用，促进京津冀三地养老事业协同发展，推动三地养老服务互通互融。

三 中国广播深度融合的生态化布局创新策略

深度融合背景下，广播媒体的核心竞争力是适应变化的能力。互联网上一切围绕内容的盈利模式，广播媒体都可以探索，影响力经济蕴含无限的商机。广播媒体的生态化布局应注重以下几点：一是应该积极开发多维度产品；二是以提供核心价值的小产品颠覆大市场；三是以小团队培养人才队伍；四是搭建共赢型供应链，赋能小产品、小团队、小创新做大做强。

（一）周期：布局三个阶段，确保持续创新

"硅谷教父"杰弗里·摩尔（Geoffrey A. Moore）在他的著作《公司进化论：伟大的企业如何持续创新》中提出企业管理投资组合的"三地平线模型"。他将企业的所有投资分为三个等级。第一等级是"今天的现金流"，主要由当前的核心产品构成，投资可在 1 年内产生收益，通常是改进现有产品或在现有产品类别里发布新产品。第二等级是"今天的收入增长 + 明天的现金流"，主要由有高成长前景的新兴业务构成，这个等级的业务将构成企业未来的核心业务，需要大量投资与市场及营销部门的高度关注，但当前第二等级投资回报率远低于第一等级，预计产生收益需 1～3 年。第三等级业务是"第二等级业务的遴选区"，也是颠覆性创新的发源地，这个等级业务的目标是探索实验，将可行性产品推入第二等级，预计投资回报周期是 3～6年。三个等级的目标与关键指标区别较大：第一等级关注计划营收、市场份额与利润率；第二等级关注销量与目标用户；第三等级关注口碑与用户。

然而，很多追求高利润的企业过分关注眼前利益，没有重视对第二等级和第三等级业务的投资，导致错失良机，在主流业务出现萎缩时没有新支柱顶替。国内传统媒体普遍遭遇了这种窘境，在年收入曾达几亿元的时候，没有扶植新的增长点，错过了低成本培育新媒体产品的时间窗口。想要后来居上，广播媒体需要降低姿态，以小公司的心态，探索布局第三等级业务，因为目前第三等级业务投资不多，市场上还未出现成熟的竞争者，广播媒体应利用窗口期寻找蓝海用户，大规模培育垂类产品，在未来向上突破占领市场。

（二）定位：小产品大市场，提供核心价值

广播的新媒体内容产品开发策略应侧重利基市场，让产品更轻、更小、更美、更具个性化，并对其进行精细化运作。传统观念中的媒体创新特别强调"大众爆款"，而颠覆性创新传递的价值观是"小众冷门"具有同等的经济效益，细分垂类产品集合起来可创造可观的大市场。人们处在一个从规模经济（Economies of Scale）向范围经济（Economies of Scope）转化的时代。规模经济通向单一品种大规模生产，品种越少，成本越低。范围经济通向多品种小规模生产，品种越多，成本越低。规模经济是供给匮乏的产物，诞生于供给不足的时代。在渠道只有几个频道频率或版面的时候，唯一明智的做法就是把这点空间留给大众化的内容，以产生更多的经济效益。范围经济阐释的是丰饶经济学（Economics of Abundance），诞生于渠道泛化的时代，面向庞大的网络用户群体，特定小群体的产品和服务也可以产生可观的经济收益。广播媒体面向互联网开发垂直化、分众化的内容产品将大有可为。

从小处着眼且能为用户提供核心价值的创意具有改变整个行业的力量。伟大的创意萌发通常从解决身边的小问题开始。面对新媒体，广播需要满足用户对稀缺的需求，创新方向就是寻找稀缺性，应努力朝这个方向前进。稀缺涵盖两个方向：第一，稀缺的内容；第二，稀缺的时间。创造稀缺内容的"捷径"是细分需求，需求细分后更容易发现内容的缝隙。因用户对空白领域的期待与要求比较低，产品更容易被市场接纳。"万物皆媒"时代，充裕的信息产品消耗了用户的注意力，造成了用户时间的稀缺，因此开发一切为

用户节约时间的信息产品都是有价值的创新方向。节约时间信息产品的功能和价值分为三个层次，层次越高，价值越高。第一层，新闻信息。新闻热点的及时传播，可满足用户的知情需求，其要点在于快与权威。第二层，知识经验。其对新闻信息进行分析，注入深度思考和总结，成果凝结智慧与经验，满足垂直细分领域用户获得知识与经验的需求，核心是专业、有趣，可以提升用户素养。第三层，解决方案。打通第一、二层，连接人脉与资源，形成解决各种实际问题的个性化方案，核心是独家且有用。第一层产品因"门槛"较低，所以同质化水平较高。第二层产品重观点，以"得到"等知识类付费课程为代表，通过帮用户节约获取知识的时间成本，让用户为内容付费。经过多年的发展，知识类内容付费市场逐步进入了复购的瓶颈期。第三层产品强调服务。传统媒体需要具备独家资源并为不对称信息搭建桥梁，做"刚需"的中介。如医疗、教育等与用户生活密切相关但信息相对封闭的领域。这需要广播媒体具有整合资源的能力，让用户得到独家的资源或差异化的服务。例如，北京台的"教育面对面"团队与"问医生"团队分别对接良好的教育资源与医疗资源，可提供中高考招生咨询与名医答疑等独家信息服务。与自媒体相比，广播媒体可通过前期资源的积累开发第三层产品，既可满足用户对稀缺资源的需求，又可使合作方获得较好的宣传效果。以北京台为例，10个频率对应的内容细分到各板块有200多个，其后面对应的就是200多个垂直领域及产业，有很大的想象空间。

（三）路径：小团队快迭代，持续精益创业

精益创业（Lean Startup）的理念来源于互联网行业，由硅谷创业家埃里克·莱斯（Eric Ries）在其著作《精益创业》（*The Lean Startup*）一书中首度提出。精益创业是一种连续试错的创新方法，结果只有两种，要么成功，要么失败，一旦失败要快速失败、廉价失败，避免"昂贵失败"，让创新者输得起，为其后期继续研发测试积累经验。具体过程可简单概括为"开发""测量""认知"，具体来说就是开发最小化实验性产品（Minimum Viable Product，MVP），不断测试用户需求并迭代，在这个过程中建立可持

续的商业模式。精益创业的精髓是"小步快跑",力争将反馈的循环总时间降到最短。这种理念很适合用户需求变化快的新媒体企业,知名的Facebook、Instagram均是这种理念的实践者。虽然精益创业起源于软件开发企业,但其背后的"用户验证"理念适用于广播媒体进行颠覆性创新。

第一,小预算积极拥抱变化。创新企业早期的焦点应是发现和实验,要开放头脑不断尝试新的可能性。大预算是把"双刃剑",附带大压力与大团队。当资金涌入创新企业,很容易使企业停止创新而转为扩大规模,过早地提交一份计划书,并对这一计划书做出承诺。企业越大,灵活调整的成本与阻力就越大。融了一大笔钱然后轰轰烈烈失败的案例屡见不鲜。

第二,理想的创新团队由 2~5 人组成。小团队有利于成员之间建立更深层次的关系,交流更加平等充分,每个成员在创新过程中发挥最大效能。创新团队中要具有 4 类人才。一是 CEO,职责是全面彻底理解业务、用户与市场,可以将愿景和产品推销给世界,其既是一个领导者也是一个沟通者。二是 CTO,其对最新的技术与业务很精通,可以运用专业技能改变现有业务模式。三是创意设计负责人,其可以使创新为用户所接受。四是特定领域专家,其对于创新团队遇到的问题有深刻的洞察力与理解力。上述 4 类人才可以相互交叉,即一人分饰多个角色。

广播媒体应该建立创新机制,鼓励员工采取精益创业的理念,组建交叉领域的小团队,瞄准小需求,专注将满足小需求的创意做到极致,创新成功的标志是"让好创意成为好产品,找到创新的商业模式,重写行业的游戏规则"。

(四)机制:构建共赢生态,赋能个体探索

黑石集团创始人苏世民(Stephen A. Schwarzman)在《我的经验与教训》(*What It Takes*:*Lessons in the Pursuit of Excellence*)一书中写道:"处于困境中的人往往只关注自己的问题,而解决问题的途径通常在于你能如何解决别人的问题。"为人人避之不及的问题提供解决方案,才是竞争最小、机会最大的领域。广播媒体应将原始生产要素重新排列组合为新的生产方式,

通过"消除信息不对称"提高消费者的使用效率、降低其使用成本，从而真正地让消费者获益。对于用户而言，其媒体使用的场景化、离散化、融媒化趋势不可逆，有限的时间只能分配给产生更多价值的媒体，所以未来的广播媒体要成为个性化程度高，可以为用户省时间、省钱且提升效率的"刚需"。对于客户而言，广播媒体要回归"营销专家"的角色，从自身渠道销售者变为整合多渠道资源的用户资产管理者，探索全新服务场景，为客户精准适配"人、货、场"。只有帮助用户与客户提升效率（赚钱）或者节约时间（省钱），广播媒体的运营才能更畅通。在广播媒体创造价值的道路上，价值是因，利润是果，创新是手段。为他人赋能，才能与他人共赢。

在新冠肺炎疫情的影响下，线下实体经济受到重创，疫情给绝大部分企业带来了危机，随着广告主缩减预算，传统媒体广告行业遭受重创。构建私域流量集群是传统媒体与用户建立强关系的有效手段。广播媒体应该从战略角度看待传统媒体对私域流量的经营，通过运营强关系解决以往无法直达用户的核心问题；通过建立基于垂直领域的强关系群，随时触达用户；通过建立信任做到用户留存；通过对用户分层，针对特定群组做针对性营销，提高变现能力；通过社群效应，影响用户行为，不断裂变，获得新用户。

私域流量运营解决了广播媒体深度融合过程中无法直达用户的核心问题，并可与之建立强关系，让用户从此"看得见，摸得着"。广播媒体应该通过私域流量运营，与用户建立强关系，借鉴 S2B（Supply Chain Platform to Business）商业模式探索出盈利模式创新的数字化生存之路；应该通过建立共赢机制，提供技术支撑，促进内部各类生产主体积极运营私域流量，搭建价值网，构建生态圈。

广播媒体与私域流量运营主体的关系类似 S2B 商业模式。S 指大的供应链平台，B 指大平台上成长的小商家。简单理解，就是 B 做分销，负责销售、对接客户、互动反馈；S 整合供应链。S2B 商业模式根据用户的关联需求，逐步建立一个综合服务的生态平台。因为 S 具有整合上下游产业链的能力，S 与 B 之间是赋能关系，B 被 S 赋能，提高了效率，S 从这些 B 中获得流量。将此商业模式应用于媒体生态模式构建，有以下三个重点。

第一，用户盘活。广播媒体鼓励一线人员以垂直化内容为 IP，以主持人和工作人员为关键意见领袖（KOL）与关键意见消费者（KOC）打造各领域垂直细分的私域流量。盘活传统广播媒体渠道受众、新媒体矩阵用户、流量平台新人等多渠道用户，使其进入垂直细分社群，形成广播媒体的私域流量矩阵，这就形成了"B 的集群"。

第二，工具赋能。广播媒体为私域流量运营者提供自动化智能的社群管理工具，提升社群管理的效率与数据支撑力。广播媒体要建立客户与用户管理平台，将分散在不同私域流量中的用户数据归集管理，使跨平台、跨社群用户数据沉淀到广播媒体自有的管理平台。建设客户数据平台（CDP）、客户体验管理平台（CEM）等先进的大数据应用管理平台，在大数据分析技术支持下，更好地了解不同私域流量资源的偏好、特征，一方面为运营者提供数据支持，另一方面为商家挑选精准的营销渠道。

第三，平台赋能。广播媒体对接企业与广告客户完成"选品"，获得质优价廉的产品或服务，将其提供给 B 销售。这相当于提供了超市，让单个私域流量运营者根据自身定位挑选适于变现的产品或服务。也可根据企业对特定人群的需求，适配不同的私域流量，从而帮助企业实现精准的用户触达。广播媒体应设置各 IP 之间共赢的分成模式与激励机制，鼓励个体与个体（即 B）之间相互引流，依靠 B 集群引流形成广播媒体整体的私域流量，构建广播媒体生态圈的多赢格局。

四　结语

面对无法专心的用户，广播媒体注意力的竞争也将日新月异，不设限制的"遍地撒网战略"是实现"全面开发潜在空间"目标的最佳方法。广播媒体生态建设的核心并非控制，而是提供开放化的平台，最大限度地为个体提供"繁衍"的机会，让每颗"种子"都有可能找到最佳生长环境来"繁衍生息"。

B.3
2021年中国广播频率融媒传播效果评估

孙琳琳*

摘　要： 2021年，全国广播频率融合传播发展继续深入，保持较好传播效果，传播格局基本稳定。在融合传播中，广播媒体受众的规模得到有效扩增，广播媒体的内容得到广泛传播。2021年，广播媒体传播影响力指数总体稳定，略有下滑，主要是因为社交媒体平台数据的波动。新闻、交通两大类型广播频率延续传统端的传播优势，在融合传播中保持传播影响力优势，中央级频率央广中国之声连续三年保持领先，省级众多频率组成中坚力量。同时，全国广播媒体不同级别、不同类型的频率中涌现出大批标杆频率，对其他广播频率发挥了示范标杆作用。

关键词： 广播频率　融合传播　传播效果

　　近些年，全国广播媒体在融合传播中，经过了试水与探索、改革与深入等各阶段的历练与磨合，现已逐步完成与互联网、移动互联网的深度融合，形成稳固的融媒体传播矩阵，融合传播已成为广播媒体作为主流媒体对外发声的常规传播形态。2021年，广播媒体在新冠肺炎疫情常态化防控、重大活动项目、政策法规宣发、时事风云动态、社会民生关切等各大领域的信息报道中占领传播主阵地位置，取得良好传播效果。2021年，中科网联数据

＊　孙琳琳，中科网联数据科技有限公司产品总监。

科技有限公司①持续对全国广播媒体融合传播情况进行监测，并在原有基础上增加了对私家车、文娱、生活类广播频率的监测，至此，监测频率扩充至新闻类、交通类、音乐类、经济类、私家车类、文娱类、生活类七大类，广播频率数量增至333套，更加全面地展现了全国广播媒体在融合传播中取得的成效。

一 广播频率融媒传播矩阵布局稳定，"两微一抖"是重心

（一）超九成广播频率分别入驻微博、微信，超七成入驻抖音，入驻率同比普降

2021年，随着更多的广播频率进入监测范围，全国广播频率在新媒体端的布局得到更加全面的展现。CCData EMC 融播指数数据显示，② 截至2021年底，在全国333套广播频率中，以广播频率名称入驻微博、微信、今日头条、抖音、快手等新媒体平台并通过认证的官方账号共1183个，综合覆盖率为71.1%，覆盖率同比降低5.1个百分点。在这些新媒体平台中，微博、微信的覆盖率最高，均超过90.0%，分别是94.0%和91.3%；今日头条覆盖率为61.6%；在短视频平台，更多广播频率入驻抖音，覆盖率超过70.0%；广播频率在快手的覆盖率则为36.6%。在商业音频聚合平台中，广播频率在蜻蜓FM和喜马拉雅的覆盖率分别为90.7%和74.5%（见表1），同比都有小幅下滑。

---

① 下文均简称为CCData。

② CCData全国广播频率融媒传播数据统计口径为：全国333套主流类型频率，频率选取范围为全国所有的计划单列市及以上级别城市；频率类型包括新闻、交通、音乐、经济、私家车、文娱、生活类，其中新闻、交通、音乐、经济类频率数据周期为2021年全年，私家车、文娱、生活类频率数据周期为2021年4~12月；监测范围包括车载与居家收听、微信、微博、今日头条、抖音、快手、蜻蜓FM、喜马拉雅，以及全网舆情数据。

表1　2021年全国广播频率新媒体平台和商业音频聚合平台账号布局情况

单位：个，%

平台	入驻数量	覆盖率
微博	313	94.0
微信	304	91.3
今日头条	205	61.6
抖音	239	71.8
快手	122	36.6
蜻蜓FM	302	90.7
喜马拉雅	248	74.5

资料来源：CCData全国广播频率融媒传播全网监测及效果评估，2021；重庆师范大学广播（CCData音频传媒）研究院。

（二）广播频率在"两微一抖"保持较高活跃度

CCData数据显示，全国广播频率在微信的账号活跃度接近85.0%，在微博为70.0%，在抖音为68.6%，同比数据虽然都有下滑，但依然保持着较高的活跃度；相比之下，广播频率在今日头条和快手的账号活跃度较低，仅分别保持在56.1%和54.9%（见表2）。

表2　2021年全国广播频率新媒体平台账号活跃情况

单位：%

平台	活跃度
微博	70.0
微信	84.9
今日头条	56.1
抖音	68.6
快手	54.9

资料来源：CCData全国广播频率融媒传播全网监测及效果评估，2021；重庆师范大学广播（CCData音频传媒）研究院。

综合而言，账号覆盖率和活跃度反映了广播频率在新媒体平台和商业音频聚合平台的布局依然以"两微一抖"为重心，同时数据的下滑反映了新加入监测的三大类广播频率（即私家车、文娱、生活类广播频率）在新媒体平台和商业音频聚合平台的整体入驻数量和账号活跃度有所降低，未来这三大类广播频率在新媒体平台和商业音频聚合平台的布局有待加强、运营有待优化。

二 融合传播受众规模扩增明显，新媒体平台账号粉丝规模超4亿人

CCData 数据显示，2021 年，全国 333 套广播频率融合传播触达人数超过 8.70 亿人，同比扩增 1.02 亿人，是以往的传统传播触达人数的 4.83 倍。

在新媒体端，广播频率官方账号传播矩阵粉丝规模合计超过 4 亿人。其中千万级规模的广播频率达到 6 套，同比增长 50.00%；500 万级规模的广播频率接近 20 套，同比增长 53.80%；100 万级规模的广播频率 75 套，同比增长 50.00%。这些数据反映出通过在新媒体平台的努力运营，广播媒体粉丝规模大幅增长，流量基础得到进一步夯实。

在线下收听、蜻蜓 FM、喜马拉雅三大直播流渠道中，各广播频率累计融听触达人数超过 5.53 亿人（见表 3），同比略增。

表 3　2021 年全国广播频率融合传播受众规模

单位：人

年份	融合传播触达人数	新媒体平台账号粉丝规模	融听触达人数
2021	87088 万+	44715 万+	55339 万+

资料来源：CCData 全国广播频率融媒传播全网监测及效果评估，2021；重庆师范大学广播（CCData 音频传媒）研究院。

三 融媒传播影响力指数波动下滑，社交媒体影响力降低是主因

EMC 融播指数能反映广播频率融合传播的综合影响力，计算指标不仅

包含广播频率的受众规模、粉丝规模，也包含其在各个平台中的发文量、阅读/播放量、互动量（点赞、评论、转发）等多项指标，所以受众规模增长并不能说明综合影响力会同步提升。

（一）融媒传播影响力指数波动下滑，社交媒体影响力降低是主因，短视频媒体影响力稳中略升

CCData 数据显示，2021 年，全国广播频率 EMC 融播指数均值为752.99，同比下滑85.35，降幅为10.18%。四大一级指标中，社交指数和融听指数均下滑。其中，社交指数下滑明显，是综合指数下滑的主要原因，社交指数同比下滑超过120.00，降幅达20.81%；融听指数下滑62.02，降幅达4.10%。另外两个一级指标即短视频指数和舆情指数同比均略有上升，增幅都超过1.00%（见表4）。

表4　2020~2021年全国广播频率融媒传播效果评估：EMC 融播指数（一级指标）

年份	EMC 融播指数	社交指数	短视频指数	融听指数	舆情指数
2020	838.34	607.71	459.50	1510.07	617.30
2021	752.99	481.20	465.84	1448.05	627.27

资料来源：CCData 全国广播频率融媒传播全网监测及效果评估，2020~2021；重庆师范大学广播（CCData 音频传媒）研究院。

全国广播频率 EMC 融播指数的下滑一方面反映出在2021年新增加的监测广播频率中，融合传播影响力较弱的广播频率较多，一定程度上拉低了整体均值，另一方面反映出广播频率在各传播端的运营变化趋势。数据显示，随着短视频的火爆，全国广播频率在短视频平台的发力更加明显，短视频指数稳定且保持上涨趋势；在社交平台的影响力则在经历2020年的爆发式提升后有所回落。

（二）广播媒体在社交平台的影响力普遍下滑，在快手平台的影响力稳步上升

细分到二级指标，CCData 数据显示，在社交平台中，微博指数、微信

指数、今日头条指数全部下滑。其中，微博指数下滑 110.59，下滑幅度高达 23.67%；微信指数下滑 168.81，下滑幅度为 15.08%；今日头条指数下滑 82.74，降幅为 20.80%。在短视频平台中，抖音指数和快手指数一降一升，其中抖音指数微降 14.70，下降幅度为 2.29%；快手指数上升 22.10，增幅为 6.29%（见表5）。

表5　2020~2021年全国广播频率融媒传播效果评估：EMC 融播指数（二级指标）

年份	微博指数	微信指数	今日头条指数	抖音指数	快手指数
2020	467.22	1119.74	397.79	641.44	351.46
2021	356.63	950.93	315.05	626.74	373.56

资料来源：CCData 全国广播频率融媒传播全网监测及效果评估，2020~2021；重庆师范大学广播（CCData 音频传媒）研究院。

（三）内容输出中，传播声量与互动数据未能同步并进是影响力下滑的主因

对比单平台原始数据，能够找到对应指数上升或下降的主因。2021年，全国 333 套广播频率在微博平台共发文 110.6 万余篇，互动量（转发+评论+点赞）超 3742 万次，发文量同比减少近 2.9 万篇，互动量下降超 321 万次，数据的同步大幅下滑导致微博指数下降。在微信平台，2021年全国广播频率共发文 53.3 万余篇，同比增长接近 3.5 万篇；阅读量超 31.29 亿次，同比下滑近 5.10 亿次；互动量（在看+点赞）超 1122 万次，同比下滑超 460 万次。由此显示，即使发文量增加，关注度的大幅下降仍是微信指数下滑的原因。在今日头条平台，2021年全国广播频率发布作品 26.6 万余篇，同比增长 5.2 万余篇，但文章阅读量、视频播放量及其引发的互动量却大幅减少，导致今日头条指数出现下滑。

在短视频平台中，点赞量的大幅下降导致 2021 年抖音指数的下滑。2021年全国广播频率在抖音平台共发布短视频作品接近 20 万条，同比增长 8 万余条，但点赞量同比减少超 8397 万次，导致抖音指数微弱下滑。2021

年快手指数的上升则是由作品数量和播放量共同拉动。2021 年全国广播频率在快手平台共发布短视频作品 7.3 万余条，同比增长 4.1 万余条；播放量超 144.8 亿次，同比增长超 89.2 亿次（见表 6）。

表 6　2021 年全国广播频率融媒传播效果评估：新媒体平台数据

单位：篇/条，次

平台	发文量	阅读/播放量	互动量
微博	110.6 万+	—	3742 万+
微信	53.3 万+	312936 万+	1122 万+
今日头条	26.6 万+	105947 万+	191 万+
抖音	19.8 万+	—	171476 万+
快手	7.3 万+	1448880 万+	20181 万+

资料来源：CCData 全国广播频率融媒传播全网监测及效果评估，2021；重庆师范大学广播（CCData 音频传媒）研究院。

四　融媒传播格局稳定，头部频率影响力增强，中坚力量崛起

相关数据显示，全国广播频率三大阵营①中第一阵营频率共 81 套，同比增加 8 套，占比 24.3%，该阵营广播频率 EMC 融播指数均值达 1293.17，由全国广播频率整体水平的 1.50 倍提升至 1.72 倍，融合传播影响力突出，是全国广播频率的头部标杆。第二阵营广播频率融媒传播影响力较强，EMC 融播指数均值达 878.09，同比略降，是全国广播频率整体水平的 1.16 倍，该阵营广播频率 64 套，同比增加 26 套，占比 19.2%，同比增长 3.7 个百分点；数据反映出，第二阵营广播频率数量占比增加，但融媒传播影响力下滑，作为中坚

---

① 根据 EMC 融播指数均值将全国广播频率划分为三大阵营：第一阵营为 EMC 融播指数均值超过 1000（含 1000）的广播频率；第二阵营为 EMC 融播指数均值低于 1000，但超过全国平均值（含全国平均值）的广播频率；第三阵营为 EMC 融播指数均值低于全国平均值的广播频率。

力量，其未来融媒传播影响力尚需进一步提升。第三阵营广播频率融媒传播影响力相对偏弱，EMC融播指数均值达477.67，与全国平均水平存在较大差距，是未来融媒传播影响力提升的重点；该阵营广播频率数量188套，占比56.5%，超过一半的广播频率融媒传播影响力处于低位（见表7）。

表7　2021年全国广播频率融媒传播效果评估：EMC融播指数（分阵营）

项目	全国	第一阵营	第二阵营	第三阵营
EMC融播指数均值	752.99	1293.17	878.09	477.67
频率数量（套）	333	81	64	188

资料来源：CCData全国广播频率融媒传播全网监测及效果评估，2021；重庆师范大学广播（CCData音频传媒）研究院。

五　新闻、交通类频率稳固传播优势，文娱、生活类频率拉低表现

由不同类型频率的EMC融播指数可知，交通类频率融媒传播影响力最强，其次为新闻类频率，两大类型频率在融媒传播中优势明显，表现强势。私家车类、音乐类、经济类、生活类和文娱类频率整体表现都不如全国平均水平，尤其是生活类和文娱类频率，EMC融播指数均较低，融媒传播影响力也相对较低（见表8）。

表8　2021年全国广播频率融媒传播效果评估：EMC融播指数（分类型）

项目	全国	新闻类	交通类	音乐类	经济类	私家车类	文娱类	生活类
EMC融播指数	752.99	861.38	1111.87	681.86	643.15	708.79	469.35	523.97

资料来源：CCData全国广播频率融媒传播全网监测及效果评估，2021；重庆师范大学广播（CCData音频传媒）研究院。

（一）接近90%的交通类频率和60%的新闻类频率传播影响力突出

不同类型频率的阵营分布数据同样显示出新闻、交通类频率的优势。在

67套新闻类频率中，有40套分布在第一阵营和第二阵营，占新闻类频率总数的近六成。在62套交通类频率中，有接近九成（共54套）的频率分布在第一阵营和第二阵营。分布在第一阵营和第二阵营的文娱类频率共6套，占比15%；生活类频率共4套，占比12%。这些数据反映了传播主力被新闻类频率、交通类频率占据，文娱类频率、生活类频率大部分位居第三阵营（见表9）。

表9　2021年全国广播频率融媒传播效果评估：不同类型频率（分阵营）

单位：套

频率类型	第一阵营	第二阵营	第三阵营	小计
新闻类	22	18	27	67
交通类	36	18	8	62
音乐类	10	16	51	77
经济类	7	2	30	39
私家车类	2	4	8	14
文娱类	2	4	34	40
生活类	2	2	30	34
合计	81	64	188	333

资料来源：CCData全国广播频率融媒传播全网监测及效果评估，2021；重庆师范大学广播（CCData音频传媒）研究院。

（二）全国百强中新闻类和交通类频率占七成，少量私家车类频率表现抢眼

2021年，随着更多类型频率加入，全国广播媒体EMC融播指数榜单的排名略变。央广中国之声EMC融播指数2164.70，蝉联榜首，继续领跑；北京交通广播EMC融播指数1728.70，强势晋级第2位；江苏新闻广播EMC融播指数1692.14，以较小差距居第3位。榜单TOP10中，新闻类频率入围3套，同比减少1套；交通类频率入围6套，数量同比持平；私家车类频率福建都市生活广播表现抢眼，排名第八，占1席。TOP20榜单中，新闻类频率入围5套，同比减少1套；交通类频率入围12套，同比未发生变

化；私家车类频率依然由福建都市生活广播占据1席；生活类频率陕西都市广播和音乐类频率河北音乐广播各占1席。TOP50和TOP100榜单中仍以交通、新闻两大类型频率为主，反映出交通类、新闻类频率融媒传播影响力的强大。相对而言，新增加的私家车类、文娱类、生活类频率中仅有小部分表现较好，大部分排名仍靠后（见表10）。

表10　2021年全国广播频率入围EMC融播指数排行榜数量（分类型）

单位：套

频率类型	TOP10	TOP20	TOP50	TOP100
新闻类	3	5	12	31
交通类	6	12	27	41
音乐类	—	1	6	13
经济类	—	—	2	7
私家车类	1	1	2	3
文娱类	—	—	—	3
生活类	—	1	1	2
合计	10	20	50	100

资料来源：CCData全国广播频率融媒传播全网监测及效果评估，2021；重庆师范大学广播（CCData音频传媒）研究院。

六　中央级广播频率两极发展，省级保持优势，市级整体偏弱

（一）中央级广播频率融媒传播两极分化，短视频领域依旧是传播短板

2021年，CCData监测的中央级广播频率增加了央广老年之声、央广文艺之声、央广阅读之声，广播频率数量增至11套。中央级广播频率表现呈明显的两极分化，EMC融播指数均值由上年的1195.69下降至764.09。央广中国之声EMC融播指数同比略有下滑，但仍然超过2000，已连续三年蝉联全国广播频率融媒传播影响力年度榜榜首，其在社交媒体、短视频媒体、融合收听、

全网舆情方面实力强劲且均衡，是全国广播频率融媒传播的引领者。中国交通广播、中国国际广播电台劲曲调频、中国国际环球资讯广播 EMC 融播指数或超过 1000 或接近 1000，同比都有下滑但总体尚好。相比之下，其余广播频率表现欠佳，EMC 融播指数都低于全国平均水平，特别是新加入监测的 3 套频率表现较差，只在直播平台或终端监测到其数据，其在新媒体平台的布局和传播尚未开展或运营实力较弱，导致数值偏低。

数据反映中央级广播频率两极分化的原因在于这些广播频率在新媒体平台的布局与运营存在差异，尤其是在短视频媒体平台，除央广中国之声、中国交通广播、中国国际广播电台劲曲调频外，未监测到其他中央级广播频率在短视频媒体平台开设的官方账号的数据表现，另外，部分广播频率在社交媒体平台的数据也未被监测到（见表 11）。

表 11　2021 年全国广播频率融媒传播效果评估：EMC 融播指数（中央级频率）

中央级频率	EMC 融播指数	社交指数	短视频指数	融听指数	舆情指数
央广中国之声	2164.70	1806.09	1748.30	2750.03	1939.36
中国交通广播	1446.73	1139.92	860.02	2012.07	1503.54
中国国际广播电台劲曲调频	963.19	398.58	212.04	1951.20	1759.52
中国国际环球资讯广播	951.74	724.09	0.00	2139.08	859.74
央广经济之声	685.43	45.93	0.00	2531.90	1355.27
央广音乐之声	575.41	0.00	0.00	2433.73	1810.20
中国国际广播电台轻松调频	420.27	2.73	0.00	1822.75	809.50
央广经典音乐广播	346.56	0.00	0.00	1681.52	490.04
央广老年之声	311.66	45.58	0.00	1461.32	0.00
央广文艺之声	278.29	0.00	0.00	1739.34	0.00
央广阅读之声	261.09	0.00	0.00	1271.99	358.07
均值	764.09	378.44	256.39	1981.35	989.56

资料来源：CCData 全国广播频率融媒传播全网监测及效果评估，2021；重庆师范大学广播（CCData 音频传媒）研究院。

新媒体平台原始数据显示，2021 年中央级广播频率的作品发布量占全国广播频率作品总量的 2.04%，其中在微博的发文量最高，在今日头条的发文量占比最高；作品的传播声量数据显示，中央级广播频率在今日头条的传播声量超过其他平台，作品的阅读/播放量在全国同平台占比超过26%，同时在今日头条的互动量占比超过25%，反映出以新闻资讯为特性的资讯类社交媒体与中央级广播频率的高度适配性。无论是发文数据还是传播声量数据，中央级广播频率在抖音和快手的数据整体上都明显低于其他平台，表明短视频媒体平台依然是中央级广播频率在新媒体平台布局中较为薄弱的领域（见表12）。

表12 2021年全国广播频率融媒传播效果评估：新媒体平台数据（中央级频率）

平台	发文数据		传播声量数据		互动数据	
	发文量（篇/条）	全国占比（%）	阅读/播放量（次）	全国占比（%）	互动量（次）	全国占比（%）
微博	2.70万+	2.46	—	—	1451.5万+	38.79
微信	0.60万+	1.22	7667.4万+	2.45	156.9万+	13.99
今日头条	0.90万+	3.42	28582.9万+	26.98	47.9万+	25.07
抖音	0.05万+	0.28	—	—	1375.5万+	0.80
快手	0.09万+	1.32	17618.6万+	1.22	528.0万+	2.62
合计	4.40万+	2.04	53869.1万+	2.88	3560.0万+	1.81

资料来源：CCData全国广播频率融媒传播全网监测及效果评估，2021；重庆师范大学广播（CCData音频传媒）研究院。

（二）省级广播频率传播优势扩大，短视频媒体平台最高流量贡献超八成

2021年，全国333套广播频率中，省级广播频率共183套，占比55%，在数量上占据半壁江山。183套省级广播频率融媒传播受众规模达到4.59亿人，是以往单一传播形态受众规模的4.95倍，省级广播频率官方账号组成的新媒体矩阵粉丝池的规模超过2.42亿人，其中楚天交通广播粉丝池的规模突破3000万人大关，延续上年优势，依然在省级广播频率中位居榜首。EMC融播指数显示，省级广播频率在社交媒体、短视频媒体、融合收听、全网舆情方面的各项指数依然超过全国平均水平（见表13）。在全国广播媒

体融合传播榜中,省级广播频率地位稳固。全国 TOP10 广播频率中 80% 是省级广播频率,这一数字与 2020 年持平;TOP20 广播频率中省级广播频率依然占比 80%,同比增长 10 个百分点;TOP50 广播频率中省级广播频率占72%,同比增长 12 个百分点;TOP100 广播频率中省级广播频率占 71%,同比增长 5 个百分点。省级广播频率力量在逐步增强。

表 13　2021 年全国广播频率融媒传播效果评估:EMC 融播指数 (省级/全国)

频率级别	EMC 融播指数	社交指数	短视频指数	融听指数	舆情指数
省级	829.95	545.84	600.82	1476.96	708.67
全国	752.99	481.20	465.84	1448.05	627.27

资料来源:CCData 全国广播频率融媒传播全网监测及效果评估,2021;重庆师范大学广播 (CCData 音频传媒) 研究院。

2021 年,省级广播频率在新媒体平台共发布作品 142.50 万余篇/条,占全国广播频率发布作品总量的 65.44%,同比上升超过 5 个百分点,内容贡献力度进一步加大;阅读/播放量超过 145.17 亿次,贡献率高达77.72%,同比上升超过 8 个百分点;互动量超过 15.40 亿次,较上年有所减少,但贡献率反向上涨,达到 78.33%。各项数据表明,省级广播频率在 2021 年延续上年优势,并不断发力突破,在新媒体平台具备较强融媒传播影响力。

在单平台内容输出数据中,省级广播频率在微博的发文量最高,全年发文 72.5 万余篇,占全国广播频率在微博发文总量的 65.57%;在快手贡献量最高,全年发布短视频作品 5.7 万余条,占全国广播频率在快手发布总量的78.37%。在传播声量数据中,省级广播频率在快手的作品播放量超过 116亿次,贡献全国广播频率快手作品播放总量 80.16% 的流量;在微信的阅读量超过 24 亿次,贡献率为 77.41%。在互动数据中,省级广播频率在抖音和快手贡献流量均接近八成。相比之下,省级广播频率在今日头条的发文数据、传播声量数据、互动数据贡献均在四成或五成,表现相对弱势 (见表 14)。

表14 2021年全国广播频率融媒传播效果评估：新媒体平台数据（省级频率）

平台	发文数据		传播声量数据		互动数据	
	发文量（篇/条）	全国占比（%）	阅读/播放量（次）	全国占比（%）	互动量（次）	全国占比（%）
微博	72.5万+	65.57	—	—	2117.4万+	56.58
微信	35.1万+	65.81	242257.3万+	77.41	739.2万+	65.86
今日头条	14.4万+	54.34	47982.4万+	45.29	86.0万+	45.02
抖音	14.6万+	73.82	—	—	135404.0万+	78.96
快手	5.7万+	78.37	1161477.4万+	80.16	15742.7万+	78.01
合计	142.5万+	65.44	1451717.2万+	77.72	154089.6万+	78.33

资料来源：CCData全国广播频率融媒传播全网监测及效果评估，2021；重庆师范大学广播（CCData音频传媒）研究院。

（三）市级广播频率融媒传播影响力整体仍偏弱，在新媒体平台今日头条中具有流量优势

2021年，市级广播频率共139套，占比42%。市级广播频率融媒传播受众规模为1.75亿人，是以往单一传播形态受众规模的3.24倍，与上年持平。EMC融播指数显示，市级广播频率融媒传播影响力整体依然偏弱，低于全国平均水平，四大一级指标社交指数、短视频指数、融听指数、舆情指数都与全国平均水平存在一定差距（见表15）。

表15 2021年全国广播频率融媒传播效果评估：EMC融播指数（市级/全国）

频率级别	EMC融播指数	社交指数	短视频指数	融听指数	舆情指数
市级	650.80	404.22	304.70	1367.79	491.42
全国	752.99	481.20	465.84	1448.05	627.27

资料来源：CCData全国广播频率融媒传播全网监测及效果评估，2021；重庆师范大学广播（CCData音频传媒）研究院。

2021年，市级广播频率在主要新媒体平台共发文超过70.80万篇/条，占全国广播频率发文量的32.52%，贡献率较上年有所降低，低于1/3；阅

读/播放量超过 36.21 亿次，占比接近 20.00%，互动量超 3.90 亿次，占比 19.86%，阅读/播放量和互动量占比较上年均有较大幅度的下滑。在单平台中，市级广播频率在今日头条的表现最为出色，其中发文量超过 11.2 万篇，全国占比超过四成；互动量超过 57.2 万次，占比接近三成；阅读/播放量接近 3.0 亿次，占比超过 27%。今日头条流量贡献率均超过其他新媒体平台，具有较好的传播优势。在微博，市级广播频率发文量占全国广播频率的 31.97%，但互动数据较低，超 173.3 万次的互动量仅占全国广播频率互动量的 4.63%。在微信，市级广播频率贡献了超 17.5 万篇的发文量，占比 32.97%；传播声量数据和互动数据占比都略高于 20%。在抖音和快手，各项流量数据占比都在 20% 左右（见表16）。

表 16 2021 年全国广播频率融媒传播效果评估：新媒体平台数据（市级频率）

平台	发文数据		传播声量数据		互动数据	
	发文量（篇/条）	全国占比（%）	阅读/播放量（次）	全国占比（%）	互动量（次）	全国占比（%）
微博	35.3万+	31.97	—	—	173.3万+	4.63
微信	17.5万+	32.97	63011.8万+	20.14	226.2万+	20.16
今日头条	11.2万+	42.24	29382.1万+	27.73	57.2万+	29.21
抖音	5.1万+	25.90	—	—	34696.6万+	20.23
快手	1.4万+	20.31	269783.9万+	18.62	3910.1万+	19.38
合计	70.8万+	32.52	362177.9万+	19.39	39063.7万+	19.86

资料来源：CCData 全国广播频率融媒传播全网监测及效果评估，2021；重庆师范大学广播（CCData 音频传媒）研究院。

七 各级标杆频率起表率，新媒体平台布局全、运营强是共性

2021 年，在全国广播频率融媒传播中，有大批不同级别、不同类型的广播频率取得良好成绩。此类广播频率具有较强共性，即其不仅在传统端拥有大批忠实听众，在新媒体平台布局更加全面，运营更加深入。全国广播频

率 EMC 融播指数榜单中，中央级、省级、市级三大级别广播频率中，央广中国之声、北京交通广播、广州交通广播分别摘得同级别榜首，在全国排名中也位居前列，三大级别广播频率在微博、微信、今日头条、抖音、快手等新媒体平台均有官方账号入驻，并保持高度活跃（见表17）。

表17　2021年全国广播频率标杆频率表现（分级别）

频率	级别	全国排名	同级别排名	新媒体平台入驻率(%)	新媒体平台活跃度(%)
央广中国之声	中央级	1	1	100	100
北京交通广播	省级	2	1	100	100
广州交通广播	市级	6	1	100	100

资料来源：CCData 全国广播频率融媒传播全网监测及效果评估，2021；重庆师范大学广播（CCData 音频传媒）研究院。

在新闻、交通、音乐、经济、私家车、文娱、生活七大类广播频率中，表现强势的标杆频率在微博、微信、今日头条、抖音、快手等新媒体平台同样保持了100%的入驻率和活跃度（见表18）。

表18　2021年全国广播频率标杆频率表现（分类型）

频率	类型	全国排名	同类型排名	新媒体平台入驻率(%)	新媒体平台活跃度(%)
江苏新闻广播	新闻类	3	2	100	100
河南交通广播	交通类	4	2	100	100
河北音乐广播	音乐类	19	1	100	100
上海第一财经广播	经济类	32	1	100	100
福建都市生活广播	私家车类	8	1	100	100
陕西戏曲广播	文娱类	61	1	100	100
陕西都市广播	生活类	17	1	100	100

资料来源：CCData 全国广播频率融媒传播全网监测及效果评估，2021；重庆师范大学广播（CCData 音频传媒）研究院。

2021年，全国333套广播频率在新媒体平台的官方账号发文量超过217.8万篇/条，阅读/播放量近186.8亿次，互动量超19.67亿次。作为其中的1/

333，这些在不同级别、不同类型中的优势广播频率都做出了较大的贡献。在发文数据方面，河南交通广播、广州交通广播、福建都市生活广播、河北音乐广播的发文量贡献率都超过了1.00%；此外，江苏新闻广播、央广中国之声、北京交通广播都超过了0.70%，在新媒体平台的传播中保持了较强的内容创作力。在传播声量数据方面，广州交通广播创作的内容贡献了近10.00%的流量；此外，福建都市生活广播、江苏新闻广播的贡献率均超过7.00%；北京交通广播、央广中国之声则都超过2.00%。优质内容得到广泛传播。在互动数据方面，广州交通广播流量贡献率高达5.66%；此外，河南交通广播、江苏新闻广播则均超过3.00%；福建都市生活广播、陕西都市广播、央广中国之声都在1.00%以上。这些频率内容得到广大网友认同，收获大量点赞、评论和转发。相对而言，上海第一财经广播和陕西戏曲广播在新媒体平台的流量贡献并不及上述广播频率，但它们在同类型广播频率中已然属于佼佼者，对同类型广播频率的融合发展同样起到示范作用（见表19）。

表19　2021年全国广播频率标杆频率表现：新媒体平台数据

频率	发文数据		传播声量数据		互动数据	
	发文量（篇/条）	全国占比（%）	阅读/播放量（次）	全国占比（%）	互动量（次）	全国占比（%）
央广中国之声	2.0万+	0.94	52564.4万+	2.81	2357.8万+	1.20
北京交通广播	1.7万+	0.80	53424.6万+	2.86	1314.7万+	0.67
江苏新闻广播	2.1万+	1.00	144013.1万+	7.71	5916.4万+	3.01
河南交通广播	2.9万+	1.37	12734.3万+	0.68	7055.1万+	3.59
广州交通广播	2.6万+	1.21	173413.9万+	9.28	11143.2万+	5.66
福建都市生活广播	2.6万+	1.20	148971.8万+	7.98	4181.5万+	2.13
陕西都市广播	1.5万+	0.70	17328.2万+	0.93	2861.0万+	1.45
河北音乐广播	2.4万+	1.10	9734.7万+	0.52	456.1万+	0.23
上海第一财经广播	0.5万+	0.27	14093.2万+	0.75	1376.6万+	0.70
陕西戏曲广播	0.4万+	0.23	3312.4万+	0.18	137.4万+	0.07
全国	217.8万+	—	1867764.3万+	—	196713.4万+	—

资料来源：CCData全国广播频率融媒传播全网监测及效果评估，2021；重庆师范大学广播（CCData音频传媒）研究院。

综合全国广播频率的融媒传播效果数据，2021 年，全国广播频率融媒传播受众规模和新媒体平台的粉丝规模持续扩增，融媒传播影响力指数虽有波动、各级广播频率表现虽存在差异，但总体表现良好。经过与互联网媒体和移动互联网媒体的深度融合，广播媒体的传播影响力已由地域电波延展到无限广阔时空，广播媒体也由传统主流媒体更迭为大数据时代信息传播领域中无法被取代的新型主流媒体。

B.4
2021年传统广播节目视频化的融合探索

张阿林*

摘　要： 随着5G时代的到来，传统广播电视面临竞争与发展、改革与转型的关键抉择，百年广播迎来融合发展的关键节点。2021年，主流媒体生态环境发生深刻改变，国家战略、行业、市场、技术等多方合力，使广播节目视频化成为必要之举。视频化的发展进程使得广播行业的工作模式、生态环境、体制机制和人员队伍等发生诸多改变；在视频化过程中，广播媒介依托自身优势，发展出独特的视频化形态。

关键词： 融合发展　视频化　广播新生态

伴随着5G技术、物联网、人工智能、区块链的快速发展和广泛应用，传统广播电视面临竞争与发展、改革与转型的关键抉择。目前，在移动互联网数字媒体精准服务、多元传播以及平台应用深度连接的冲击和影响下，传统广播如何破局、转型？如何打破"耳朵经济"单一维度的认知局限？如何通过媒体深度融合实现广播新生态的重构？探索广播大变革、大发展的新契机是每一个广电媒体人的时代使命。

视频化成为传统广播改革探索的一种发展趋势。一方面，视频已经成为当前网络用户的主要娱乐方式之一。截至2021年12月，我国短视频用户规模

---

* 张阿林，安徽广播电视台副台长、高级编辑。

已达9.34亿人，且呈现逐年上升趋势。① 另一方面，视频可以使广播在原本抽象的声音渠道之外开设直观立体的画面通道，以多维度的体验有效吸引用户。音视频的综合运用，为探索广播新业态和重新构建广播新生态提供了可能。

一 主流媒体生态环境变化给广播节目视频化带来转型机遇

（一）媒体融合成为国家战略

为推动党媒尽快朝着新型主流媒体的方向做优做强，习近平总书记指出，"媒体融合发展不仅仅是新闻单位的事，要把我们掌握的社会思想文化公共资源、社会治理大数据、政策制定权的制度优势转化为巩固壮大主流思想舆论的综合优势"。② 总书记的高瞻远瞩为传统媒体的跨界融合指明了方向。建设新型主流媒体不仅是行业转型发展的需要，更是国家政治、经济与文化各方面发展与繁荣的题中之义。

2020年9月26日，中共中央办公厅、国务院办公厅印发《关于加快推进媒体深度融合发展的意见》，对媒体融合发展进行顶层设计，绘制出媒体融合发展的时间表与路线图，媒体融合由此成为国家战略。传统媒体尽快完成转型的任务迫在眉睫，主流媒体必须尽快在新阵地发声，在瞬息万变的网络空间中占据话语权、提高影响力。2021年3月16日，国家广播电视总局印发《关于组织制定广播电视媒体深度融合发展三年行动计划的通知》，进一步督促省级和地市级媒体积极推动媒体深度融合发展工作进程。截至2021年底，全国共有广播电台、电视台、广播电视台等播出机构2542家，其中持证及备案网络视听机构675家，超过2000家县级融媒体中心取得网

---

① 《第49次〈中国互联网络发展状况统计报告〉》，中国互联网络信息中心网站，2022年2月25日，http://www.cnnic.cn/hlwfzyj/hlwxzbg/hlwtjbg/202202/t20220225_71727.htm。

② 《加快推动媒体融合发展 构建全媒体传播格局》，《求是》2019年第6期。

络视听节目许可证。[①] 由此可见，2021 年我国媒体深度融合发展呈现出政策先导、多点开花的特点，各地均迈向新的探索发展阶段。

（二）技术赋能节目视频化和移动传播

众所周知，技术发展引领媒体变革。我国互联网的发展已经经历了 PC 互联网阶段、移动互联网阶段，正向 5G 技术带来的万物互联的智能移动互联时代迈进，这是由移动互联、大数据、智能学习共同组成的一个智能服务时代。5G 技术的泛连接、大规模、高速度、低延时等特征在深刻改变社会行为方式的同时，也改变了媒体自身生态：物联网为信息的传播拓展了更为广阔的空间，媒体将迎来"万物皆媒体、一切皆平台"的颠覆与重生。目前看来，信息最直观的表现形式就是视频，5G 技术赋予了人们将任何现实场景中的信息转变为视频内容的可能性，视频将会是真正的流量入口之一。截至 2021 年底，全国交互式网络电视（IPTV）用户数超过 3 亿户，互联网电视（OTT TV）用户数达 10.8 亿户，互联网视频年度付费用户数达 7.1 亿户，短视频上传用户数超过 7 亿户。[②] 可以预见，普通用户的生活将被最大限度地视频化。

（三）行业转型发展带来变革的机遇

媒体融合要求媒介打破自身边界，实现技术、内容、市场的深度融合。随着 5G 时代来临，人工智能、虚拟现实（VR）、混合现实（MR）等新技术的运用也将提速，媒体产品将不再是单纯的图文、音频或视频，而是融合多种传播样式、融汇多种技术手段的多样态全媒体产品。在媒体融合发展的大趋势下，纯粹单一的媒介内容、完全独立的媒介传播方式已不复存在。通过复合传播实现用户覆盖的最大化，已成为当今媒介新的运行标准。广播电

---

① 《2021 年全国广播电视行业统计公报》，国家广播电视总局网站，2022 年 4 月 25 日，http://www.nrta.gov.cn/art/2022/4/25/art_ 113_ 60195.html。

② 《2021 年全国广播电视行业统计公报》，国家广播电视总局网站，2022 年 4 月 25 日，http://www.nrta.gov.cn/art/2022/4/25/art_ 113_ 60195.html。

视行业必须抓住5G技术发展的机会，充分利用智能化移动互联网、物联网带来的巨大机遇，创新产品样态，改变传播语态，实现媒介形态的进化。目前，各大传统媒体纷纷以人工智能、大数据、移动互联网平台为依托，积极融汇多种高新技术手段，开展全媒体生态布局。中央广播电视总台将"5G+4K/8K+AI"技术贯穿中国共产党成立100周年大会全流程，以超高清视频转播为观众带来沉浸式的视听体验；2021年东京奥运会上，中央广播电视总台同样以"5G+4K/8K+AI"技术赋能奥运节目转播。

现代广播节目的"可视化传播"是传统广播和互联网技术深度融合的成果，是在竞争日趋激烈的全媒体生态中抢占市场的必要手段，将为传统广播带来立体化、多维度的广阔传播空间。

（四）市场需求成为广播节目视频化的巨大动力

截至2021年12月，我国网民规模达10.32亿人，其中短视频用户规模为9.34亿人，社会需求空间和发展潜力巨大。[①] 一项针对主要媒介应用工具内容消费情况的大规模调查显示，在被调查的12种媒介应用工具中，具有视频属性的共有9种，用户接触度合计达到217.0%，而广播、报纸、杂志3种媒介应用工具的用户接触度合计仅为19.3%，视频媒介应用工具用户接触次数远超非视频媒介应用工具用户接触次数。显而易见，视频已成为我国媒介市场最主要的传播与消费方式之一。《2021年全国电台与频率广播调研活动报告》显示，在融媒体语境下，广播媒体积极创新，正促进听众回流并向用户转化，在新冠肺炎疫情防控常态化后，广播媒体的听众规模逐渐回升。2021年上半年，广播的用户接触度达到47.1%，相比2020年同期的31.0%有较大幅度的上升，甚至高于2019年上半年的43.6%，实现逆势上扬。《2021年全国广播电视行业统计公报》显示，网络视听收入达3594.65亿元，同比增长22.10%。其中，用户付费、节目版权等服务收入大幅增

---

① 《第49次〈中国互联网络发展状况统计报告〉》，中国互联网络信息中心网站，2022年2月25日，http://www.cnnic.cn/hlwfzyj/hlwxzbg/hlwtjbg/202202/t20220225_71727.htm。

长，达974.05亿元，同比增长17.24%；网络直播、短视频等其他收入增长迅速，达2620.60亿元，同比增长24.02%。① 视频媒体产业充满发展活力，处于发展的快车道。

二 广播节目视频化的开创性意义

（一）广播仍是使用最广泛、高信任度的媒介②

联合国教科文组织资料显示，近年来的世界大事和疫情防控形势总体上影响了人们对媒体的信任，尤其是社交媒体上迅速传播的虚假内容，起到了推波助澜的作用。一些媒体机构的研究表明，全球对互联网和社交网络的信任度下降，但对新闻的整体信任度却在上升。③ 许多人仍然认为广播比任何其他媒体都更加值得信任。中国传媒大学新闻学院教授张彩认为："在世界范围内，广播仍然是最容易接触到的媒介，这也决定了它可以成为全球覆盖最广泛的大众媒体。尽管移动互联技术让实时、随时和即时的传播与接收成为可能，但区域发展的不平衡，也让我们必须注意到，在广大的发展中国家和不发达地区，仍然有庞大的受众群体需要通过广播来接触世界。"在中国，随着智能终端深度普及，广播也凭借不断的创新发展，在移动互联网的助推下"焕发新生"。

中科网联数据科技有限公司④相关研究数据显示，2021年中国音频传媒

---

① 《2021年全国广播电视行业统计公报》，国家广播电视总局网站，2022年4月25日，http://www.nrta.gov.cn/art/2022/4/25/art_ 113_ 60195.html。

② 《世界广播日 | 许多人仍然认为广播比任何其他媒体都更加值得信任》，中国之声，2022年2月13日，https://content－static.cctvnews.cctv.com/snow－book/index.html? t=2022－02－13+12%3A27%3A19&toc_ style_ id=feeds_ default&share_ to=wechat&track_ id=86F613B7－F72F－47C4－B6C9－77F23BE39B27_ 666419829693&item_ id=9559299840029666331。

③ 《世界广播日 | 许多人仍然认为广播比任何其他媒体都更加值得信任》，中国之声，2022年2月13日，https://content－static.cctvnews.cctv.com/snow－book/index.html? t=2022－02－13+12%3A27%3A19&toc_ style_ id=feeds_ default&share_ to=wechat&track_ id=86F613B7－F72F－47C4－B6C9－77F23BE39B27_ 666419829693&item_ id=9559299840029666331。

④ 下文均简称为CCData。

用户规模达到 7.59 亿人，较上年同期增加 3200 万人。其中，广播听众规模为 5.30 亿人，与上年水平基本持平，较 2019 年增加 5700 万人；广播听众规模占音频传媒用户规模的近 70%，表明广播听众是整个音频传媒市场的主力军。25~54 岁的用户占比达到 70.45%，其中 25~44 岁的核心用户占整体音频传媒用户的近一半。从职场角度分析，25~44 岁通常属于职业生涯发展的确定阶段，是大多数人工作生命周期中的核心阶段，因此其也是消费市场竞争较为激烈的年龄段。25~44 岁的广播听众占比超过 50%，这些广播听众构成了整个广播市场中最具活力和市场价值的用户主体。

（二）推进广播节目视频化是融合发展的需要

广播节目视频化指的是广播打破传统媒介壁垒，利用移动互联网端的各种视频手段对广播节目的传播性、服务性、交互性进行颠覆性改变的一种媒介传播方式。用通俗的话来说，视频化可以使广播节目离听众（用户）更近一点。

CCData 的调查数据显示，当前用户对广播频率的收听兼具集中化与多元化特点，音乐类、新闻类、交通类频率是用户收听的三大主流类型广播频率，生活类频率收听偏好在城市用户中排名前四。[1] 同时，收听设备具有明显的网络化特点，除车载收音机外，位居前列的均以网络收听为主，其中智能手机是主流，占比超过 80%。因此，在移动设备智能化的移动互联网和物联网的时代，广播听众的收听行为已经网络化、触媒行为已经融媒化，广播需要做到"能听能看"，那么，广播节目的视频化将成为一种新的发展趋势。

视频化和可视化的区别可以简要概括为：视频化外延相对较窄，是个传播词语；可视化外延更广，是个技术词语。视频化是运用可视化手段呈现内容的新形态。

---

[1] 《智能化与优质内容，推进主流音频媒体的转型升级》，"CCData"微信公众号，2022 年 1 月 7 日，https://mp.weixin.qq.com/s/7cS_aEAai4Xixh-03kKHMw。

广播节目视频化意味着：用互联网思维运营广播，坚持移动优先、用户思维，以生产适应移动人群需要的内容为目标；以适应融媒发展为先导，进行广播节目生产流程的再造，即用互联网思维办广播，发挥音频之长，拓展视频化应用场景；打破原有的广播生产形态，坚持音视频的多屏互动、矩阵传播。广播可以通过打造以新闻、音乐、交通等类型频率为代表的具有强大影响力和竞争力的垂类新型媒体，推动移动端平台建设，开辟一条适合中国广播的融媒发展之路。

（三）广播节目视频化给传统广播带来革命性改变

广播节目视频化（主要是面向移动端的视频化）意味着广播必须打破传统媒介壁垒，对广播的服务性、交互性进行颠覆性改变，对传播理念、生产流程、工作模式、体制机制等进行深度变革，从而赋予自身发展以无限的想象空间。

1. 广播节目视频化拓展了广播传统传播理念

首先，广播节目视频化改变了广播工作者的专业思路，使广播工作者办台视野更加开阔、表达手段更加多元化；其次，广播节目视频化改变了听众对广播的认知和接受方式，不仅丰富了平台信息和表达方式、增加了互动的可能性，也满足了听众用户想知道"谁在说""怎么说"的好奇心，同时一并优化了用户体验和习惯。

2. 广播节目视频化改变了广播传统工作模式

广播节目视频化使广播发展进入崭新阶段，它改变了广播从出生以来就从事音频信息传播的"经典"形象，广播的概念再也不仅仅局限于听觉的层面，而是由传统单一的音频思维工作模式转化为"音频+视频"的"双语言"工作模式，它不仅使广播的前后期概念发生了质变，也对广播工作者提出新的技能要求，视频化的"装备"成为标配，技术对广播发展的引领体现得更加明显，"新广播"模式脱颖而出。

3. 广播节目视频化使构建广播新生态成为可能

中国传媒大学教授、博士生导师金梦玉主编的《现代媒体总论》指出，广播的声音符号分为语言、音乐和音响，语言是广播表情达意的最主要工具。从传播特点来看，广播比报纸多了声音，比电视少了画面，具有传播速度快、播出费用低的优势；但声音稍纵即逝，无法传递丰富的视觉信息。[①]

通过视频化技术，广播节目可以实现音视频内容的联动，由过去单一的音频模式切换为"音频+视频"模式，广播基因里从此增添了视频元素，表达手段、传播方式等也随之发生巨大改变，加上广播天生具备的低成本、可移动、伴随性等新媒体特质和较强的社交属性，传统广播可以"进化"为一种全新的媒体形式，构建广播新生态成为可能。第一，丰富了直播内容。广播节目视频化可以实现"音频播报+及时新闻+音频外现场画面镜头（或相关资料镜头、慢直播镜头）"模式，表达方式更自由；同时还可以充分利用其他新闻信息、穿插突发新闻、接入听友互动内容，通过屏幕展播更多的信息，增加直播单位时间内的信息量。第二，提升了用户体验。广播节目视频化通过互联网实现广播播音现场的可视化、内容的可视化、场景的多元化、交互的及时化，能增加用户的新体验，尤其能有效吸引年轻人对广播的注意和兴趣，而5G技术的应用将会给广播节目视频化带来意想不到的新境界。第三，实现了全域传播。广播节目视频化通过移动互联网突破了传统广播的单向、单一的传播局限，达到全域化的广泛传播目的，使广播从地域性传统媒体转变成为全域化传播的融合媒体。第四，助推了广播转型。广播节目视频化让传统广播从"只能听"的原生态模式转化为不仅"能听"而且同时"能看"的音画共用的"音频+视频"的"双语言"工作模式，加上广播天生具备的低成本、可移动、伴随性等新媒体特质，从而使传统广播"进化"为一种全新的媒体形式。

4. 广播节目视频化推进广播体制机制变革

2021年，广播节目视频化倒逼广播工作机制、管理模式、绩效考核、市场运营等诸多方面的改革。

首先，推动音视频一体化工作机制的形成。广播节目视频化的实施需要

---

① 金梦玉主编《现代媒体总论》，辽宁大学出版社，2005。

以移动互联网为主阵地、以全媒体产品和服务为核心，优化传统广播的生产传播各环节，重塑传统广播的组织架构，构建集约高效的新型采编制作播发流程，形成集约高效的内容生产体系和传播链条，实现移动端和广电端"两个平台、一支队伍"的一体化模式。如2021年南宁广播电视台推出的综艺广播节目《老友笑8》，深度整合台内人才、平台、设备，由融媒体中心派出运营人员专门为该节目短视频的内容制作提供指导，并提供有200多万名粉丝的"南宁广播电视台"抖音号作为该节目短视频的发布阵地。

其次，推动构建全媒体绩效考核体系。广播节目视频化全媒体传播要求行业必须改变传统广播的绩效考核方式，构建以移动端首发、相关指标优发为主的全媒体绩效考核体系，并建立与全媒体市场竞争相适应的薪酬体系。

再次，推动广播形成市场化运营格局。广播节目视频化通过"+产业、+政务、+服务、+商务"等来聚合公共资源，催生广播业务运营的多元化，广播媒体需要用好项目制、工作室、多频道网络（MCN）等各种市场化的内容生产组织和运营方式，在事业体制内实行灵活的市场机制，实现事业产业有机统一、良性互动。县级融媒体中心在市场化运营格局搭建上相较于其他级别媒体而言可以说是先尝先试。湖南省浏阳市融媒体中心在"掌上浏阳"App中开设"市民互动"板块；福建省尤溪县融媒体中心在"智慧尤溪"App首页设置"服务"功能，涵盖了20余项垂直细分服务功能；浙江长兴传媒集团营收中的60%来自政府购买服务。①

最后，试行项目制运作。视频化工作常以项目制运作，广播节目可借此打破部门概念，鼓励普通员工揭榜挂帅，组队领办各类活动。从活动立项开始，到落地执行，再到推广、招商，全流程参与，全节点介入。项目制运作既锻炼了队伍，有利于全能人才的培养，也激发了全体员工向上向好的内生动力，形成了"鲶鱼效应"。

5.广播节目视频化培育了新广播专业队伍

广播节目视频化可以面向全平台打造一批"网红化"的明星广播主持

---

① 黄楚新、许可：《2021年媒体融合：新引擎驱动新发展》，《中国报业》2022年第1期。

人、关键意见领袖（KOL），通过打造优质网生IP，面向新媒体端开展"直播+""短视频+"等运营业务，推进粉丝经济转化，形成个性化品牌集群，扩大广播节目影响力。

三　广播节目视频化的实践与思考

（一）关于广播节目视频化的实践优势

1.利用广播常态直播的优势，打造具有"广播基因"的视频化直播演播室

广播天生就是移动传播媒体，随着移动互联网和短视频平台的崛起，全民直播时代正悄然来临，无论是在技术上还是在受众需求上，视频化广播直播间正成为新时期广播形态的一部分。在现有的广播直播播音间的基础上，因地制宜打造具有显著"广播基因"的视频化直播演播室，是推进广播节目视频化的第一步。南宁广播电视台《老友笑8》主创团队突破场景限制，在现有的广播直播间架设多个摄像头，同时增设大屏幕，主持人可以在调音台前清楚地看到听众在"听见广播"App里的留言。另外，《老友笑8》还在广播调音台前开辟了一小块地方作为表演区，嘉宾可在此区域进行才艺展示，一个具有显著"广播基因"的视频化直播演播室雏形就此形成。

2.立足各频率细分定位，打造全媒体垂直传播矩阵

广播定位相对垂直，各频率可立足各自定位，细分不同年龄、阶层、地域、行业用户需求，针对用户兴趣点，着力打造细分垂直的视频化广播节目品牌，与用户产生共鸣。依托自有移动传播平台以及商业新媒体平台，灵活运用"新闻+资讯+商业+视频+互动+慢直播"等新形式，打造广播序列多元统一的全媒体垂直传播矩阵。如安徽新闻综合广播、安徽交通广播、安徽音乐戏曲广播、安徽城市之声作为广播节目视频化"排头兵"，已率先开始布局。四大频率依据自身特色，分别以"新闻""民生""陪伴""时尚"为宗旨打造各自的个性化平台，并相互有机融合，呈现安徽广播多元统一的整体形态。

3. 依托广电媒资"金矿",丰富广播节目视频化内容

广播电视台作为主流媒体多年来积累了海量且拥有版权的音视频媒资,除每天源源不断生产出的新音视频媒资外,还拥有历年重大时政和民生新闻节目、纪录片、专题片、综艺节目、体育节目、生活服务类节目、电视剧、晚会等音视频媒资,这些巨量资源在经历数字化、规范编目、入库后,将是广电媒体赖以生存发展的巨大财富。依托自建媒资管理系统,可有效满足广播节目视频化所需的大量视频内容及素材需求,为广播节目视频化提供坚实支撑。

4. 发挥电视制播专业优势,培养广播节目视频化人才队伍

广播电视台拥有视频内容生产前后期所需的专业装备和技术优势,如电视现场直播、演播室录制、电视节目策划、采编播等,并拥有大批经验丰富的导演、编导、摄像、主持人、灯光师、化妆师等专业视频节目人才,通过台内设备及人才资源的流动共享与业务融合,可快速打造广播节目视频化所需的人才队伍。

(二)广播节目视频化的主要形态

广播节目视频化的形态多样,除常规的节目直播、慢直播外,还包括线下活动直播、应急突发事件直播及符合各频率定位的视频化内容生产等。

1. 常态直播,栏目的可视化

目前,广播节目视频化的最主要形态就是常规的"调频直播+视频直播"。中央人民广播电台经济之声的原节目《王冠红人馆》同步在央视频App 视频直播,已进行百余场直播,场均观看人数在 10 万人以上,最高纪录为 38.3 万人,每场直播的留言互动量均位居央视频 App 所有直播场次留言互动量前列。① 北京广播电视台青年广播推出过多档可视化广播节目,如聚焦热点话题与新鲜事物的《982KTV》《982 直播夜》等,深受年轻受众喜爱;成都广播电视台的《998 法治大讲堂》采用"电台广播+网络直播+微博微信"的形式进行普法宣传,节目画面上会结合简笔画进行案情回放。

---

① 高跃:《〈王冠红人馆〉融合创新探索》,《新媒体研究》2022 年第 4 期。

2. 特别节目、重大活动、应急突发事件的视频报道

为提高视频化内容的可看性和丰富性，视频化内容的呈现还包括各类特别节目、重大活动以及应急突发事件等内容的视频报道。在 2021 年中国国际进口博览会举办期间，上海人民广播电台升级"进宝 FM"4.0 版，六大频率（上海新闻广播、长三角之声、上海交通广播、第一财经广播、五星体育广播、上海戏曲广播）联合阿基米德传媒打造专属网络电台，广播、电视、融媒体矩阵多平台协同推出专属视频直播。2021 年两会期间，河南新闻广播微信视频号推出的"青听·两会"系列节目，从主播青林的视角，以 Vlog 的形式深入解读两会，这样的方式，消除了时政新闻节目与观众之间的距离感，传播效果更佳。

3. 垂类节目视频化内容的生产

在广播节目视频化过程中，传统广播媒体积极挖掘有价值和潜力的节目，特别是各频率的垂类节目，定位精准，对这类节目进行流程再造，生产能在新媒体条件下传播的产品，可获得良好的市场反馈。安徽新闻综合广播以"大橙子工作室""赫兹工作室" 2 个融媒体工作室为引领，以《政风行风热线》《就业赢未来》《银发好时光》3 个节目为示范，目前已经打造了《直播安徽》《问政江淮》《致青年》等原创内容 IP 节目。湖北十堰广播电视台播出的《健康向上》节目邀请当地知名医生参与广播节目视频直播，进行医学知识科普；在广播客户端平台内开辟线上视频直播渠道，打造《健康向上》节目社区，实现主持人、嘉宾、观众等多种要素的有机结合。

4. 视频商业定制服务

传统媒体以短视频为切口，不断开拓全媒体运营方案定制业务，涵盖政务直播、为民服务、商业活动等内容。如河南省项城市融媒体中心和市直单位联办栏目，由政府或联办单位购买服务，与纪委联办《电视问政》、与政法委联办《法治在线》、与人大联办《代表风采》等。江苏省沛县融媒体中心也与人社局联办《职等你来》、与纪委联办《民生热线》、与行政审批局"12345"联办《便民舆论场》节目等。厦门广播电视集团广播中心"i 听厦门"视频号联合厦门市教育局、厦门市妇联等相关部门策划了一系列短视频大赛，如鹭岛红色家风故事汇、校园微拍大赛等。

5. 以MCN机构生产方式打造内容主播

传统广播借鉴MCN机构的生产方式，以重点品牌节目为依托，根据节目特点和主播形象，打造主播人设，塑造受众精准、风格鲜明、有影响力和号召力的网络主播形象。2021年初，正处上升发展势头的"湖南娱乐MCN"宣布品牌升级，以"芒果MCN"的全新形象面向市场；2021年3月，福建广电MCN也正式成立，目前在抖音、快手多家内容平台已拥有多个千万级、百万级媒体号；济南广播电视台新媒体中心的鹊华MCN签约账号达180余个，全网粉丝量突破3000万人。①

6. 探索"电商"产业运营模式

"电商"产业运营模式就是借助互联网融媒体工具，将"听众"发展为"用户"，拓展私域流量，颠覆传统广播媒体的广告单一盈利模式。南通广播推出的"助农公益行——阳山水蜜桃带货直播"活动2小时销售额超12万元；"通通购电波福利社"平台上线仅6个月，就通过50多场带货直播实现利润近200万元。②

（三）重视加强与强势商业平台的合作，多渠道拓展影响力

广播节目视频化在坚持"内容为王"的基础上还重视与相关强势商业平台的合作。中央广播电视总台云听客户端在2021年广州车展举办期间，与科大讯飞、星河智联进行战略合作，三方凭借各自在音频资源、智能语音、智能车载技术等方面的优势，合作开发一站式车载音频产品；安徽广播电视台与喜马拉雅、字节跳动等平台签约，在打造特色媒体号、媒体号IP矩阵，以及可视化定制节目等方面开展合作。

---

① 《2021年全国广电媒体融合调研报告》，流媒体网，2022年1月17日，https：//lmtw. com/mzw/content/detail/id/209948/keyword_ id/-1。

② 《拓展新型内容生产方式，打开城市广播的突围路径》，腾讯网，2021年8月23日，https：//new.qq.com/rain/a/20210823A002AM00。

（四）广播节目视频化实践中亟待破解的几个问题

在实践中，广播节目视频化还面临以下亟待破解的突出难题。

1. 融合发展的理念落地开花依然需要下功夫

当今世界正经历百年未有之大变局，新一轮产业革命深入开展，引发创新发展在理念、机制、实践上的深刻变化，与时俱进地深入推进构建新型主流媒体正是广播电视行业的职责所在。然而在实践中，一部分人仍然会抱残守缺或有畏难情绪，需要在实践的同时加大对融合发展、创新发展理念的宣传、教育和培训力度，做到深刻理解、形成合力、统筹推进。

2. 建设强大自主平台难度较大

广播节目视频化首先要解决的是自建平台还是入驻商业互联网平台的问题。入驻商业互联网平台，成本低、见效快，是大多数广电媒体在媒体融合初期的选择，但其只能遵从商业互联网平台的游戏规则，无法掌控用户行为数据、变现流量的商业价值，长期来看，发展必然受限。

自建平台可以突破商业互联网平台的制约，掌握核心用户数据和信息传播的自主权，尤其是在 5G 时代，在车联网应用场景下，传统广播通过微波及专用设备移动收听的方式将完全被手机端、车端等各端口的 App 取代，打造自主可控 App 平台将具有重大战略意义。各大传统广播媒体打造的自有 App 中，有一部分发展势头良好，如 2021 年 11 月中央广播电视总台音频客户端云听上线的"云听商城"，标志着云听向"媒体+服务""线上+线下"融合创新迈出新的一步；北京广播电视台"听听 FM"历经 60 多次迭代升级，截至 2021 年，累计安装用户达到 2000 万人。[①]

此外，自建平台投入巨大、开发成本高、运营维护成本高、对技术运营人才的要求高，在商业互联网平台已形成市场垄断的前提下，自建平台要后来居上并不容易。由于体制机制问题与投入不足，绝大多数广电媒体自建平

---

① 《智能化与优质内容，推进主流音频媒体的转型升级》，"CCData"微信公众号，2022 年 1 月 7 日，https：//mp. weixin. qq. com/s/7cS_ aEAai4Xixh-03kKHMw。

台只"烧钱"却不挣钱。如何打造自主强大的音视频移动传播平台是广播节目视频化的最大难点。

3. 有限的人力财力要优先力保传统广播存量，广播节目视频化增量缺口大

近年来，受新媒体短视频和音频平台崛起的冲击，广播媒体创收持续下行，疫情的影响更是雪上加霜，收缩业务、降低成本成为广播媒体求生存的必然选择。一方面，广播频率的影响力尚在，广播频率也是创收的主体，要在人、财、物上确保传统端的新闻宣传、内容制作、播出安全、经营创收。建设新媒体平台、开拓新媒体业务、引进版权内容、开展内容审核等需要大量人力和财力的持续投入，仅依靠自有资金和人员十分困难。广播节目视频化面临人才队伍年龄与能力上的结构性问题，技术研发、大数据分析、新媒体运营等各类专业人才尤其缺乏。

4. 广播节目视频化竞争需要灵活的市场机制，传统广播体制机制改革亟须破题

广播作为党媒，具有政治属性和公益属性，同时也有产业属性，受各方影响较大，在分配激励和选人用人方面的市场化改革需要进一步深化。广播节目视频化进入的是开放竞争的新媒体领域，构建合理的、体现广播节目视频化指标权重的绩效考核体系，匹配市场化的激励政策和人才引进政策，对调动人才的积极性、创造性至关重要，否则将难以适应新媒体领域快节奏的市场竞争。

5. 传统端价值增量难计算，新媒体端商业模式不清晰

提升主流媒体的传播影响力、开拓更多营收渠道是广播节目视频化的重要动力。一方面，广播节目视频化直接带来传统广播频率在网端的用户增量和广告投放效果的增值，广播节目的广告价值将大幅提升，需要解决客观公认的网端增量价值衡量问题，还需做好传播平台的合作与拓展，突破当下合作平台对特定内容（广告）的制约。另一方面，在网端探索开展的短视频内容定制、账号运营、直播带货、活动直播等各种新增业务，被平台算法左右，对平台流量扶持政策依赖度高，消耗精力多但收益少，且以传统广播公信力为背书，一旦出现纰漏，对媒体自身的伤害会更大，迫切需要寻找到适合广播节目视频化的理想商业模式。

（五）咬定目标，坚定推进广播节目视频化工作

广播节目视频化是未来行业发展的重要趋势，对促进传统广播媒体转型升级和高质量发展具有重要意义，因此广播媒体需要持续发力，从广播节目视频化内容体系建设、传播体系建设、数据体系建设、服务体系建设、移动端建设、经营体系建设、运行机制建设、人才队伍建设等方面着手，持续深化、细化工作，扎实稳步实施。具体改革实践可参考以下几个方面。

1. 坚定方向，找准路径

广播节目视频化发展能否成功不仅取决于最终目标，而且高度依赖路径选择。传统广播媒体要提高政治站位，深刻认识广播节目视频化发展对实现融合发展的紧迫性、必要性，明确融合思路，保持实现目标的定力，建立覆盖各种场景的视频化业务体系。

2. 加强改革，系统集成

习近平总书记多次强调改革系统集成、精准施策的重要性。[①] 平台需要全面推进运行体制机制的改革创新，为广播节目视频化工作赋能。一是加强管理和内容审核。要建立和完善意识形态风险防范机制。二是构建全面的绩效激励体系。构建一个具有公平性、全面性的绩效激励体系。坚持业绩导向，坚持向一线岗位倾斜，坚持多劳多得、优劳多得、奖优罚劣、奖勤罚懒。三是重视对视频化人才的培训。视频化项目对现有从业人员提出了更高的要求，亟须根据视频化生产岗位的不同和承担任务的不同设计不同的培训内容，构建学习型创新组织，保持队伍的激情和创新力。

3. 坚持"内容为王"毫不动摇

精办和丰富广播节目内容，为用户生产有用、有益、有趣的作品，以直播吸引新用户，用短视频内容留住用户，从而使"听众变用户，节目变产品"，吸引用户参与和互动，形成双向交流。

---

① 《加强改革系统集成，习近平频频强调》，"新华网"百家号，2019 年 10 月 28 日，https：//baijiahao. baidu. com/s？id＝1648595873127646188&wfr＝spider&for＝pc。

4. 坚持以技术创新为引领的媒体变革

随着 5G 等信息技术快速发展，万物互联、万物皆媒的趋势越来越明显，要充分用好信息技术革命成果，大胆将信息通信、人工智能、大数据等方面的先进技术融入新闻信息生成、传播、服务全过程，驱动传统媒体加快转型升级，引领和带动媒体深度融合发展。

四 结语

业态之变，不止于音频。面对百年未有之大变局，未来的广播不再是单纯的线性广播，一定是和多种传播介质联系起来的全媒体广播。在媒体融合背景下，广播的边界和空间可以无限拓展，不必再拘泥于语言、音乐、图像等。视频化是一个手段，为传统广播装上了一双新"翅膀"。视频化也不是简单的视频直播，而是要对应思想的转型、节目的转型、从业者的转型等。

广播的融合创新，一定要坚持把"满足人民群众对美好生活的新需要"作为奋斗目标，强化科技引领，加强资源整合，推动音视频生产在节目、技术、人才、平台等要素方面共享融通。通过认真组织、整体推进视频化工作，力争到"十四五"中后期，建成有影响力的广播节目视频化传播矩阵，构建特色鲜明、形态多样的融合发展新生态。

B.5
2021年中国音频传媒市场
用户触媒行为分析报告

牛存有*

摘　要： 2021年，"平台化"是音频传媒市场最为显著的发展趋势和特点。在智能设备普遍应用的驱动下，广播听众基本完成向音频用户的转型；"平台化"已经成为音频用户获取信息的主要路径，智能设备成为音频传媒全场景下的最主要传播端口，音频内容由传统广播线性伴随性传播向媒体平台矩阵场景化传播转化；音频平台呈现长尾效应和市场瓶颈，用户对于传统主流媒体打造的全媒体传播矩阵中的微信生态平台表现出高关注/使用度，并且用户对网络平台的使用行为偏好基本构成"互动+消费"的闭环。

关键词： 音频传媒市场　用户画像　平台化特征

广播和移动音频依据媒介功能的区分均归属于音频的大范畴，只是声音传媒的具体样态不同，它们并不是相互割裂或相互对立的，信息传播的高效和精准是它们共同的目标。音频作为最基本的内容媒介形态，在消费者的日常生活中占据了重要位置，成为用户获取信息与娱乐的重要途径之一。由此，互联网巨头纷纷进军音频领域，加强在音频领域的生态布局，使互联网

---

* 牛存有，中科网联数据科技有限公司副总裁，中国高校影视学会广播专业委员会首席专家，重庆师范大学广播（CCData音频传媒）研究院副院长、特聘研究员。

平台日益具有媒体化特征；而具有专业化内容生产优势的主流媒体——广播，则积极探索从伴随性向场景化的传播转型，以及从广播线性直播流单向传播向全媒体矩阵流媒体内容平台传播的转型，打造以音频内容为主力，音视图文与直播相结合的平台化传播能力和竞争优势。平台媒体化和媒体平台化已经成为媒体融合发展的最重要特征和最典型趋势。

广播媒体的平台化就是广播媒体在融合转型中积极探索适配互联网传播规律的发展路径，通过应用互联网技术或与互联网平台合作，建立媒体自有的平台化传播能力和竞争优势，也就是打造广播媒体的互联网化属性。而平台化则是其最大特点，通过广播节目"音频产品化"的数字内容平台构建，弥补传统广播在互联网环境下与用户的弱链接短板，强化广播作为主流媒体的固有内容优势，实现广播媒体音频产品与音频用户的强链接，塑造广播媒体的平台化属性，构建广播的全场景生态的音频平台化媒体，增强广播作为新型主流媒体在移动音频领域的竞争力和影响力。本报告将从中国音频传媒市场用户的规模、画像、触媒行为及其变化的视角分析中国音频传媒的市场价值。

一　中国音频传媒市场的用户规模与画像

中国音频传媒市场的用户由广播线性直播流单向传播的广播听众和全媒体矩阵流媒体内容平台传播的移动音频用户共同构成。而移动音频行业又存在音乐类和非音乐类移动音频形态。大体而言，音乐类移动音频泛指移动音乐（或网络音乐）；非音乐类移动音频则包括移动听书（或有声书）、移动电台和语音直播。因此，中国音频传媒市场整体涵盖了广播电台、移动电台、移动音乐、移动听书和语音直播五大市场。

（一）音频传媒市场用户规模变化

2021年，媒体深度融合已经成为行业共识，全媒体传播体系建设平台化已经成为解析年度传媒市场变化以及媒体深度融合的重要指引。广播媒体积极推进融合创新、发挥主流媒体内容高位的价值优势和全媒体矩阵平台的传播优势，减缓了广播听众的流失并促进了广播听众向音频用户的转化，基于媒体平台化的广播直播流、点播回听、短音频以及音视图文融合联动传播也正在成为广播媒体发展的新领域；移动音频产业依托传播内容细分化、用户体验场景化等特点呈现较好的发展态势，"耳朵经济"已经成为未来发展的新风向。因此，在主流广播媒体融合创新以及移动音频价值创新的两轮驱动下，中国音频传媒市场用户规模得以持续增长。

1. 音频传媒整体市场用户规模变化

2021年，中国音频传媒在媒体融合的持续深化进程中依托互联网技术应用得以稳步发展。随着深度融合以及平台构建，广播媒体基本实现了广播听众向音频用户的转型及传统收听终端向智能收听终端的转换，主流媒体平台化强化了与音频用户的链接和互动，内容传播更具场景化和用户化，极大地提升了音频内容的生产和传播效率，赋能了广播主流媒体的舆论传播声量。

2021年，中国音频传媒市场用户规模达到7.59亿人，较上年同期增加3200万人；音频接触率达到53.69%，较上年同期提升2.50个百分点（见图1）。

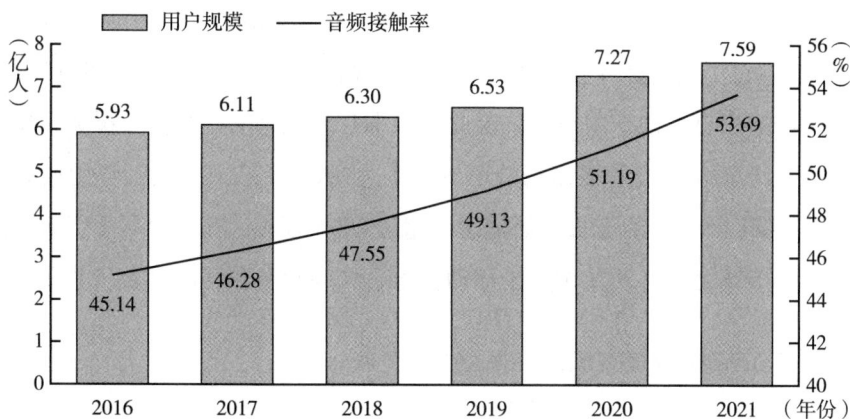

图1　2016~2021年全国音频传媒市场用户规模及音频接触率

资料来源：CCData全国音频用户专项调查，2016~2021；重庆师范大学广播（CCData音频传媒）研究院。

2. 音频传媒细分市场用户规模变化

2021 年中国音频传媒市场整体用户规模稳步增长，广播听众规模基本稳定、略有减少，平台用户规模总量增加显著。广播媒体作为音频传媒市场的主力军、国家队，通过融合创新、平台构建、版权管理、内容引领等主流价值引导，有效地稳定了广播听众的市场规模。2021 年广播电台（特指各种线性直播流）节目的听众规模为 5.30 亿人，相比上年同期略有减少，下滑幅度为 1.67%，减少 900 万人。

广播电台、移动音乐和移动听书构成音频传媒市场的三大主力细分市场，其中移动音乐在整体音频传媒市场中用户规模最大，达到 7.29 亿人，与上年同期相比，增长近 10%（9.95%），较上年同期用户增量达到 6600 万人。在非音乐类移动音频细分市场中，移动听书的用户规模达到 6.37 亿人，较上年同期用户增量达到 5800 万人，移动听书成为非音乐类移动音频的第一细分市场。随着版权交易的规范化、内容题材的多样化以及产品制作的大片化，移动听书市场将有更大的发展空间。

在音频传媒的细分市场中，移动电台和语音直播市场的用户规模相对有限，但近年来呈现出持续增长的趋势。2021 年移动电台的用户规模为 4.28 亿人，较上年同期的 3.96 亿人增长 8.08%，在上年新增 1000 万人的基础上又增加 3200 万人。语音直播由于主播门槛相对较低，用户来源相对广泛，能够带给用户更多的想象空间。因此，未来几年将可能是语音直播突飞猛进的阶段。2021 年语音直播市场的用户规模达到 3.33 亿人，较上年同期有超过 30%（30.08%）的增长，新增用户超过 7000 万人；其增幅居于音频传媒五大细分市场之首，遥遥领先于移动音乐、移动听书和移动电台（见图 2）。

（二）音频传媒市场用户画像

用户画像也称人群画像，是根据用户的人口统计学信息、社交关系、偏好习惯和行为等信息而抽象形成的标签化画像，有助于市场了解用户的特征，从而制定相应的营销策略。

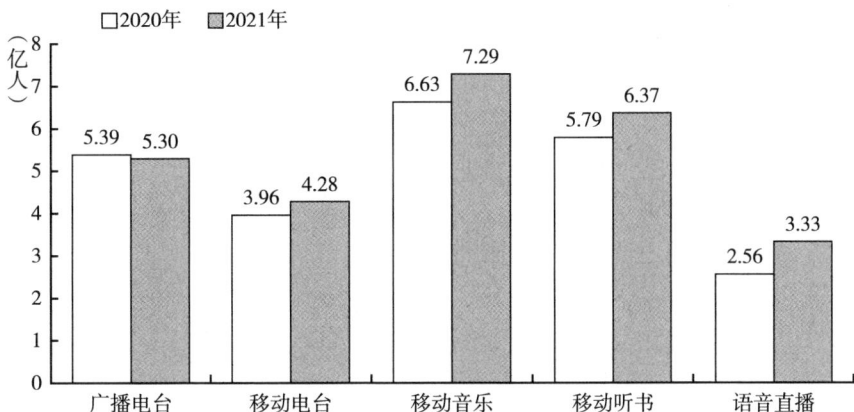

图2　2020年和2021年全国音频传媒细分市场用户规模

资料来源：CCData全国音频用户专项调查，2020～2021；重庆师范大学广播（CCData音频传媒）研究院。

1.聚焦男性用户趋势明显

2021年中国音频传媒市场男性用户占比为54.56%，女性用户占比为45.44%，用户总体的性别比（男性对女性）为120.07%，较上年（118.72%）略有提高。这反映出在音频传媒市场中，尽管在绝对占比上男性用户与女性用户的差异不大，但从性别比的角度分析，音频传媒市场用户性别比较全人口性别比（105.07%）高15个百分点，说明男性用户受收听场景的影响对音频产品的消费需求较女性用户更为强烈，且呈现持续增长的势头。

具体到音频传媒的各细分市场，由于各自的传播方式、内容侧重、平台定位的差异，各细分市场聚拢不同性别用户的能力也有相对明显的差异。特别是在广播媒体融合传播平台化的转型探索中，广播听众更加聚焦于车载收听平台，因此广播电台市场的用户性别比达到121.58%，明显高于音频传媒整体市场和各细分市场的性别比。移动音乐也称网络音乐，收听音乐是人类较为普遍的一种精神需求，故移动音乐在人们日常的休闲娱乐生活中占有重要的地位，其市场定位也较为大众化。虽然移动音乐用户性别比为113.56%，但在手机用户性别比日益均衡的趋势下，其不同性别用户的差距会逐渐缩小。

随着泛娱乐市场的爆发式发展以及音频传媒市场用户规模的持续增长，各大音频平台、社交音乐平台乃至视频直播平台纷纷上线语音直播，使语音直播细分市场得到了较快的发展。语音直播基本是依托平台而进行，而无论是在内容聚合平台还是在社交音乐平台，都受音频本身的特点影响。语音直播市场的用户性别比为111.95%，但随着语音直播商业模式的日趋成熟，语音直播市场的用户性别比会呈现下降趋势。

移动听书作为数字阅读的延伸，极大地提高了受众对碎片化时间的利用程度，表现出巨大的市场潜力。移动听书为用户带来了"润物无声"的体验，其层出不穷的音频产品在持续拓展内容、应用场景和体验边界的同时，也在改变人们获取知识、休闲娱乐的方式，有声阅读、追剧正成为许多人在通勤、驾车、睡前、做家务、运动等移动和碎片化场景的日常选择。移动听书市场凭借着历史、传记、玄幻、现实等题材作品，得到更多男性用户的青睐，因此移动听书市场的用户性别比为108.68%，较上年有较为明显的下降。

用户性别比最为接近的是平台化的移动电台细分市场，2021年移动电台市场用户性别比为105.08%。尽管移动电台依托平台内容的聚合性、收听的便捷性以及题材的多样性，成为不同性别音频用户的共同选择，但2021年移动电台用户性别比依然比上一年度有近2个百分点（1.76个百分点）的提升。因此，移动电台市场的男性用户特征依旧较为明显（见图3）。

2. 聚焦中青年核心主力年龄层

《第七次全国人口普查公报》显示，当前我国总人口呈现增速放慢的趋势，意味着中国诸多细分市场的发展从增量时代走向存量时代，如何挖掘存量市场的潜在价值、积极优化存量市场的用户结构，将成为全行业的命题，音频传媒行业也同样面临这个问题。

2021年中国音频传媒整体市场用户年龄依然呈正态分布，25~54岁的用户占比达到70.45%，较上年同期增加了3.52个百分点。其中，25~44岁的核心用户占整体音频用户的近一半，占比达到49.22%，较上年同期增加了2.61个百分点。

从职场角度分析，25~44岁的人口通常处于职业生涯发展的确定阶段，

□ 广播电台　　■ 移动电台　　■ 移动音乐
■ 移动听书　　▢ 语音直播　　▨ 音频传媒市场

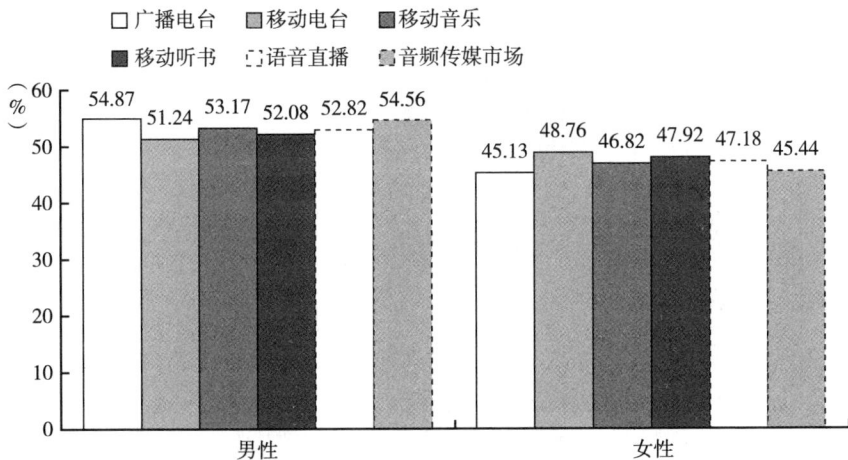

图3　2021年全国音频传媒市场用户画像——性别比

资料来源：CCData全国音频用户专项调查，2021；重庆师范大学广播（CCData音频传媒）研究院。

这个阶段也是大多数人工作生命周期中的核心阶段，因此25~44岁的用户市场也是消费市场相对竞争较为激烈的年龄市场，音频传媒市场也是如此。音频传媒市场中，用户的年龄段呈现出以25~44岁为核心的高点向高低年龄段两端延伸的分布趋势。25~44岁核心用户中，除移动电台之外，广播电台、移动音乐、移动听书和语音直播的占比均超过50%。

2021年音频传媒细分市场的用户年龄构成相较上年更加向中青年核心主力年龄层聚焦。整个音频传媒市场以及细分市场的用户年龄分布上，25~54岁的年龄层基本占70%以上，移动听书和语音直播市场的该年龄段用户占比略低于70%，分别为65.61%和69.54%（见图4），而移动电台市场该年龄段用户占比的增幅有近5个百分点，移动电台市场是整个音频传媒市场中增幅最大的细分市场，说明音频传媒融合发展走平台化之路是大势所趋。

3.高学历音频用户显著增长

国民素质提升的主要途径是国民教育，而学校教育系统则是国民教育体系的主要组成部分。因此，音频传媒用户的受教育程度在一定程度上反映了其整体素质水平；而不同文化程度、不同素质水平的消费者对文化产品的需

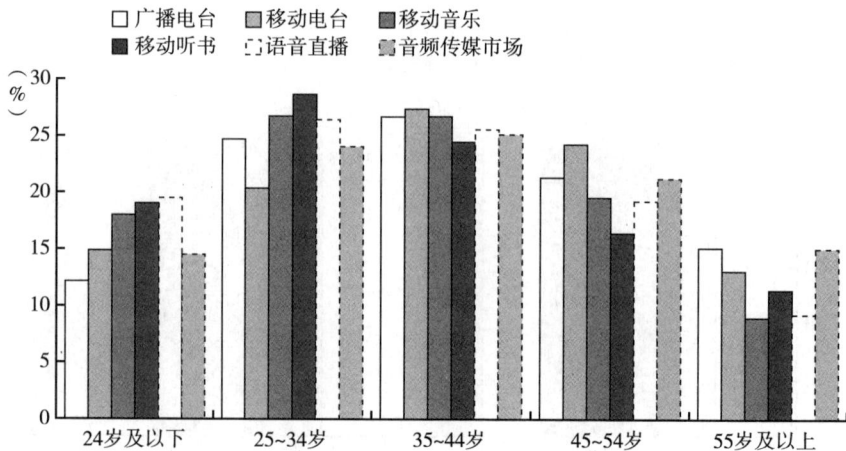

图4 2021年全国音频传媒市场用户画像——年龄

资料来源：CCData全国音频用户专项调查，2021；重庆师范大学广播（CCData音频传媒）研究院。

求及消费有着极大的差异，因此音频传媒用户的受教育程度在某种程度上也影响着音频传媒市场的产品定位以及营销策略。

2021年音频传媒市场中，有约65%的用户接受过高等教育，其中接受过大学本科及以上教育的占比近1/3（33.10%），整体水平较上年的25.16%提升了近8个百分点。

音频传媒各细分市场用户的受教育程度整体接近，略有差异。单纯从接受过高等教育的用户占比分析，各细分市场的占比均在60%以上，较上年均有不同程度的提升。随着广播媒体的平台化、全媒体传播矩阵的构建以及智能移动设备的广泛应用，广播电台的线性传播伴随性收听方式逐步实现了向矩阵传播场景式收听模式的转换，从而缩小了广播电台与移动音频之间的差距。2021年广播电台用户中接受过高等教育的占比为60.86%，较上年的57.44%提升了3.42个百分点；移动音频各细分市场中接受过高等教育的用户占比较广播电台的用户占比高7个百分点左右。反观移动音频各细分市场，接受过高等教育的用户占比相对较为均衡，均为65%~69%（见图5）。

音频传媒整体市场以及各细分市场中，接受过初等教育和中等教育的用

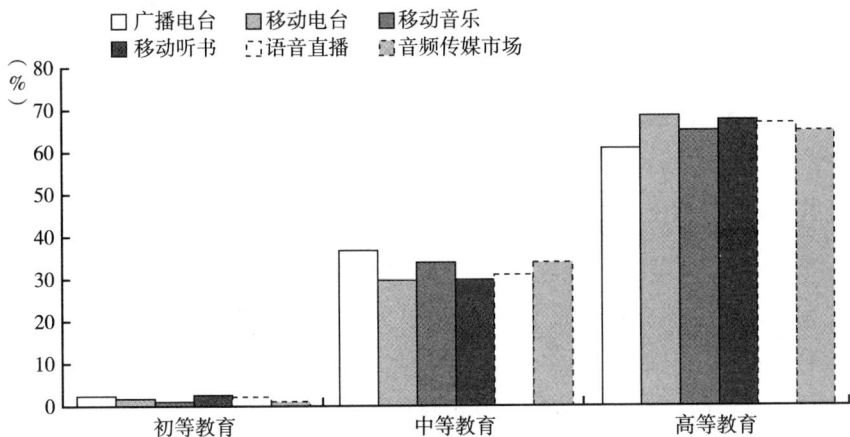

图5 2021年全国音频传媒市场用户画像——受教育程度

资料来源：CCData全国音频用户专项调查，2021；重庆师范大学广播（CCData音频传媒）研究院。

户占比均有不同程度的下滑。由此可以看出，随着全社会国民教育水平的提高，音频传媒用户的受教育水平也普遍得以提升；同时，移动互联网技术的高速发展以及智能通信技术的普遍应用，使得智能移动设备的拥有和使用也成为普遍现象，媒体平台化成为必然的选择。

4.媒体高价值用户增幅显著

个人可支配收入是可以由消费者个人或家庭自由支配的货币额，其被认为是影响消费者消费开支的决定性因素，也常被用来衡量国民生活水平。因此，音频传媒市场用户的个人月收入在一定程度上反映了音频传媒市场用户的市场价值乃至音频传媒的媒体价值。就音频传媒市场整体而言，2021年个人月收入在5000元以上的用户占比达到67.75%，较上年的54.74%提升了13.01个百分点。特别是个人月收入在10000元以上的用户占比达到29.67%，是上年7.68%的近4倍。2021年音频传媒市场用户的人均月收入为8810元，是2021年全国居民人均可支配月收入2927元[①]的3倍，充分反

---

① 《中华人民共和国2021年国民经济和社会发展统计公报》，"新华网"百家号，2022年2月28日，https：//baijiahao.baidu.com/s？id=1726020039656230215&wfr=spider&for=pc。

映出音频传媒市场用户的市场价值和音频传媒的媒体价值。

在移动音频各细分市场中，比较 2021 年个人月收入 5000 元以上的用户占比，移动电台用户占比最高，达到 75.58%，较上年的 53.34% 提升了 20 余个百分点；移动音乐用户占比在移动音频各细分市场中处于尾部的位置（67.72%），但也比上年提升超过 15 个百分点。从音频传媒市场用户不同月收入段的占比变化角度分析，2021 年个人月收入在 5000 元以上的用户占比虽然有较为明显的提升，但 5001~10000 元的用户占比有所下降，下降幅度近 20%。而个人月收入在 10000 元以上的用户占比达到 29.67%（见图 6），是上年的近 4 倍；并且在不同细分市场中，个人月收入在 10000 元以上的用户占比均有较大幅度提升，移动电台用户占比提升幅度较为明显，提升的幅度是上年的 5 倍以上。

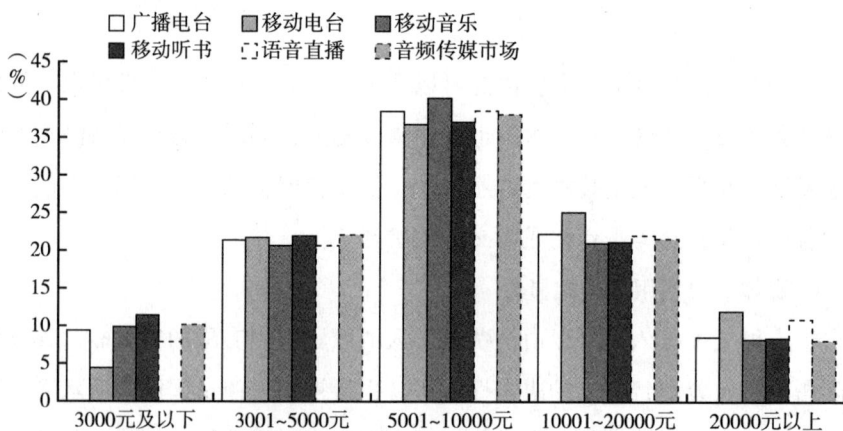

图 6　2021 年全国音频传媒市场用户画像——个人月收入

资料来源：CCData 全国音频用户专项调查，2021，重庆师范大学广播（CCData 音频传媒）研究院。

因此，通过音频传媒市场用户的个人月收入状况，可以发现 2021 年中国音频传媒市场用户的整体市场价值提升幅度较为明显，说明在媒体融合的转型发展过程中，音频传媒通过内容创新、流程再造、平台构建，有效地聚集了市场高价值用户，提升了媒体整体的价值空间，为媒体的用户运营和价值变现提供了较为优质的用户资源。

5. 已婚育的音频用户占据主导

针对 2021 年音频传媒市场用户的婚育状况，本报告从婚、育两个维度进行分析，已婚育的用户占比较上年均有不同程度的提升。就整体音频传媒市场而言，用户中已婚和已育的占比分别较上年增加了 7.76 个百分点和 3.97 个百分点。人口的婚育状况不仅决定着适龄人口目前的生活状态及价值观念，也决定着其未来一定时期内的经济行为和社会行为。同样，音频传媒市场用户的婚育状况不仅影响着其收听行为，也会在某种程度上影响其消费行为。

2021 年音频传媒整体市场的用户婚育状况更加聚焦于已婚且已育的用户群体，已婚且已育的用户占比为 70% 以上。其中，已婚有 0~12 岁孩子的用户占比为 60% 以上；已婚有 13 岁及以上孩子的用户占比为 16% 以上。而单身的用户占比为 14.67%，较上年有所下降。由此反映出婚育状况不同的用户对音频传媒市场不同的态度和行为。

音频传媒细分市场中，移动电台市场的已婚有孩子的用户占比达 89.23%，在整个音频传媒市场中占比最高；移动音乐和移动听书市场中单身、未婚有伴侣或已婚无小孩的用户占比均在 30% 以上，分别为 32.51% 和 30.16%（见图 7）。

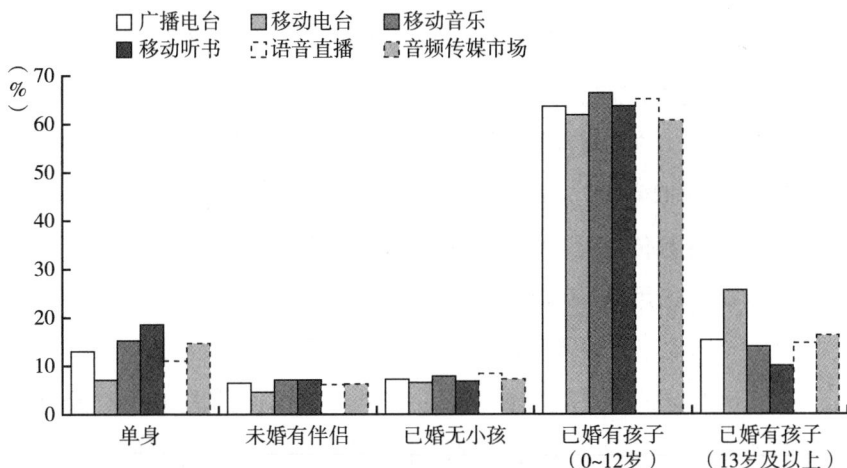

图 7　2021 年全国音频传媒市场用户画像——婚育状况

资料来源：CCData 全国音频用户专项调查，2021；重庆师范大学广播（CCData 音频传媒）研究院。

二 中国音频传媒市场用户的触媒行为分析

音频传媒市场作为一个广义的声音媒体市场，既包括了线性传播的广播电台，也包括了场景传播的音频平台。音频传媒市场用户的触媒行为反映了其对音频产品内容的选择性行为活动。这种选择性行为活动一方面反映了音频传媒市场用户对自身需求的有限满足性，另一方面也反映了媒介内容对音频传媒市场用户潜在需求的引导性。特别是在移动互联网时代，互联网平台赋予了用户更多的话语权和参与性，从而进一步影响和驱动媒体融合发展的平台化转型。通过研究音频传媒市场用户的触媒行为，既可以为音频传媒的融合发展提供指引，也可以为音频传媒的舆论引导和内容创新提供抓手。

（一）音频传媒市场用户获取信息的平台化

平台媒体化和媒体平台化已经成为媒体融合的主流模式，打造全媒体传播矩阵和建设新型主流媒体成为 2021 年主流媒体深度融合的核心工作。一方面，传统主流媒体依托互联网商业平台，打造全媒体传播矩阵，增加了粉丝量、提升了影响力；另一方面，传统主流媒体的互联网商业平台账号难以获得商业价值的变现、难以获得有效的用户积累和用户数据。因此，传统主流媒体通过高品质的内容输出保持了其在公信力和专业性方面的优势，同时通过与社交媒体或商业平台的合作提升了其在互联网上的影响力和传播力，但总体而言，其在商业模式重构、用户积累和数据可控以及平台建设方面依然处于相对的弱势地位。

2021 年，音频传媒市场用户获取信息的渠道更具平台化特点。微信依然是音频传媒市场用户获取信息的第一渠道，以 68.19% 的选择率高居榜首；但与上年相比，音频传媒市场用户对获取信息渠道的选择更趋长尾化、多元化，微信的选择率虽然仍居于首位，但较上年有超过 10 个百分点的下滑。而抖音以 62.25% 的选择率位列次席，且选择率比上年增加了 5 个百分点。同时，今日头条、知乎的选择率较上年均有 20 个百分点左右的提升，以接近 50% 的选择率名列前茅。而作为传统主流媒体的电视媒体，凭借其内容的权威性和自身的公信力，虽在 2021 年音频传媒市场用户获取信息的渠道中以 48.08% 的选择率位居前五，但选择率比上年降低近 17 个百分点，排名由上年的第二，下滑至 2021 年的第五。广播媒体虽然在音频传媒市场用户获取信息的渠道选择中位列前五之外（见图 8），但选择率较上年有 6 个百分点的提升。通过音频传媒市场用户获取信息的渠道选择分析，音频传媒市场用户获取信息的渠道已从"双头部"向"平台化"单边过渡，因此，从满足音频传媒市场用户的内容消费需求角度洞察传统主流媒体的融合转型，平台化将是大势所趋。

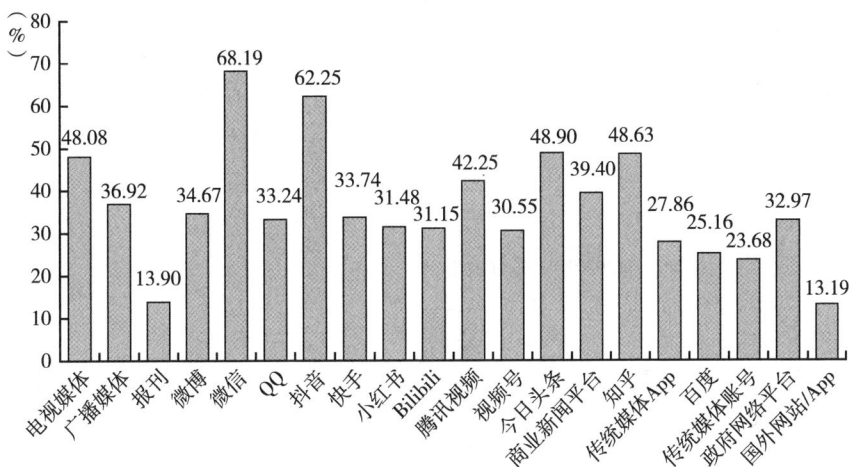

图 8 2021 年全国音频传媒市场用户获取信息的渠道

资料来源：CCData 全国音频用户专项调查，2021；重庆师范大学广播（CCData 音频传媒）研究院。

（二）智能终端成为音频传媒的最主要传播端口

人工智能和大数据驱动媒体的变革、改变媒体的生态，媒体侧的内容生产、分发和管理均广泛应用了人工智能，媒体侧的媒介形态（音、视、图、文）也以数据化方式呈现；用户侧的收听工具及收听设备全面智能化。因此，2021 年音频传媒市场传播端呈现出全面智能化的特征。

对 2019 年、2020 年和 2021 年全国音频传媒市场用户收听音频节目所使用的终端进行分析，发现智能终端已经成为 2021 年音频传媒市场用户触媒的第一端口，打破了整个音频传媒市场"手机+车机"的传统传播格局。以智能手机、智能音箱、智能手表、汽车智能硬件和平板电脑等为代表的智能终端以 96.6% 的使用率，成为 2021 年整个音频传媒市场传播端和用户端的独角兽。

多年来，车载广播市场是全国广播市场的中流砥柱，是广播电台在移动互联网时代赖以生存的"生命线"。2021 年，车载终端（FM&AM）以 55.8% 的使用率成为整个音频传媒市场第二传播终端和用户触达终端，其使用率与智能终端的使用率相比，相差了 40 余个百分点，车载终端与智能终端已经拉开明显差距；即使与自身相比，2021 年车载终端的使用率相较 2019 年和 2020 年也有一定幅度的下滑（见图 9），预计未来车载终端使用率会进一步下滑。

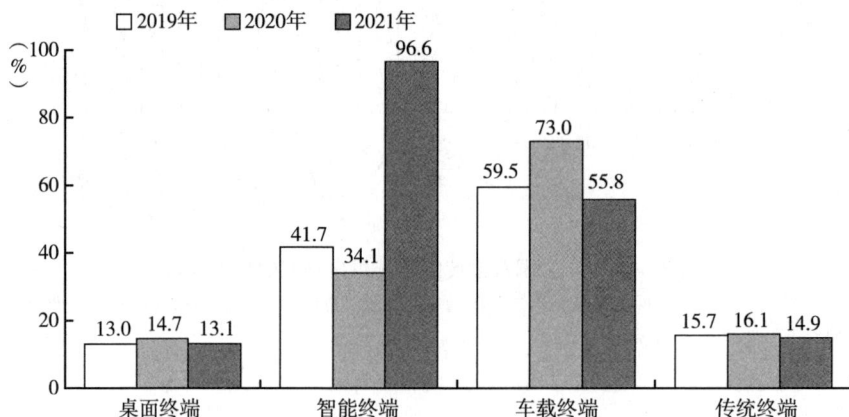

图 9 2019 年、2020 年和 2021 年全国音频传媒市场用户不同收听终端使用率

资料来源：CCData 全国音频用户专项调查，2019~2021；重庆师范大学广播（CCData 音频传媒）研究院。

智能终端成为音频传媒市场的第一传播终端已经成为不争的事实，而智能手机凭借其作为"能打电话的电脑"的智能化属性，拥有了广泛的用户市场。截至 2021 年 12 月，我国网民规模达 10.32 亿人，我国使用手机上网的网民比例达 99.7%，手机仍是上网的最主要设备。① 智能手机同样也成为音频传媒市场用户收听音频内容的最主要工具，在 2021 年全国音频传媒市场用户收听音频内容的智能设备中，智能手机的使用率高达 88.74%，高居榜首；作为智能家居重要组成部分的智能音箱也有近 40% 的使用率，成为音频传媒市场中重要的传播端口；汽车智能硬件和 PAD 平板电脑的使用率分别为 21.26% 和 25.05%（见图 10）。值得关注的是，尽管汽车智能硬件在整体音频传媒市场用户中的使用率仅在 20% 左右，但随着智能汽车使用率的快速提升，汽车智能硬件的使用率也将快速提升，这将对车载广播收听市场产生重大影响。

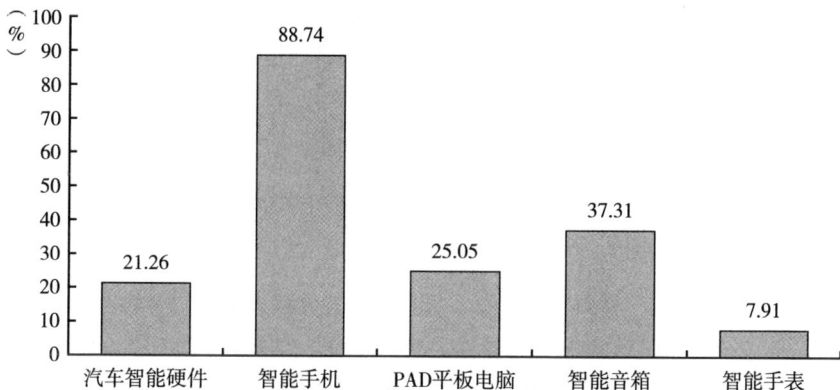

图 10　2021 年全国音频传媒市场用户收听音频内容的智能设备使用率

资料来源：CCData 全国音频用户专项调查，2021；重庆师范大学广播（CCData 音频传媒）研究院。

（三）音频传媒市场用户收听场景的碎片化与多元化

伴随着广播媒体融合发展的平台化和智能化，声音媒体从广播的单纯伴随性传播日益向音频的平台场景式传播转型，用户的触媒行为也呈现出平台智能化的全场景特点和趋势。2021 年，就音频传媒整体市场而言，音频传媒

---

① 《CNNIC 发布第 49 次〈中国互联网络发展状况统计报告〉》，百度文库，https：//wenku. baidu. com/view/08573e3bf48a6529647d27284b73f242336c318d. html。

市场用户的触媒场景更趋多元化：因声音的助睡和陪伴作用，睡前以近50%的占比成为音频传媒市场用户的第一触媒场景；居家休闲和上下班（开/坐车）均以45%左右的占比成为音频传媒市场用户触媒的重要场景；散步、上下班（公共交通）以及做家务均以40%以上的占比成为音频传媒市场用户碎片化触媒的长尾场景（见图11）。

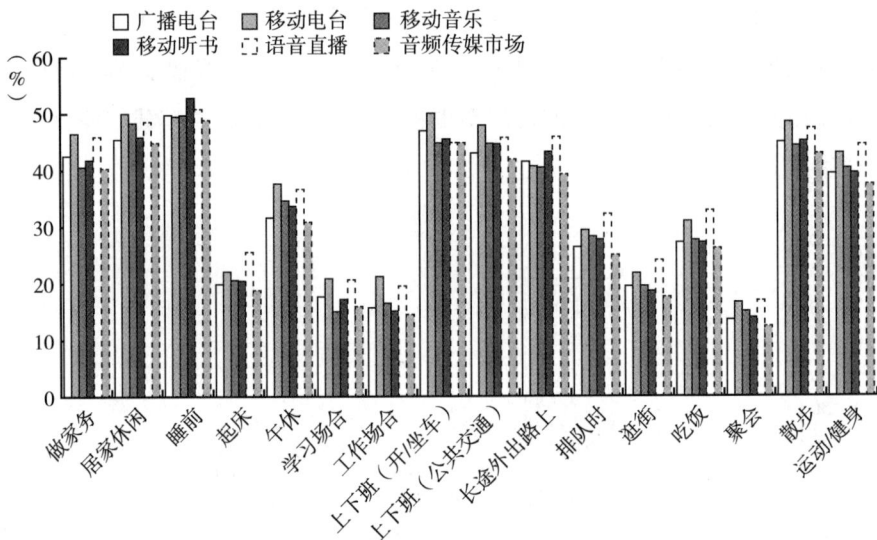

图11 2021年全国音频传媒市场用户的触媒场景

资料来源：CCData全国音频用户专项调查，2021；重庆师范大学广播（CCData音频传媒）研究院。

虽然音频传媒市场用户的触媒场景呈现多元、长尾的趋势和特点，且不同的细分市场在不同的音频传媒消费场景略有差异，但整体趋势一致。这说明在媒体智能化和平台化转型融合过程中，媒体平台化和平台化媒体不但聚合了海量音频内容，而且兼顾了广播的线性直播内容，在某种程度上满足了音频传媒市场用户对音频传媒产品的多元化需要，同时智能收听设备的便捷性和易用性也较为能动地匹配了音频传媒市场用户的碎片化场景需求。无论是音频传媒整体市场还是音频传媒细分市场的用户触媒行为均呈现出平台智能化特点。因此，广播电台的平台化和智能化转型将成为广播媒体融合发展的重要路径。

（四）社交娱乐类 App 用户使用率最高

广播媒体通过全媒体传播矩阵的建设使媒体具备了平台化的特征，也使音频传媒市场用户的媒体使用行为更具互联网的平台化和智能化特征。

2021 年，在音频传媒市场用户经常使用的 App 中，三大社交应用软件微信、QQ 和微博，短视频应用软件抖音，长视频应用平台优酷、爱奇艺和 Bilibili，搜索平台百度，信息平台今日头条和生活服务平台小红书分列 TOP10。而短视频领域的快手则未进入 TOP10。

音频传媒市场用户对新闻类 App 的使用率相对低于社交娱乐类 App。在众多的新闻类 App 中，央视新闻、央视频、人民日报和新浪新闻的使用率位居新闻类 App 的前列。其中，央视新闻的使用率达到 33.9%，远远领先于其他新闻类 App；央视频、人民日报和新浪新闻的使用率极其接近，均在 25% 左右；而其他新闻类 App 的使用率均在 20% 以下，使用相对较为分散、长尾（见图 12）。

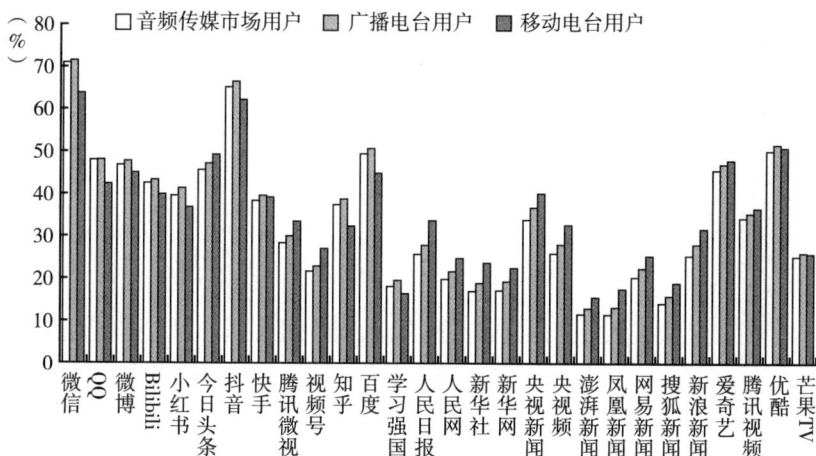

图 12　2021 年全国音频传媒市场用户经常使用的 App

资料来源：CCData 全国音频用户专项调查，2021；重庆师范大学广播（CCData 音频传媒）研究院。

（五）版权驱动声音类 App 市场趋势的转换

音频传媒作为一种特定的媒介形态，"陪伴性"一直是其重要属性，特别是在疫情防控时期，人们对"陪伴"的情感诉求日益强烈；为了满足音频传媒市场用户的收听诉求，广播媒体纷纷打造音频传媒平台，以适应市场变化和媒体转型的需要。但对 2021 年全国音频传媒市场用户经常使用的声音类 App 进行分析可知，广播媒体打造的音频 App 与互联网音频 App 在市场影响上尚存在较大的差距。

仅从音频传媒整体市场用户 2021 年经常使用的声音类 App 来看，以"PGC+UGC+社交"为主要特点的喜马拉雅以绝对优势占据整个音频传媒市场的头部位置，其音频传媒市场用户使用率高达 66%；打造网络收音机，将音频内容通过互联网进行传播的蜻蜓 FM 则以 35% 的音频传媒市场用户使用率位列次席；番茄畅听、微信听书和企鹅 FM 以 26%~28% 的用户使用率位列第三阵营（见图 13）。音频传媒市场作为移动互联网的一个细分市场，同样呈现出"赢者通吃"的特点。

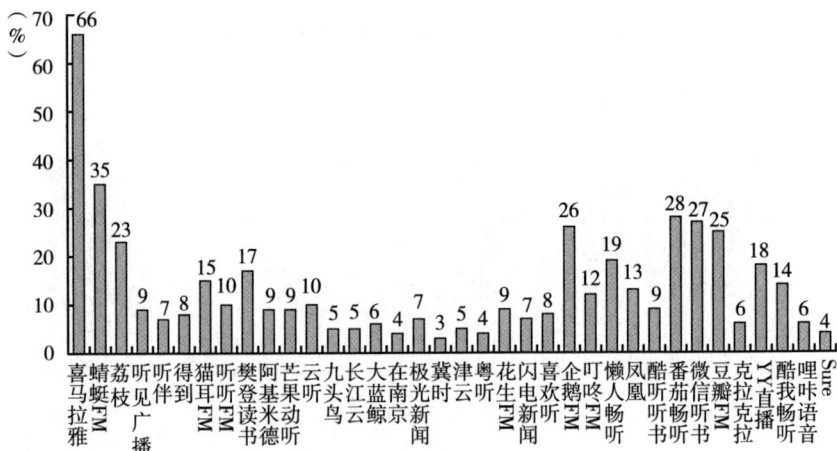

图 13　2021 年全国音频传媒市场用户经常使用的声音类 App

资料来源：CCData 全国音频用户专项调查，2021；重庆师范大学广播（CCData 音频传媒）研究院。

全国广播媒体在融合转型的过程中，纷纷打造广播专属音频平台，进行了大量的尝试和探索，也涌现出阿基米德、云听、芒果动听、听听 FM、在南京、粤听、九头鸟、大蓝鲸、冀时、凤凰等一系列广播媒体自有 App。它们既有突出社群属性的，也有强化互动属性的；既有以智能属性为主要特点的，也有以电商平台为主要特色的；既有深耕本地资源的，也有跨域合作联动的。虽然在不同的区域市场乃至全国市场具有一定的影响力，但这些自有 App 的用户使用率仍较低，难以形成用户集聚的规模效应。

综观音频传媒市场用户经常使用的声音类 App，尽管喜马拉雅在整个音频传媒市场中具有相对明显的优势，但同时其也面临难以补齐的市场短板。整个音频传媒市场中，广播音频是音频平台中重要的内容，互联网音频平台通过前期的非版权化的音频资源享用，完成了市场用户积累；但伴随着广播媒体版权保护意识的强化，互联网音频平台将面临广播音频版权保护的巨大压力，这种压力甚至会影响互联网音频平台的未来生存。而广播媒体音频平台的重装出场，将影响整个音频市场的未来走势及竞争格局。

（六）音频传媒市场用户对微信生态平台的高关注/使用度

2021 年是我国"推进媒体深度融合，实施全媒体传播工程，做强新型主流媒体"的关键年，全国广播媒体积极探索传统主流媒体与互联网技术的深度融合，依托传统主流媒体的内容创新优势，结合互联网技术的传播优势，打破了传统广播媒介的固有边界，打造了音、视、图、文的全媒体传播矩阵，有效地提升了传统主流媒体在互联网上的影响力和竞争力。

2021 年，我国音频传媒市场用户对传统主流媒体打造的全媒体传播矩阵中不同平台/账号的关注/使用度，除抖音平台与上年基本持平、略有下降外，其他的平台/账号较上年均有不同程度的提高。基于微信生态的微信公众号、微信小程序和微信视频号关注/使用度提升幅度较大，均在19~23 个百分点；特别是不需要下载安装即可使用且随开随用、用完就关的微信小程序的用户关注/使用度提升幅度最大，超过 20%，达到

22.20%。抖音平台作为一个面向全年龄段用户的短视频社区平台，其应用的广泛性和普适性，造就了一个人人都能"一夜成名"的网络世界；其源源不断提供的内容满足了不同用户的个性化需求，导致用户的关注/使用度极易被吸引和分散。因此，用户对传统主流媒体抖音账号的关注/使用度略有下降。

基于音频传媒市场用户对传统主流媒体全媒体传播矩阵的关注/使用度分析，微信公众号以其用户群体的广泛性、朋友圈传播的快速化、营销方式的多元化、线上服务的长效化和粉丝社群的互动性等特点成为用户关注的热点，微信公众号在诸多平台/账号中成为2021年用户关注/使用度最高的。而抖音平台则由上年的第1位退至2021年的第3位。同时值得关注的是，媒体App的用户关注/使用度较上年提升了6.7个百分点，但在传统主流媒体全媒体传播矩阵中的位置下滑了4位，退至第9位（见图14），从某种程度上说明在媒体平台化的大趋势下，媒体App的互联网平台属性偏弱，难以满足平台化的发展需求。

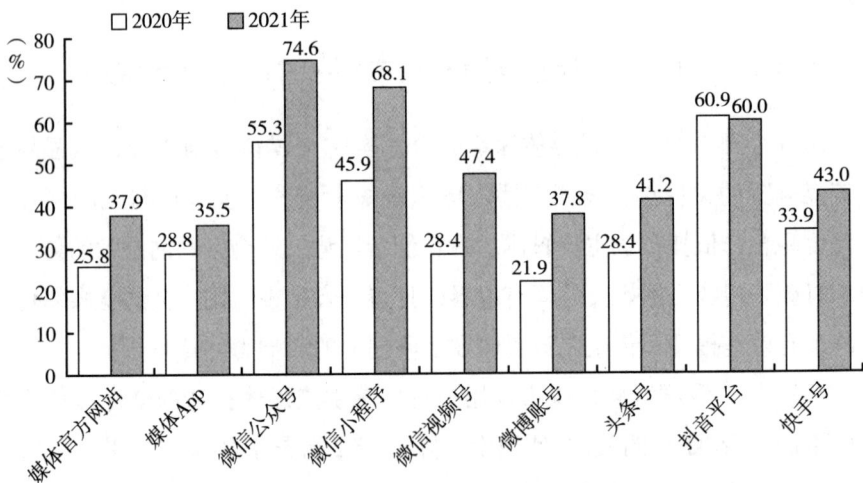

图14　2020年和2021年全国音频传媒市场用户对不同平台/账号的关注/使用度

资料来源：CCData全国音频用户专项调查，2020~2021；重庆师范大学广播（CCData音频传媒）研究院。

（七）音频传媒市场用户网络平台的"互动+消费"偏好特性

传统主流媒体融合转型的重要路径就是打造全媒体传播矩阵，延伸传统主流媒体的传播价值和影响力，从而实现由售卖受众注意力到用户流量价值变现的互联网化转型，其核心就是与音频传媒市场用户通过互动建立联系，从而集聚海量用户。

2021年音频传媒整体市场的用户对网络平台的使用行为偏好聚焦于点赞、浏览/阅读、加关注、转发/分享和评论等。虽然与上年相比，音频传媒市场用户使用行为偏好无显著变化，但加关注、转发/分享和评论略有提升，而点赞和浏览/阅读略有下降。说明音频传媒市场用户对网络平台的使用行为偏好更趋理性。

同时，2021年音频传媒市场用户在网络平台上的与直播相关的使用行为偏好则显著提升，特别是看直播、直播间消费等偏好，较上年有大幅度提升（见图15）。从而说明从音频传媒市场用户对网络平台加关注、转评赞等互动到看直播，乃至直播间消费等互联网平台流量变现，形成了完整的商业路径。

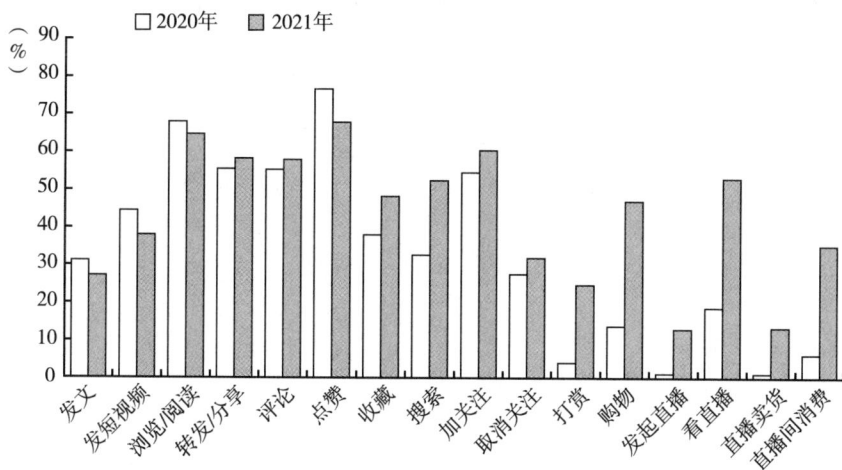

图15 2020年和2021年全国音频传媒市场用户对网络平台的使用行为偏好

资料来源：CCData全国音频用户专项调查，2020~2021；重庆师范大学广播（CCData音频传媒）研究院。

因此，传统主流媒体通过媒体融合的深化转型打造全媒体传播矩阵的核心，依然在于通过媒体平台化的路径探索，以优质的内容与用户建立联系、以社群的互动增强用户黏性、变线性伴随性传播为平台矩阵场景化传播、基于平台建立音频传媒生态系统，从而实现音频传媒市场用户价值和媒体价值。

三 结语

媒体平台化已经成为媒体融合转型的典型趋势和特征之一。在智能设备普遍应用的驱动下，广播听众基本完成向音频用户的转型；"平台化"已经成为音频用户获取信息的主要路径，智能设备成为音频传媒全场景下的最主要传播端口，音频内容由传统广播线性伴随性传播向媒体平台矩阵场景化传播转化；音频平台呈现长尾效应和市场瓶颈，用户对于传统主流媒体打造的全媒体传播矩阵中的微信生态平台表现出高关注/使用度，并且用户对网络平台的使用行为偏好基本构成"互动+消费"的闭环。因此，综观2021年音频传媒市场，"平台化"是其最为显著的发展趋势和特点。

B.6
2021年中国网络音频平台用户行为分析报告

吴荣彬　辛飞　颜春龙[*]

摘　要： 随着5G移动网络的提速，网络音频平台的市场规模不断扩大，2021年已达到173.1亿元，增速40.8%。网络音频平台用户男女比例均衡，"70后""80后""90后"为流量中坚，中高收入群体为用户主体。在融媒习惯方面，时间行为影响明显，使用智能设备收听音频成为新趋势，用户信息获取渠道更加多元。在收听内容方面，收听内容的接触面大幅扩增，收听活跃度提升。在消费行为特征方面，用户付费习惯已养成，付费模式以会员付费为主、单个内容付费为辅，同时伴随多种目的付费。

关键词： 网络音频平台　用户画像　触媒习惯　内容偏好　付费习惯

一　网络音频平台用户画像

随着5G移动网络的提速，网络音频平台的市场规模不断扩大，2021年已达到173.1亿元，增速40.8%，[①] 网络音频平台用户结构也不断调整，网络音频平台用户对网络音频的内容需求不断增加。根据2021年CCData[②]全

　＊　吴荣彬，重庆师范大学新闻与传媒学院副教授；辛飞，重庆师范大学新闻与传媒学院硕士研究生；颜春龙，重庆师范大学新闻与传媒学院教授。

　①　《2021年中国网络音频产业研究报告》，中文互联网数据资讯网，2022年1月5日，http://www.199it.com/archives/1368074.html。

　②　CCData全称为中科网联数据科技有限公司。

国音频用户专项调查数据，全国网络音频平台用户中，男女比例均衡，中青年为主要网络音频平台用户，大部分用户拥有大专和本科学历，主要为企事业单位中级管理层/基层员工，他们有一定的经济实力和对生活、学习的需求。

（一）男女比例均衡，"70后""80后""90后"为流量中坚

2021 年 CCData 调查数据显示，全国网络音频平台男性用户比例略高于女性用户比例，但相差不大，男性用户占 51.2%，比女性用户仅高出 2.4 个百分点，两者整体上处于均衡态势。与 2019 年相比，男性用户比例在 2020 年上升，2021 年比 2020 年略有下降（见图1）。

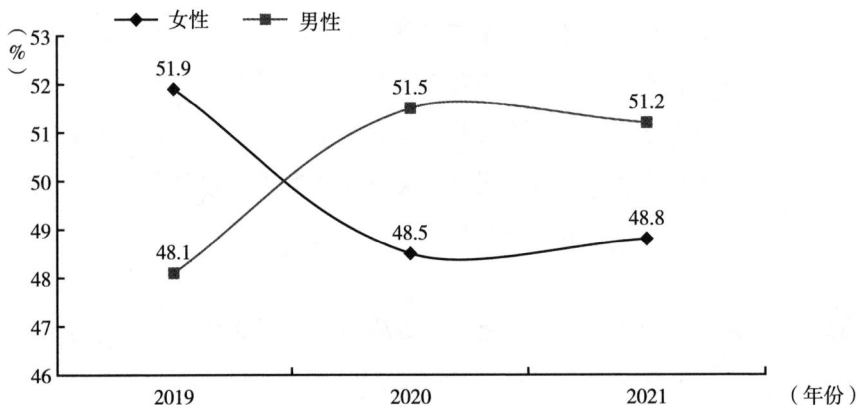

图1　2019~2021 年全国网络音频平台用户性别分布

资料来源：CCData 全国音频用户专项调查，2019~2021；重庆师范大学广播（CCData 音频传媒）研究院。

从网络音频平台用户的年龄结构来分析，"70后""80后""90后"都有较大的流量贡献，其中，在 2021 年，1977~1986 年出生（35~44 岁）的用户占比最高，达到 27.4%；其次是 1967~1976 年出生（45~54 岁）的用户，占比 24.3%。上述两个用户群体在整个用户群体中总占比超过 50%，占了网络音频平台用户的"半壁江山"。这些用户工作、收入均较为稳定，既有上班之余的休闲娱乐，也有生活必要的各种消费，是较为成熟的群体。另外，1987~1996 年出生（25~34 岁）的用户大多数工作、收入逐渐趋于

稳定，这部分用户占比 20.4%，但较前两年呈下降趋势。24 岁及以下的用户占比从 2019 年的 28.8% 下降至 2021 年的 14.9%，几乎下降了一半，与 55 岁及以上用户的占比（13.1%）较为接近。整体来看，学龄段和退休段的用户占比不高，可能与学龄段人群学习时间紧、无固定经济收入，退休段人群对智能手机功能有陌生感等因素有关。与 2019 年和 2020 年相比，2021 年的用户向 35~44 岁的群体转移，呈现"两头低、中间高"的形态（见图 2）。

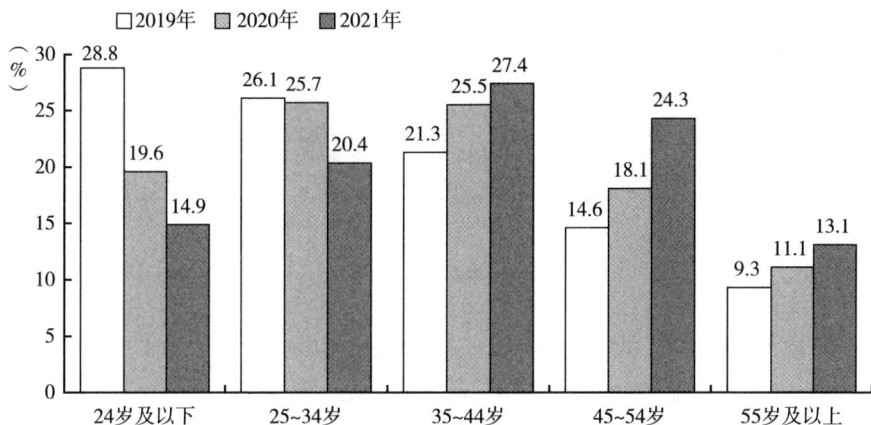

图 2　2019 年、2020 年和 2021 年全国网络音频平台用户年龄分布

资料来源：CCData 全国音频用户专项调查，2019~2021；重庆师范大学广播（CCData 音频传媒）研究院。

（二）以大专和本科学历、月入8000元及以上①、中级管理层/基层员工用户为主体

CCData 调查数据显示，2021 年全国网络音频平台用户以高中（含中职）、大专、本科三个学历层次为主，总占比为 97.8%，其中大专、本科学历用户总占比为 93.0%，说明大部分网络音频平台用户具有良好的教育背

———————————

①　文中的收入统计均以税前收入为对象。

景，但数据同时还显示，网络音频平台用户群体里，研究生学历的用户非常少，仅占1.9%，这显示出研究生学历用户群体可能工作更为繁忙，尚未成为网络音频平台的主要用户。从2019年、2020年和2021年3年的数据来看，网络音频平台用户整体学历水平在不断提升（见图3）。

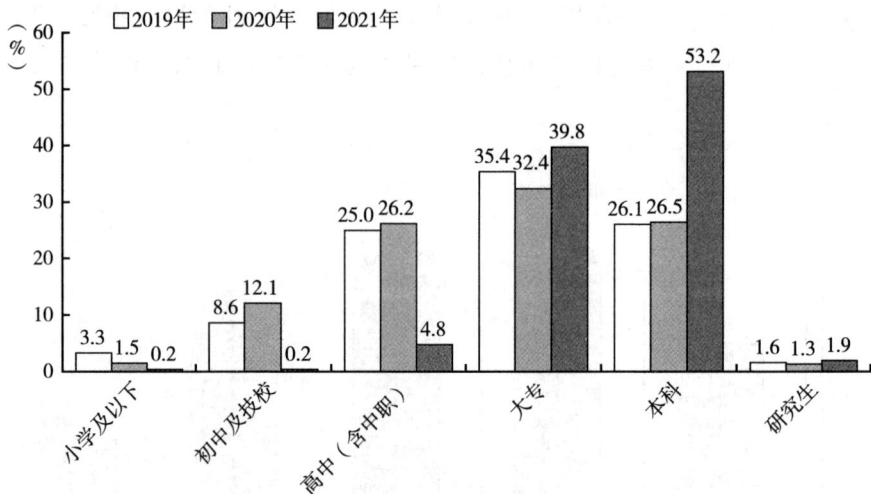

图3 2019年、2020年和2021年全国网络音频平台用户学历层次分布

资料来源：CCData全国音频用户专项调查，2019~2021；重庆师范大学广播（CCData音频传媒）研究院。

2021年全国网络音频平台用户集中于月收入在8000元及以上的人群，占比56.7%，其中月收入在10000~19999元的用户占整个用户群体的1/4。与2021年全国平均工资统计数据比较，月收入在8000元及以上的用户拥有一定的消费能力，是可以为网络音频平台贡献流量的，特别是月收入在10000元及以上的群体，其消费能力强，还可以作为潜在用户群体进行开发。与2019年和2020年相比，2021年全国网络音频平台用户的收入水平有所提升，特别是月收入在10000元及以上的用户占比提升显著（见图4）。

从工作层级来看，各行业中级管理层、基层员工是网络音频平台的主要用户，共占比85.7%，其中基层员工占比近一半，达48.1%（见图5）。

3/5的网络音频平台用户主要来自IT及互联网、制造业、金融业、政

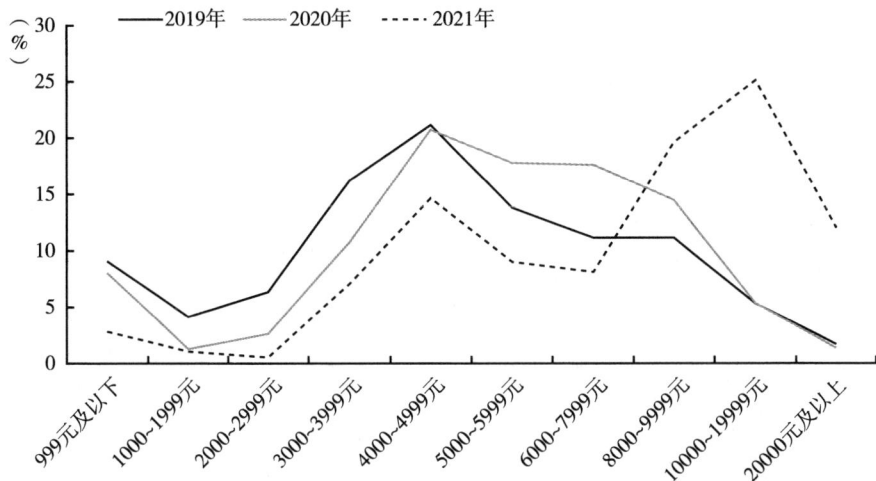

图4 2019年、2020年和2021年全国网络音频平台用户月收入分布

资料来源：CCData全国音频用户专项调查，2019~2021；重庆师范大学广播（CCData音频传媒）研究院。

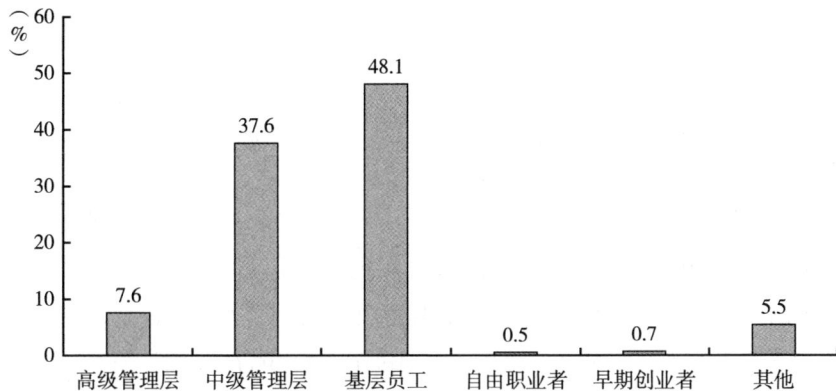

图5 2021年全国网络音频平台用户工作层级分布

资料来源：CCData全国音频用户专项调查，2021；重庆师范大学广播（CCData音频传媒）研究院。

府/事业单位、教育/学校/科研、建筑/房产/物业等行业和部门（见图6），属于白领、工薪阶层，工作稳定，上下班时间相对固定，收入较高。他们是行业中坚，网络音频平台可以在以上行业和部门里获取更多的目标用户。

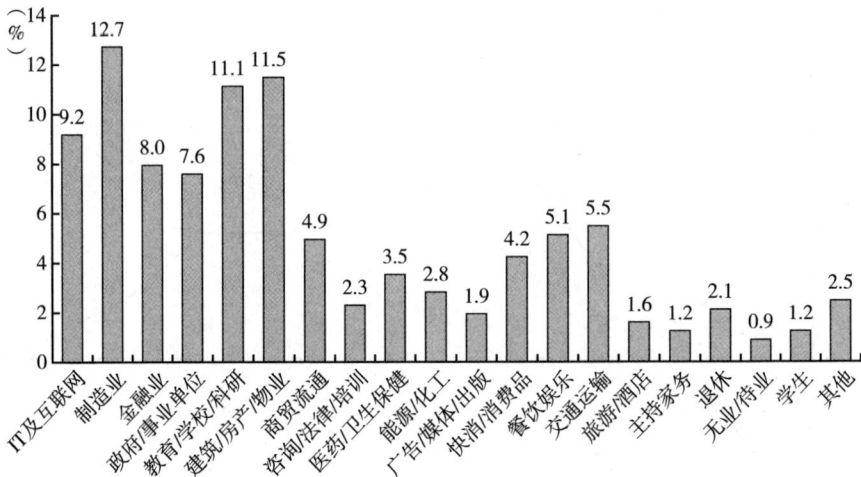

图6　2021年全国网络音频平台用户职业分布

资料来源：CCData全国音频用户专项调查，2021；重庆师范大学广播（CCData音频传媒）研究院。

二　网络音频平台用户触媒习惯

（一）信息获取渠道选择更加多元，最爱短视频

相关数据显示，2020年短视频贡献了1000万名新网民，网民对短视频的使用率达88.3%。[①] 网络音频平台用户常用的App种类中，短视频位居榜首。中国网络视听节目服务协会副秘书长周结认为，"短视频是吸引非网民触网的主要应用，其拉新能力强劲。新网民中，20.4%的人第一次上网时使用的是短视频。短视频网民使用率也持续走高，目前近90.0%的网民会刷短视频，短视频已成为互联网底层应用"。[②]

从类型来看，CCData调查数据显示，2021年，网络音频平台用户最常

[①] 《2021年网络视听发展报告》，"广电独家"微信公众号，2022年1月20日，https：//mp.weixin.qq.com/s/7md88s5bcXDWEy7i4IGXpA。

[②] 《2021年网络视听发展报告》，"广电独家"微信公众号，2022年1月20日，https：//mp.weixin.qq.com/s/7md88s5bcXDWEy7i4IGXpA。

使用的 5 类 App 依次为短视频、网上外卖、网络音频、社交应用和网络新闻（见图 7）。具体到每一个 App，CCData 调查数据显示，用户常用的 App 中，微信排第 1 位，第 2~4 位依次为抖音、腾讯视频、今日头条，其中短视频占据二席，可见网络音频平台用户对于视频平台的依赖程度同样较高。在新闻资讯 App 选择上，用户对于央视新闻等传统媒体 App 的选择略多于新浪新闻等新媒体 App，说明网络音频平台用户更喜欢通过传统媒体客户端获取信息，这与疫情之下用户对于信息来源的信任与习惯有一定关系。在各类新闻资讯 App 中，央视新闻占比最高，超过四成（见图 8）。

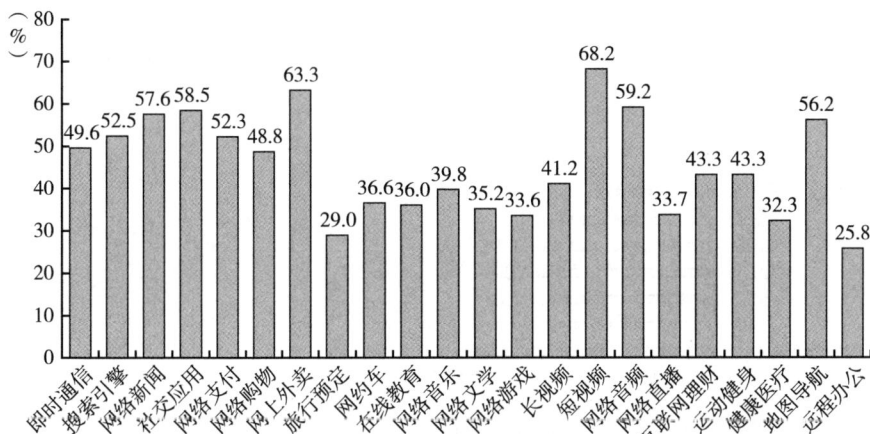

图 7　2021 年全国网络音频平台用户常用 App 种类分布

资料来源：CCData 全国音频用户专项调查，2021；重庆师范大学广播（CCData 音频传媒）研究院。

CCData 调查数据显示，微信连续两年成为信息获取渠道首选，抖音和今日头条超越电视分别位居第二、第三，成为网络音频平台用户获取信息的主要渠道。传统媒体中，电视与广播分列第 4 位与第 5 位，分别较 2020 年下降 2 位和 1 位，但仍然是用户重要的信息获取渠道，其中广播选择比例高于百度、微博、快手等热门平台，也高于商业新闻平台和传统媒体 App，凸显了广播媒体在网络音频平台用户中巨大的影响力（见图 9）。

CCData 调查数据显示，与 2020 年相比，网络音频平台用户信息获取渠

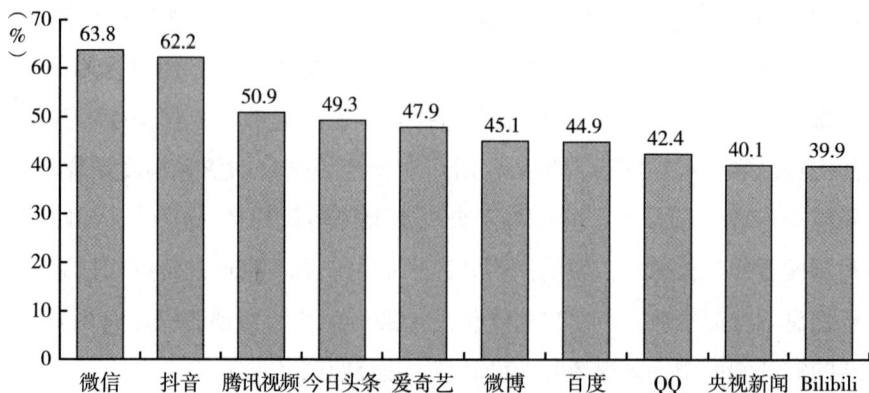

图 8 2021 年全国网络音频平台用户常用 AppTOP10 分布

资料来源：CCData 全国音频用户专项调查，2021；重庆师范大学广播（CCData 音频传媒）研究院。

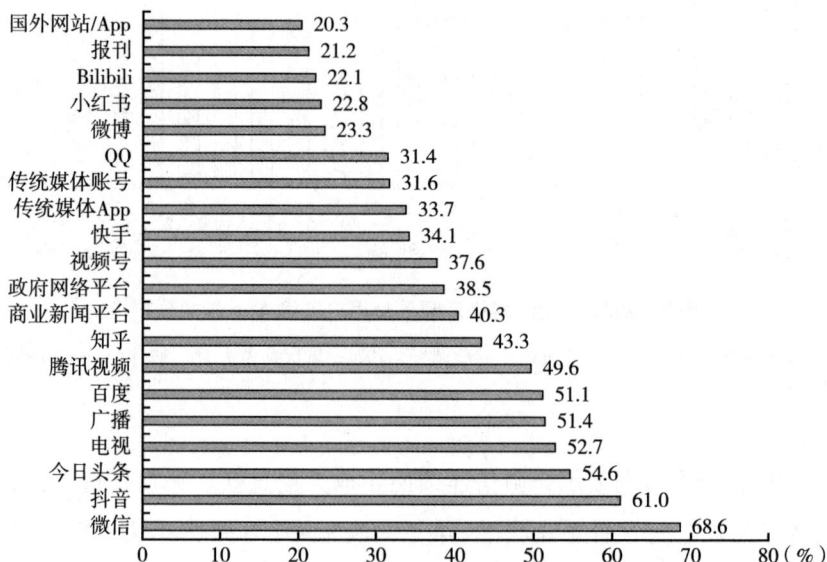

图 9 2021 年全国网络音频平台用户信息获取渠道分布

资料来源：CCData 全国音频用户专项调查，2021；重庆师范大学广播（CCData 音频传媒）研究院。

道呈现两个特点。第一，渠道显著丰富，比例更加均衡，参与调查的 20 类常见信息获取渠道使用率均超过 20%。第二，用户更信任官方渠道发布的信息，前3位均为政府媒体和传统媒体。用户最信任的信息发布渠道为政府网络平台，有36.9%的用户做出了选择，政府公信力得以体现。广播超过电视位居第二，选择比例为35.9%，电视和微信分别位居第三、第四（见图10）。值得注意的是，尽管用户对微信的信任程度不及政府网络平台、广播和电视等传统官方渠道，但是在面对重大突发事件时，微信成为用户首选信息获取渠道，有15.4%的用户将微信作为首选（见图11），这与微信成为用户的习惯性使用媒介的现实是相吻合的。同时也反映出，常驻用户移动端的应用会加速用户的习惯养成，进而带来传统媒体渠道失灵的风险。

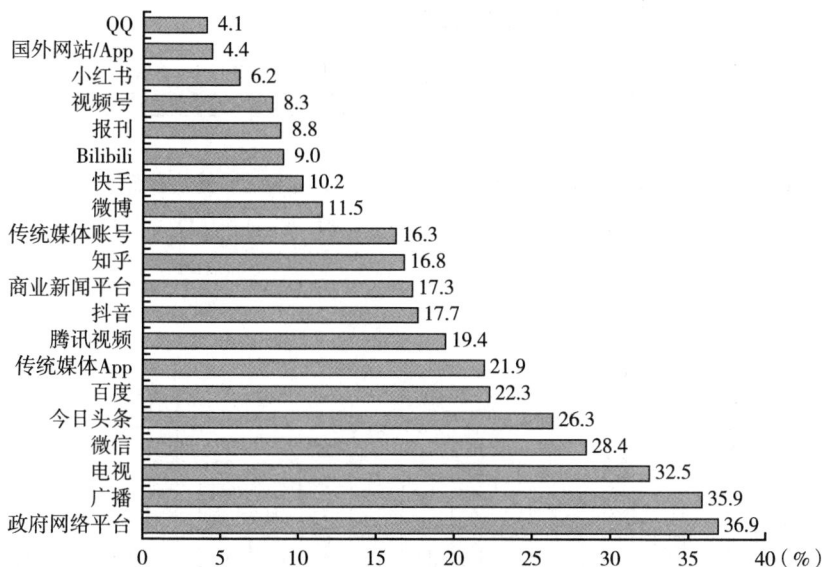

图10 2021年全国网络音频平台用户最信任信息发布渠道分布

资料来源：CCData全国音频用户专项调查，2021；重庆师范大学广播（CCData音频传媒）研究院。

　　CCData调查数据显示，网络音频平台用户对于各类App的了解和认知，主要来自应用商店、社交媒体和搜索引擎，选择比例分别为51.2%、47.2%和44.0%，通过广播节目宣传、传统媒体广告和线下推广活动获知App的比例均低于四成（见图12）。

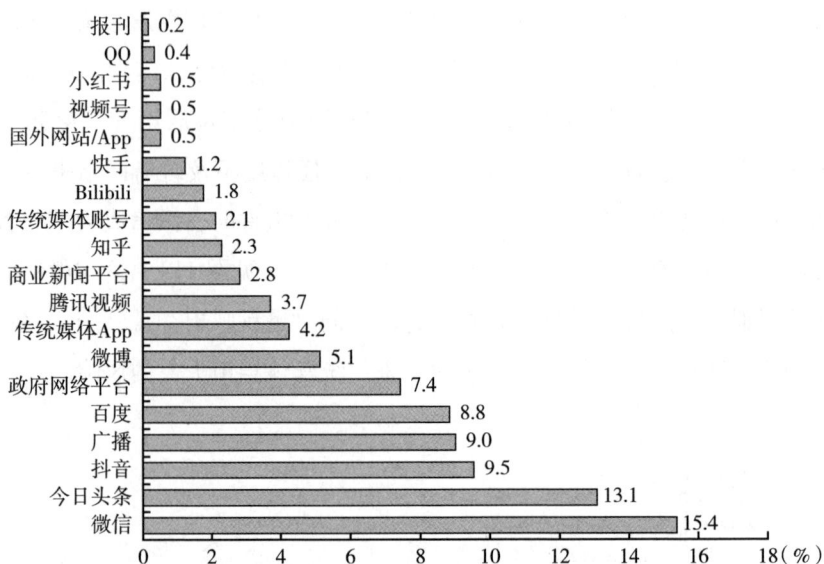

图 11　2021 年全国网络音频平台用户面对重大突发事件时首选信息获取渠道分布

资料来源：CCData 全国音频用户专项调查，2021；重庆师范大学广播（CCData 音频传媒）研究院。

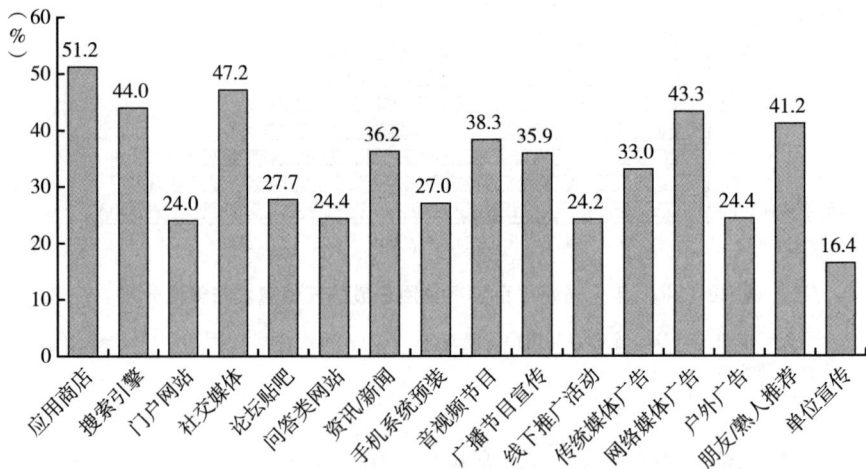

图 12　2021 年全国网络音频平台用户 App 应用获知渠道分布

资料来源：CCData 全国音频用户专项调查，2021；重庆师范大学广播（CCData 音频传媒）研究院。

（二）用户收听习惯差异明显，收听时段受时间行为影响明显

人们的时间行为为重新审视广播产品的传播策略提供了入口。对广播来说，抓住这一规律是发现目标用户、寻找频率定位、开发内容产品的关键。[①] CCData 调查数据显示，网络音频平台用户在工作日与休息日呈现明显不同的收听习惯。2021 年，周一至周五早中晚 3 个出行高峰时段用户收听集中度较高，其中早高峰收听集中度更高，峰值时段收听比例达到 34.8%，上午、下午时段收听较为平稳；周六、周日用户的收听时段整体分散且均匀，上午 10 点以后大部分时段收听比例在 20% 以上，下午大部分时段收听比例在 16% 左右，晚间 9 点呈现一定的收听高峰（见图 13）。在收听频率方面，每天收听次数在 2 次以上的用户占比为 64.2%，一周收听次数在 1 次及以下的用户占比不足 1%。

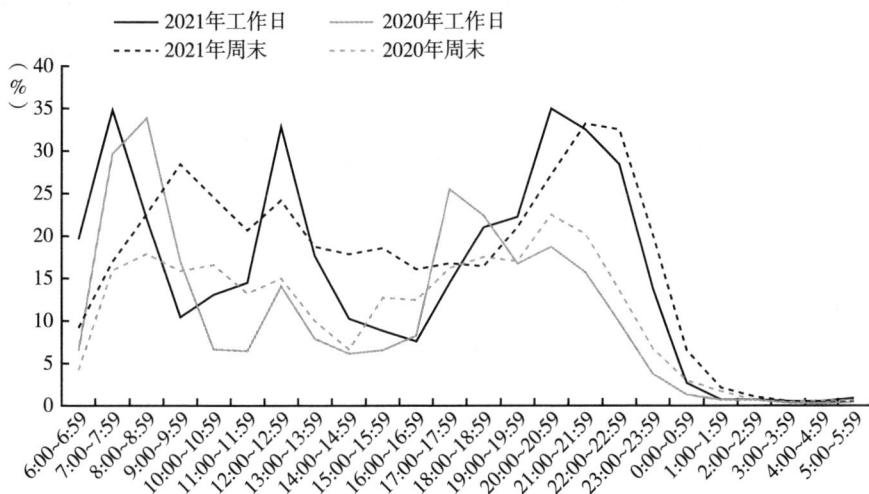

图 13　2020 年和 2021 年工作日及周末全国网络音频平台用户收听时段分布

资料来源：CCData 全国音频用户专项调查，2020~2021；重庆师范大学广播（CCData 音频传媒）研究院。

---

① 张彩：《论广播"黄金 0.5 时段"的精细化开发》，《中国广播电视学刊》2016 年第 8 期。

CCData 调查数据显示，与 2020 年相比，网络音频平台用户在全天大部分时段的收听比例有明显提升，周一至周五提升时段集中在中午，周六、周日早间至上午时段收听比例提升相对更为明显，早高峰集中收听时段提前，晚高峰集中收听时段有所延后。网络音频平台用户的收听行为更为活跃，时段渗透力进一步增强。这一特征将为节目编排提供一定参考。事实上，中央人民广播电台《中国之声》栏目，早已采取了"5+2"的方式，即周一至周五采用一张节目表，周六、周日采用另一张节目表。

CCData 调查数据显示，2021 年网络音频平台用户收听时段的集中度更高，整体时长有所增加。用户的单次收听时长最集中的时间段从 2020 年的 20~30 分钟增加到了 30~40 分钟，连续收听 1 小时及以上的用户占比为 11.8%，与 2020 年的 7.0% 相比有一定提升，用户收听的忠诚度与黏性相对提升（见图 14）。CCData 调查数据显示，2021 年，网络音频平台用户对于新节目的收听耐受度在 2020 年提升的基础上，同比持续提升。尝试时长同比小幅扩增，试听 1~2 分钟用户占比增长 1.1 个百分点，达到 21.9%，说明用户愿意花更长时间判断是否继续收听；10 分钟以上的"长时判断"用户占比上升 0.6 个百分点，达到 6.0%，为基调平缓、缓慢带入的高质量节目提供了更多机会（见图 15）。

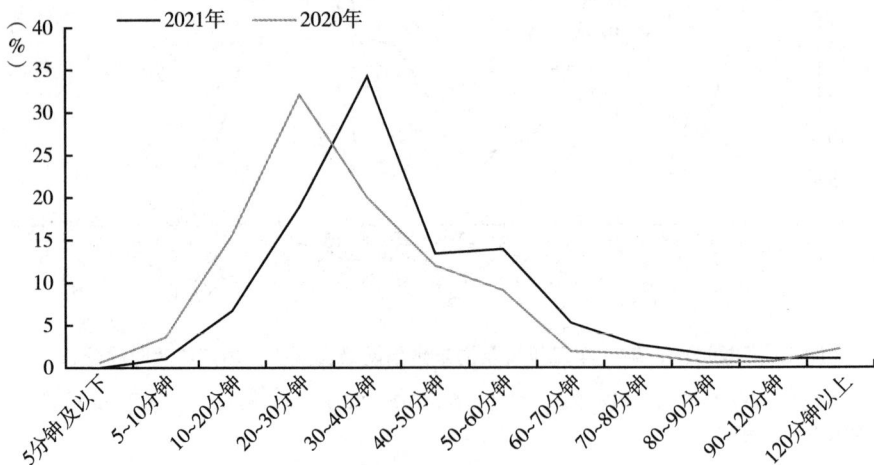

图 14   2020 年和 2021 年全国网络音频平台用户单次收听时长分布

资料来源：CCData 全国音频用户专项调查，2020~2021；重庆师范大学广播（CCData 音频传媒）研究院。

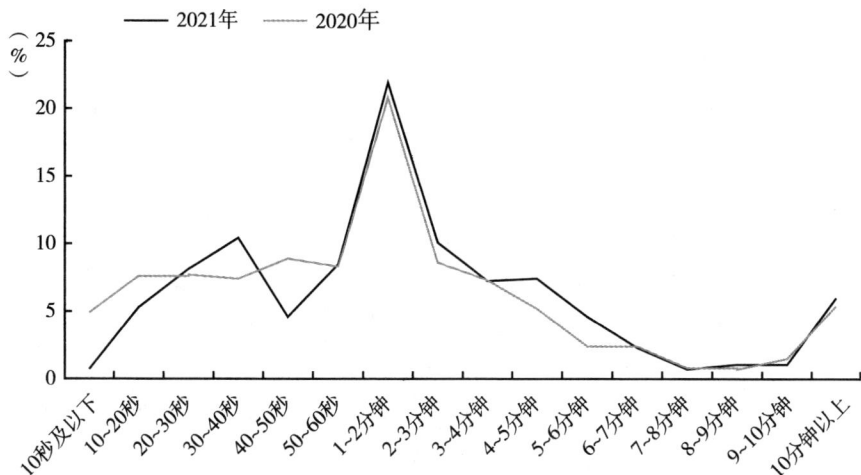

图15　2020年和2021年全国网络音频平台用户对于一档节目决定收听与否的尝试时长分布

资料来源：CCData全国音频用户专项调查，2020~2021；重庆师范大学广播（CCData音频传媒）研究院。

（三）碎片化收听，多任务协同

在物联网、大数据、云计算等新技术的推动下，万物皆媒时代即将到来。万物皆媒为更多场景中网络音频平台的接入提供了可能。随着现代移动生活方式的常态化，声音介质结合泛媒介技术融入生活场景，在填补碎片化时间的同时，丰富了用户的生活。① CCData调查数据显示，在使用场景方面，排名前五的场景为居家休闲、工作场合、睡前、散步和上下班（公共交通）（见图16）。用户对于音频的收听呈现出碎片化和多任务协同的特点。有研究发现，通勤碎片化时段内利用"手机或其他移动设备"进行学习的人数占比约50%，② 收听移动音频成为碎片化学习的新方式。CCData调查数据显示，网络音频平台用户对新闻资讯、短视频、微信/微博/Bilibili的使用场景趋于一致，排名前五的场景为居家休闲、睡前、上下班（公共交通）、午休和

---

① 李淼：《数字"新声活"：融媒场景中移动音频的知识传播与实践》，《中国编辑》2018年第9期。

② 《2017年职场人通勤状况调查》，搜狐网，2018年5月9日，http://www.sohu.com/a/145436024_639111。

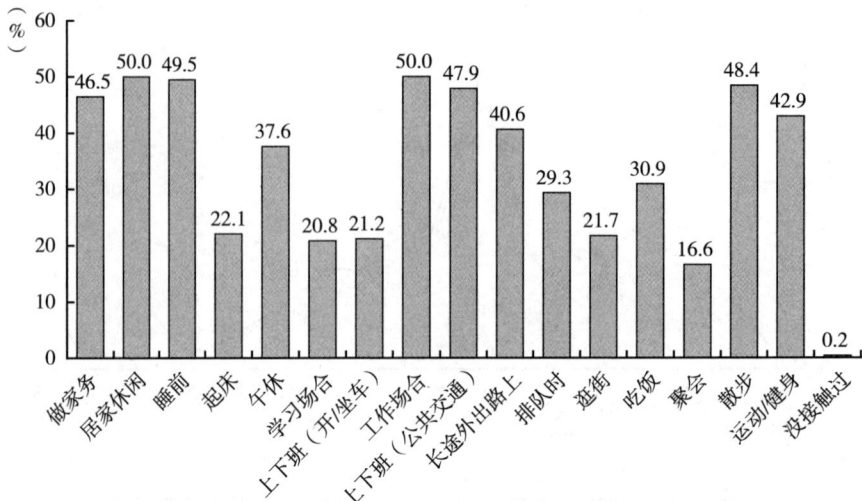

图16 2021年全国网络音频平台用户音频使用场景分布

资料来源：CCData全国音频用户专项调查，2021；重庆师范大学广播（CCData音频传媒）研究院。

排队时（内部排序有略微差别），反映出用户在休息和空闲时间段对于智能设备的使用更为频繁。与以上几类内容的选择相比，用户对于音频节目的使用场景，体现出独有的特征，散步和上下班（开/坐车）两类场景尤为突出。另外，用户在做家务、运动/健身时对于音频节目的选择率也明显高于以上三类内容。反映出用户在进行多任务协同时，更愿意选择音频节目来打发时间（见图17）。

（四）智能设备接收音频成为新趋势

音频与智能设备的融合为物联网技术应用开辟了新的空间，其中智能音箱实现了智能语音、有声阅读与终端媒介的融合，成为新媒体发展的重要趋势。[①] CCData调查数据显示，2021年网络音频平台用户对智能音箱的保有率为46.5%，仅次于智能手机与车载收音机，位居第三。用户对于汽车智能硬件的保有率为28.4%，对智能手表的保有率为9.9%，凸显网络音频平台用户对于智能设备的高感兴趣度与接受度，以及使用智能设备收听网络音

---

① 李森：《数字"新声活"：融媒场景中移动音频的知识传播与实践》，《中国编辑》2018年第9期。

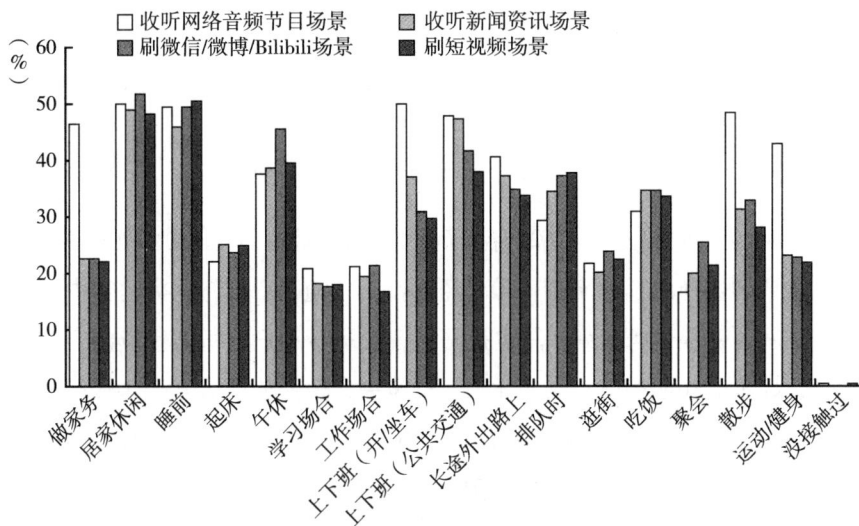

图 17 2021 年全国网络音频平台用户新闻资讯、微信∕微博∕Bilibili、短视频及网络音频节目使用场景分布

资料来源：CCData 全国音频用户专项调查，2021；重庆师范大学广播（CCData 音频传媒）研究院。

频节目的适配性与便捷性（见图 18）。随着各类带收听功能的智能设备不断推出与升级，网络音频节目将迎来更为广阔的市场发展空间。

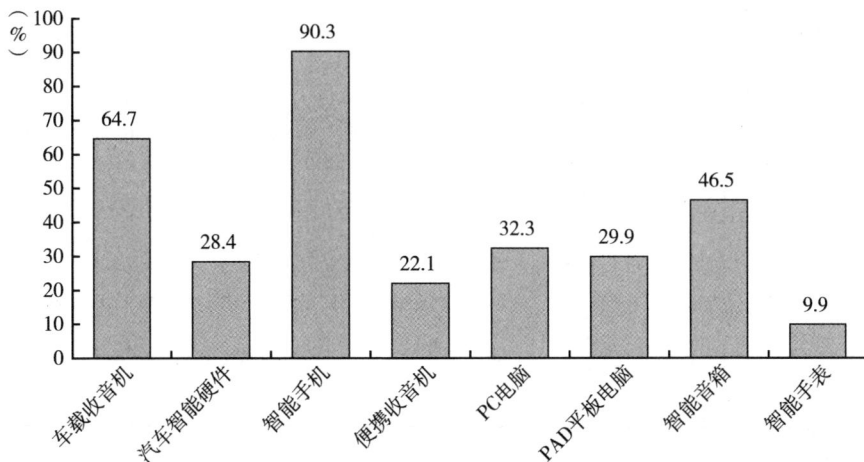

图 18 2021 年全国网络音频平台用户智能设备保有率

资料来源：CCData 全国音频用户专项调查，2021；重庆师范大学广播（CCData 音频传媒）研究院。

三　网络音频平台用户内容偏好

（一）内容接触面扩增，新闻与垂类内容增幅明显

CCData 调查数据显示，2021 年，新闻资讯超过流行音乐成为网络音频平台用户最主要的选择内容，流行音乐、经典音乐紧随其后；新闻类内容中，热点解读、话题点评等位居前列，其也是网络音频平台用户收听的重点内容；其他内容中，娱乐类（如相声小品、评书、有声书、幽默笑话/娱乐、脱口秀）、生活服务类（如汽车保养/维修、汽车买卖/介绍、旅游、生活资讯/服务）内容排名明显提升。疫情防控常态化下，用户对生活服务类内容更为关注（见表1）。

表1　2019 年、2020 年和 2021 年全国网络音频平台用户收听内容

单位：%

网络音频平台用户收听内容	2019 年	2020 年	2021 年	网络音频平台用户收听内容	2019 年	2020 年	2021 年
新闻资讯	39.0	59.4	41.7	脱口秀	19.9	28.9	27.6
热点解读	11.2	28.7	30.6	旅游	9.0	17.0	25.4
话题点评	5.7	21.3	25.1	吃喝玩乐	12.0	28.1	28.1
天气预报	23.4	43.3	31.4	生活资讯/服务	8.2	16.2	35.3
路况信息	19.9	41.8	27.9	情感/心理	9.7	15.9	30.0
交通投诉/违章	5.8	24.8	16.3	健康养生	9.0	21.5	34.6
汽车保养/维修	4.2	18.4	19.3	教育/培训	6.3	7.4	23.3
汽车买卖/介绍	3.0	7.9	18.7	外语教学	1.8	1.6	16.8
最新音乐榜单	9.1	23.8	25.8	儿童/亲子	3.4	4.6	20.7
流行音乐	66.6	62.8	41.0	校园	3.6	5.0	12.4
经典音乐	35.5	32.1	37.3	历史人文	5.5	8.6	25.8
民族音乐	9.3	20.8	20.1	法治反腐	1.9	4.4	17.3
相声小品	13.9	27.8	31.6	商业财经	2.5	6.4	26.1
评书	7.1	10.0	18.7	投资/理财	3.5	6.7	28.4
有声书	11.9	20.8	33.6	IT	0.8	2.2	16.4
广播剧	2.5	6.3	25.4	军事	2.1	7.0	15.7
戏曲	3.3	4.1	11.8	体育	3.1	5.9	18.7
幽默笑话/娱乐	11.6	28.4	35.3	游戏/电子竞技	1.9	5.9	22.4

资料来源：CCData 全国音频用户专项调查，2019～2021；重庆师范大学广播（CCData 音频传媒）研究院。

与 2020 年相比，网络音频平台用户更愿意尝试新内容，收听内容的接触面大幅扩增，收听活跃度提升，体现出用户越来越希望按照自己需求来配置节目菜单的特点。其中，娱乐类、生活服务类、垂类内容收听增长相对较为明显。各个领域直接竞争更加激烈，用户选择更加多元均衡。新闻资讯位列第一，较疫情前增幅明显，热点解读、话题点评基本维持 2020 年水平，小众化垂类内容如旅游、情感/心理、历史人文、教育/培训、军事、商业财经、游戏/电子竞技等收听比例均有不同程度的上升，影响力增强。值得注意的是，CCData 调查数据显示，用户在很多情况下是听 App 推荐内容和听随意搜索的内容。在对用户收听习惯的调查中，有 46.8% 的用户选择了"听随意搜索的内容"，位列第二，有 45.9% 的用户选择了"听 App 推荐内容"或"听特定的类别/内容"，均位列第三（见图 19）。

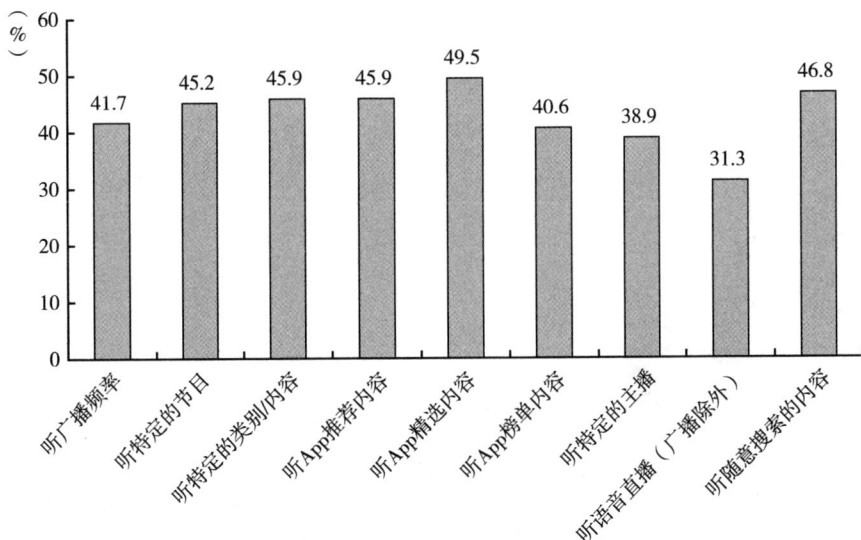

图 19　2021 年全国网络音频平台用户收听习惯

资料来源：CCData 全国音频用户专项调查，2021；重庆师范大学广播（CCData 音频传媒）研究院。

（二）主要通过微信、抖音平台关注传统媒体

CCData 调查数据显示，网络音频平台用户对传统媒体平台/账号的关注主要集中于微信和抖音平台，关注并使用过微信公众号、微信小程序、微信视频号和抖音平台的用户均超过 50%，其中关注并使用过微信公众号的用户比例位居第一，77.6%的用户通过此渠道获取传统媒体发布的信息。与之相比，用户对传统媒体微博账号关注并使用过的比例较低，仅为 24.9%，且有 11.1%的用户选择了不会通过微博账号来关注与使用传统媒体。另外，用户选择"不会关注与使用"传统媒体在抖音和快手平台上的账号的比例均超过 10%，显著高于微信的 3 类账号（见图 20）。在客户端方面，网络音频平台用户对于央视新闻等传统媒体平台客户端的选择高于新浪新闻等商业平台客户端，说明网络音频平台用户更喜欢通过传统媒体平台客户端获取信息，这与疫情防控常态化下用户对于信息来源的信任有一定关系，其中央视新闻客户端关注并使用过的比例达到最高（40.1%）。

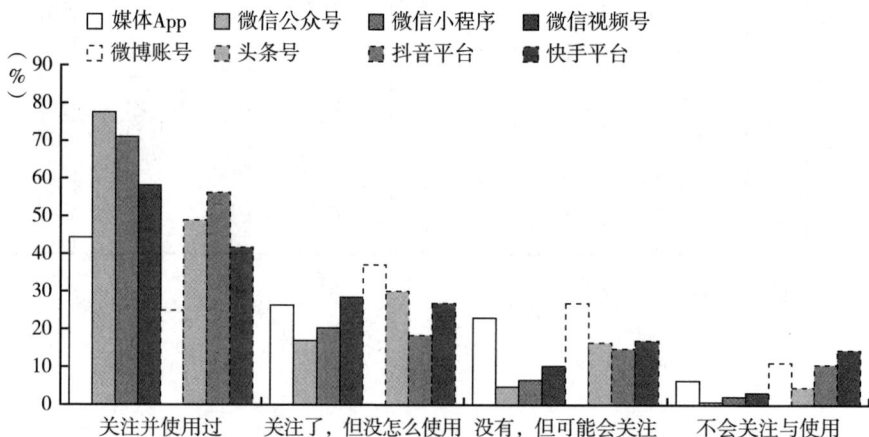

图 20　2021 年全国网络音频平台用户传统媒体平台/账号关注率

资料来源：CCData 全国音频用户专项调查，2021；重庆师范大学广播（CCData 音频传媒）研究院。

（三）青睐本土广播电台，网络语音直播偏好彰显

网络音频平台用户对于广播电台频率的选择，与地理空间场景上的接近性呈正相关。CCData 调查数据显示，网络音频平台用户收听的广播电台频率集中于本地市级及省级电台，以及中央级电台，集中度均超过 70%。其次为周边市级电台以及周边省级电台，占比分别为 48.7% 和 44.9%（见图 21）。对广播电台频率的兴趣偏好与用户对于所有音频内容的收听偏好基本一致。值得注意的是，用户对于交通台的选择率为 58.1%，位列第三。

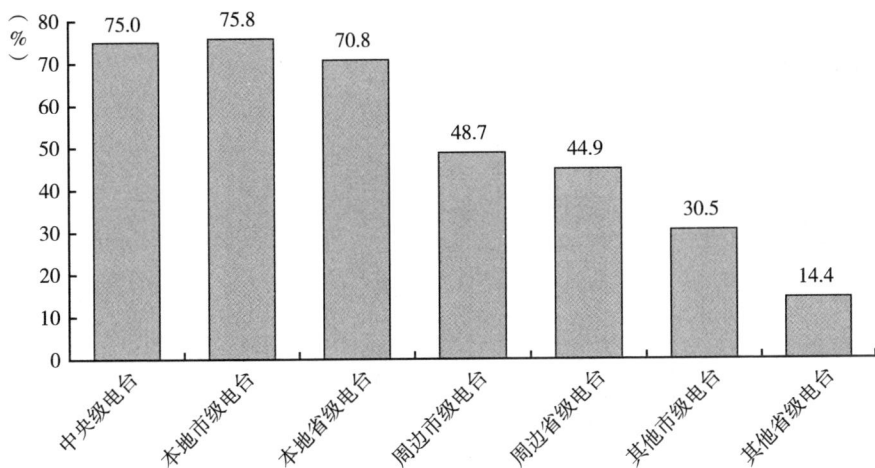

图 21　2021 年全国网络音频平台用户广播电台收听频率来源

资料来源：CCData 全国音频用户专项调查，2021；重庆师范大学广播（CCData 音频传媒）研究院。

2016 年开始，网络语音直播市场进入了发展初期，[①] 不同于网络视频直播，网络语音直播以声音交流为主体，"只闻其声，不见其人"。在线语音直播是指人们可以通过网络收听到远端正在进行的音频实况，如闲聊、唱

[①] 《在线语音直播开启直播新战场》，《新闻战线》2017 年第 21 期。

歌、教学等，且能实现两端的自由互动。[1] 网络语音直播打破了视觉传播垄断的网络直播格局，在竞争激烈的直播红海中另辟蹊径，并以高度垂直化、精准化的经营战略占领了直播行业的长尾市场。网络语音直播的实践与发展为直播市场开辟了独特的场景表演和陪伴式的情感商业模式。[2] CCData 调查数据显示，2021 年网络音频平台用户对于网络语音直播的收听目的，主要集中在娱乐、知识信息和社交情感三个方面。其中，兼具娱乐和社交情感属性的"听主播唱歌"的集中度为 62.1%，位居第一；用户对于其他社交情感类的网络语音直播需要也呈现出长尾效应，如"情感抚慰""交流心得"的集中度均超过 41%，"哄睡""交友"的集中度均超过 30%，"陪玩"的集中度为 27.7%（见图 22）。

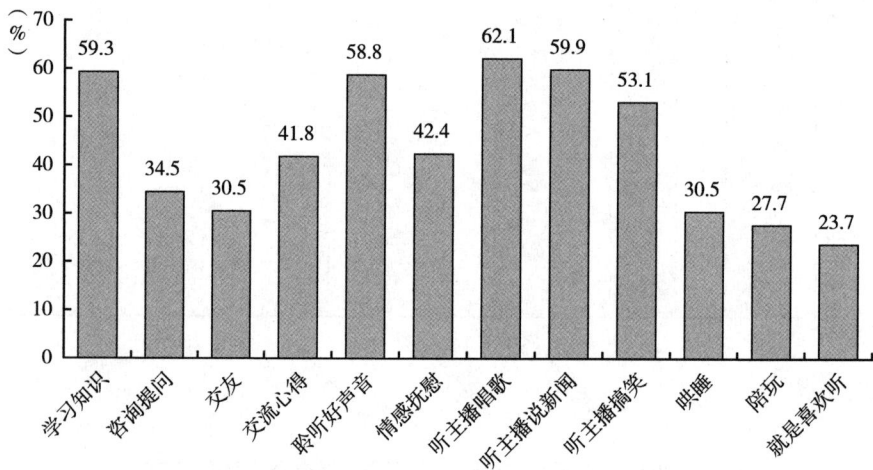

图 22　2021 年全国网络音频平台用户语音直播收听目的

资料来源：CCData 全国音频用户专项调查，2021；重庆师范大学广播（CCData 音频传媒）研究院。

---

[1]　李巧玲：《在线语音直播的兴起与发展探析》，《新闻研究导刊》2018 年第 7 期。

[2]　申启武、李颖彦：《网络语音直播：情感商业化逻辑下的声音表演》，《现代传播（中国传媒大学学报）》2019 年第 2 期。

四 网络音频平台用户消费行为特征

（一）用户付费习惯已养成，月付费5~50元是主力

经过几年的市场培育，网络音频平台用户已养成了付费购买节目的习惯，每月付费购买过节目的用户比例达到86.2%，另外还有5.5%的用户有付费购买节目意愿。2021年主力月付费金额为5~50元，这部分用户占比为69.3%，其中5~20元占比42.2%，21~50元占比27.1%。此外，月付费50元以上的用户占比增加明显，由2020年的3.3%增加到2021年的14.5%，整体付费情况良好；月付费80元以上的用户占比提升幅度较大，占比由2020年的2.0%提升至2021年的8.4%。在用户大众消费金额5~50元段中，31~50元段可作为重点提升段（见图23）。总的来说，网络音频平台用户付费习惯已逐渐养成，增加用户黏性、提高用户收听节目的忠实度、增强用户付费意愿，是网络音频平台在节目布局、内容生产上的着力点。

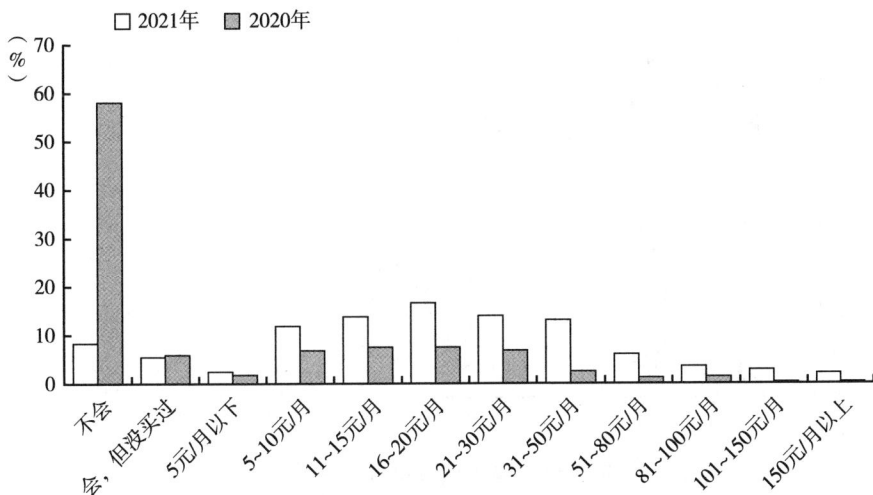

图23 2020年和2021年全国网络音频平台用户付费金额分布

资料来源：CCData全国音频用户专项调查，2020~2021；重庆师范大学广播（CCData音频传媒）研究院。

（二）以以会员付费为主、单个内容付费为辅，伴随多种目的付费

网络音频平台用户更多地选择以会员付费的模式进行消费，占比84.4%。付费会员是网络音频平台盈利的重要保证，他们对平台忠诚度非常高，平台可以面向这部分优质用户进行合理而准确的营销，形成良性循环。

与此同时，为优质内容点播和打赏也成为网络音频平台用户一种重要的消费方式，其中为单个内容付费占比达到44.5%，较2020年提升了10.6个百分点。为单个内容付费的用户通常认为该内容对自己有较大帮助，因此对内容的品质有较高的期待，内容品质决定了其是否进行下一单个内容付费，更决定了能否发展其为忠实会员，所以保证节目内容品质是留住此类用户的基础。

值得一提的是，CCData调查数据显示，充值打赏付费比例大幅度提升，由2020年的4.2%提升至2021年的22.7%（见图24）。网络音频平台用户主要集中在25~54岁人群，消费相对理性，愿意为节目打赏是因为他们通常认同节目内容满足了自身收听的需求，愿意为制作者的辛劳进行付费。

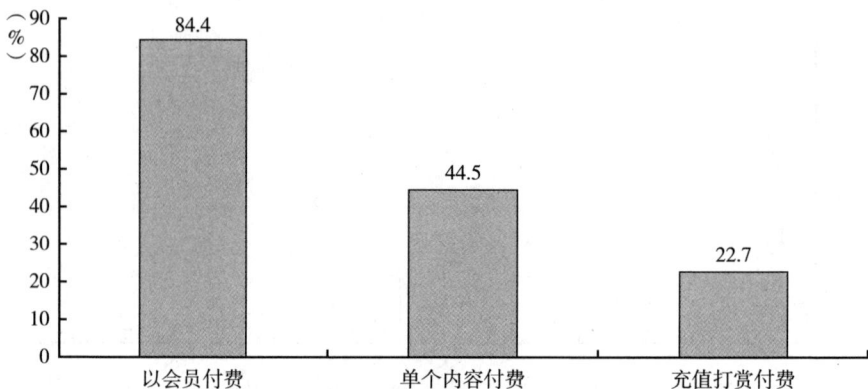

图24 2021年全国网络音频平台用户付费形式分布

资料来源：CCData全国音频用户专项调查，2021；重庆师范大学广播（CCData音频传媒）研究院。

2021 年 CCData 调查数据显示，除"加入节目的官方通信群组""说不上，喜欢就付费了"之外，网络音频平台用户在付费目的方面可以归纳为六大类，每类占比较 2020 年都有大幅度提升。第 1 类主要是为了获得高品质内容，占比 63.1%，较 2020 年提升 18.9 个百分点。对于有良好教育背景的用户来说，内容的优质性使他们有很强的付费意愿。第 2 类是希望获得独享内容的用户，占比 47.1%（2020 年为 37.9%）。第 3 类是为了获得愉悦享受的用户，占比 46.9%。第 4 类是为了获得会员福利和特权的用户，如免广告、低折扣费率等，占比 46.5%。这部分用户更想让自己获得良好的收听效果，而不被平台的营销所干扰。第 5 类是为了快速获得有用技能的用户，占比 36.7%。第 6 类是为了支持喜欢的 App 平台、喜欢的主播/制作团队和喜欢的歌手的用户，三者占比分别为 38.9%、29.5%、29.3%（见图 25）。此类用户对内容的品质要求并不是那么苛刻，而是通过"名人"的粉丝效应带来粉丝经济。这说明网络音频平台利用"名人"、"大 V"、优质主播进行引流的策略是正确的，既能满足一部分年轻观众的需求，也能成为平台重要的盈利方式。

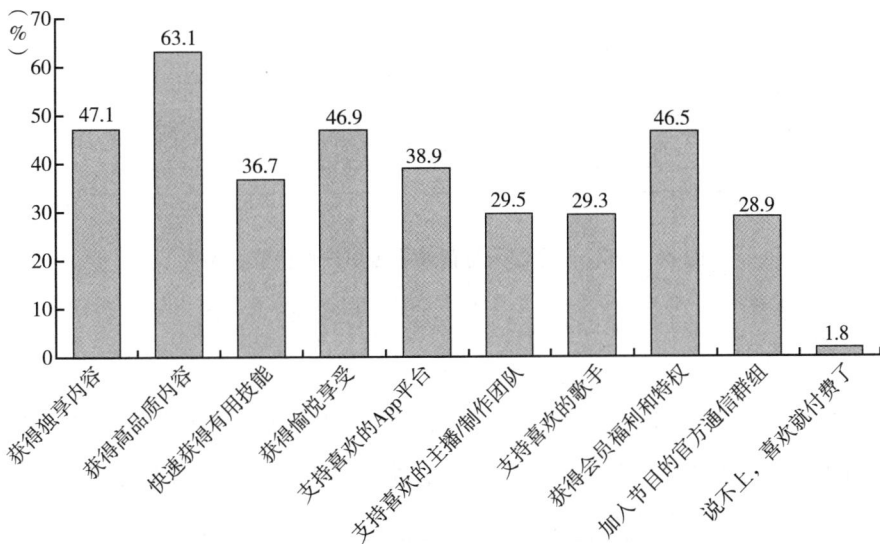

图 25　2021 年全国网络音频平台用户付费目的

资料来源：CCData 全国音频用户专项调查，2021；重庆师范大学广播（CCData 音频传媒）研究院。

（三）付费意愿反超视频节目，付费内容多样化

2021 年 CCData 调查数据显示，91.4%的网络音频平台用户曾为音频节目付费，远超视频节目（77.7%）（见图 26）。这种态势与 2020 年相比，发生了逆转：为音频节目付费的用户占比由 2020 年的 59.0%提升到 91.4%，有较大提升，而视频节目付费用户占比仅提高 1.5 个百分点。虽然音频节目付费出现的时间比视频节目付费的时间晚很多，但其用极短的时间快速赶超了视频节目付费，直接原因在于平台提供了形式多样、内容优质的节目，间接原因则在于在移动设备上收听音频节目更便利。收看视频节目需要手、眼、耳并动，而收听音频节目只须动耳即可，为用户提供了"一心二用"、随时随地收听的可能，形成多任务协同模式，因此更能驱动用户为音频节目付费。

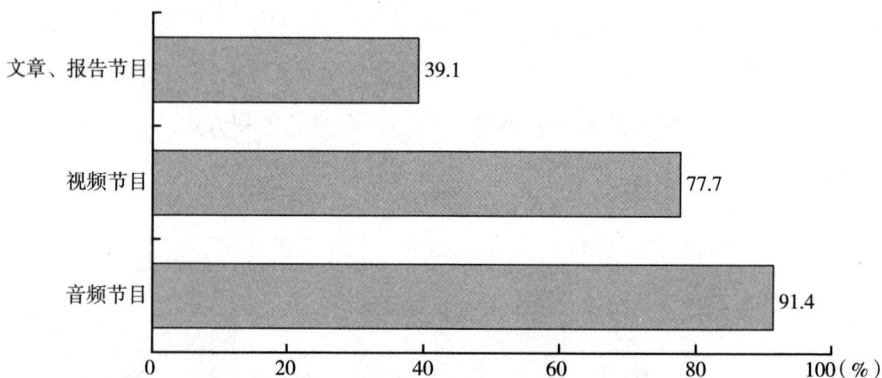

图 26 2021 年全国网络音频平台用户付费节目类型

资料来源：CCData 全国音频用户专项调查，2021；重庆师范大学广播（CCData 音频传媒）研究院。

2021 年 CCData 调查数据显示，网络音频平台用户付费内容呈现多样化，大致可以分为五大类。第一类为娱乐消遣类，付费内容主要为电视剧、电影、综艺节目、音乐、脱口秀、有声书（玄幻、科幻、都市、言情、武侠、悬疑）等，这些都是大众的内容消费需求，用户基数大、活跃度高，各细分项占比均在 20%~45%；第二类是理财类，受疫情影响，部分用户开始思考消费与理

财的关系，为了在突发状况下增强个人或家庭的财务抵抗力、跑赢通胀，他们希望获得理财方面的知识，这类用户占比超过30%；第三类是职场类，用户希望不断给自己充电，增强职业竞争力，其中技能培训、资格考试和职场管理方面是需求重点，占比均在25%左右；第四类是育儿教育类，15%~25%的用户为此类内容付费，25~44岁的大量用户正经历育儿过程，对婴幼儿的教育非常重视，不希望自己的孩子输在起跑线上，因此在备孕、母婴、育儿、少儿教育、中小学教辅、育儿心理学等方面显示出了旺盛的需求；第五类是为自己的兴趣、喜好付费，大量集中在网络文学、历史、军事、人文/文化、名人节目方面，以传递知识为主，由于有大量的免费节目，所以这一类型付费占比较低，仅为15%~30%（见图27）。

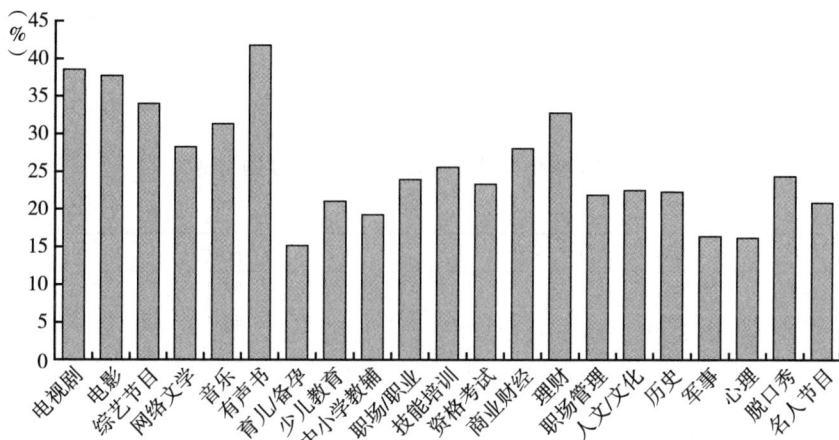

图27 2021年全国网络音频平台用户付费内容

资料来源：CCData全国音频用户专项调查，2021；重庆师范大学广播（CCData音频传媒）研究院。

（四）直播购物比例明显提升，抖音平台占比达六成多

随着移动网络的提档升级，移动用户的月流量大幅度增加，加快了电商和短视频平台直播带货的发展速度，这些平台用户基数庞大，有良好的付费消费习惯，可以成为网络音频平台挖掘潜在用户的重要阵地。

网络音频平台用户对传统电商平台依然热捧，但更爱抖音平台。2021年CCData调查数据显示，有90%以上的网络音频平台用户有过直播购物经历，其中61.0的用户在抖音平台直播中购物，使抖音成为所有平台中最受青睐的直播购物平台，但在同为短视频平台的快手上仅有38.2%的用户有过直播购物经历（见表2），这与抖音平台强大的广告宣传和品牌推广能力有很大关系，因为它直接带来的效果就是用户对其App超高的忠实留存度。2021年CCData调查数据显示，网络音频平台用户移动端安装抖音App的占比为62.2%，安装快手App的占比为38.2%。受网络音频平台用户热捧的直播购物平台第二矩阵包括淘宝直播（57.1%）、拼多多（42.4%）、小红书（41.7%）、京东直播（40.1%）（见图28），它们都是应势开展直播购物的传统电商平台，用户基数大且忠实度高。直播购物平台的用户付费习惯良好，直播购物平台可与网络音频平台实现共赢。

表2 2021年全国网络音频平台用户直播购物情况

单位：%

内容	比例
淘宝直播	57.1
京东直播	40.1
腾讯看点直播	21.6
快手	38.2
抖音	61.0
微博	27.4
拼多多	42.4
小红书	41.7
Bilibili	32.5
有赞	13.4
蘑菇街	15.9
没有看过	0.9

资料来源：CCData全国音频用户专项调查，2021；重庆师范大学广播（CCData音频传媒）研究院。

2021年CCData调查数据显示，全国网络音频平台用户在直播间网购的商品品类TOP8分别为生活用品（47.0%）、食品饮料（42.3%）、个人护理

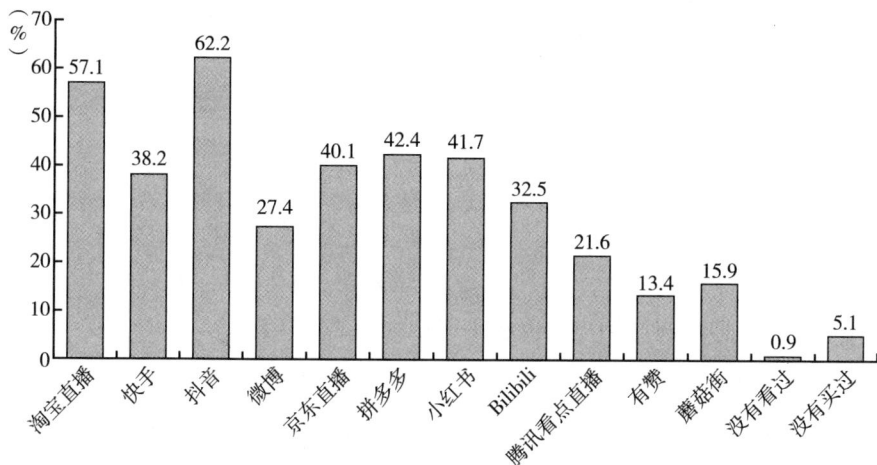

图 28　2021 年全国网络音频平台用户直播购物平台使用情况

资料来源：CCData 全国音频用户专项调查，2021；重庆师范大学广播（CCData 音频传媒）研究院。

（41.4%）、鞋包饰品（40.4%）、蔬果生鲜（36.8%）、纸品清洁（34.8%）、香水彩妆（33.5%）、精品女装（32.9%），主要集中在生活刚需品类，如生活用品、食品饮料、蔬果生鲜、纸品清洁，其次是女性消费品，如个人护理、鞋包饰品、香水彩妆、精品女装（见图 29）。用户在直播

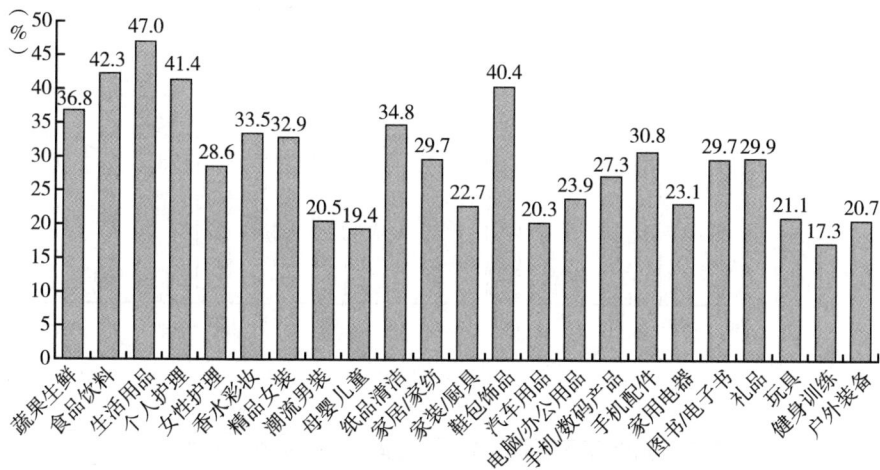

图 29　2021 年全国网络音频平台用户直播购物种类

资料来源：CCData 全国音频用户专项调查，2021；重庆师范大学广播（CCData 音频传媒）研究院。

间下单单件商品的价格承受区间最高占比由上年的 81~100 元的 28.3% 提升到 101~200 元的 42.3%，用户消费的价格随通货膨胀的变化有所调整，同时也与用户的个人月收入变化有直接关系。

2021 年 CCData 调查数据显示，网络音频平台用户直播购物下单原因中，最大的原因为产品性价比高（48.1%），商品必须物超所值；其次是产品有特色（45.5%）、产品实用（42.1%）、购买很方便（42.1%），可以看出理性购物用户多于非理性购物用户；再次是用户因主播产生的强大影响力而选择直播购物，集中于支持喜欢的主播（21.6%）、主播很专业（31.4%）、主播很有趣（25.0%）、可以与主播互动（21.6%）、主播销售技巧（22.0%）五方面，因而主播的个人形象、专业技能、带货技巧都将影响用户做出理性或非理性的消费行为。当然也有一部分用户会在某些条件的影响下冲动购物，如直播间粉丝福利、评论区氛围带动、产品看起来好吃等（见图 30）。2021 年用户直播购物的特点与 2020 年基本一致，但直播购物的用户比例明显提升，用户直播购物的消费习惯进一步养成。网络音频平台有必要开发出适合自身的音频直播带货模式，在未来的直播带货中占有一席之地，使其成为自身的重要营收分支。

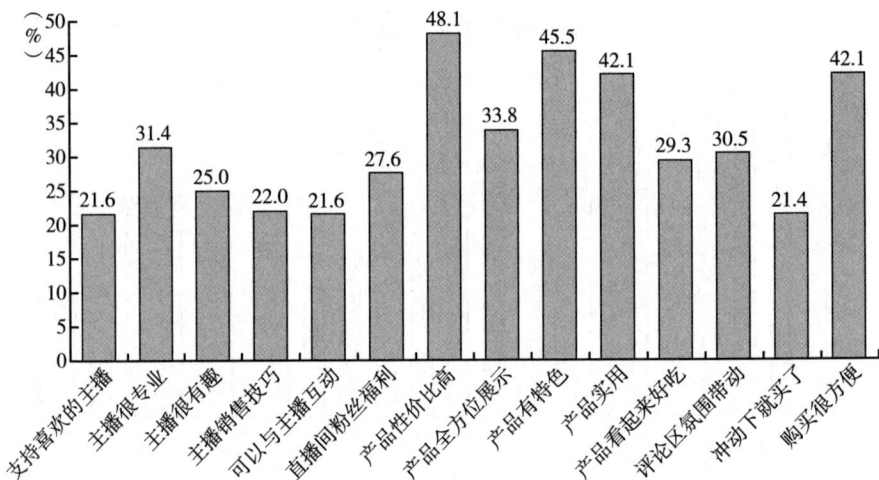

图 30　2021 年全国网络音频平台用户直播购物下单原因

资料来源：CCData 全国音频用户专项调查，2021；重庆师范大学广播（CCData 音频传媒）研究院。

B.7
2021年中国网络语音直播发展概况

申启武　李颖彦*

摘　要： 2021年，语音直播的产品定位、目标市场进一步明确，并逐渐从之前的市场扩张、资源争夺阶段过渡到自我沉淀和精耕细作阶段。经过几年的发展，平台逐渐意识到其对优质内容资源的掌握权将直接关系到用户的使用体验与留存率。如今，语音直播在政策、经济、社会需求、技术等多方面的共同支持下，正朝着专业化、精品化的方向进一步发展。未来，语音直播在对垂直市场的持续开拓过程中，必将面临更加严峻的供需关系和供给质量的考验。

关键词： 语音直播　媒介生态　垂直市场

全球疫情蔓延加速了"宅经济"产业布局，也进一步培养了用户的线上媒介使用习惯。2021年，网络音频产业整体实现快速发展，在政策、经济、社会需求以及专业技术的合力推动下，中国网络音频产业规模已达到123亿元，形成了以有声书、播客和音频直播为代表的音频服务类型。在语音直播领域，专业、垂直、细分的小众化发展路径已进一步明确，"直播+游戏""直播+社交""直播+助眠"等多元化内容布局已基本完成。

---

* 申启武，暨南大学新闻与传播学院教授、博士生导师，重庆师范大学广播（CCData音频传媒）研究院执行院长兼特聘研究员；李颖彦，暨南大学新闻与传播学院博士研究生。

一 基于 PEST 模型的语音直播发展环境分析

语音直播的健康有序发展一方面依靠 5G、声卡等技术提供的基础设施支持，以及日益增长的用户市场需求；另一方面更离不开有利的政策与经济环境所营造出的良好发展氛围。

（一）政策环境提供利好

如今，网络视听传媒已成为人们获取信息的重要媒介。作为影响人们认知、行为甚至是思考方式的重要因素，互联网中内容信息的质量自然成为国家监管与治理的重点。尤其是新时代以来，党中央基于互联网内容建设与环境治理出台了一系列重大方针政策，为网络视听的高质量发展把舵指航。

从整体战略部署上，党的十九届六中全会把"过不了互联网这一关就过不了长期执政这一关""健全互联网领导和管理体制，坚持依法管网治网，营造清朗的网络空间"等重大论断写进《中共中央关于党的百年奋斗重大成就和历史经验的决议》，高度重视互联网内容建设与环境治理。此外，我国印发《关于加强网络文明建设的意见》《关于新时代加强和改进思想政治工作的意见》《中国儿童发展纲要（2021—2030 年）》《国务院未成年人保护工作领导小组关于加强未成年人保护工作的意见》《国务院办公厅关于全面加强新时代语言文字工作的意见》等一系列文件，在加强网络文明建设、改进网上思想政治工作、强化未成年人网络保护、建设健康文明的网络语言环境等方面对网络视听提出了新任务和新要求。从国家战略规划高度聚焦互联网信息传播环境问题，整体部署制定文化强国、网络强国的战略目标。

从法律保障上，网络视听法治体系加快完善。《民法典》《未成年人保护法》《著作权法》《数据安全法》《个人信息保护法》等多部涉及网络视听的法律，在版权保护、未成年人网络保护、数据安全管理、用户个人信息保护等方面制定规则。网络视听监管范围从内容逐步延伸至公共服务、数据安全等更多领域，基本形成了内容管理、数据治理、平台治理、人员管理等一整套相互衔接、相互配套的法规体系，为网络视听高质量发展和高效能治理提供了法律保障。

与此同时，网络视听制度体系也更加成熟。国家将通过固定、移动等终端，以单向、交互等形式向社会公众传播视频、音频等网络视听节目，并将其相关活动纳入广播电视活动中，进一步明确网络视听节目的广播电视属性。加快制定针对网络直播、自媒体、知识社区问答等新媒体业态的规范管理办法，不断推动中央政策、法律法规与行业治理相结合，用法治手段推进网络视听治理体系与治理能力现代化。

2021年，网络视听治理规则已逐步涵盖网络视听传播的全领域、各环节，网络视听统筹安全与发展的法律框架体系日趋完备。国家加快对网络视听传播的体系化、整体化治理部署，对网络视听内容建设与管理也更加垂直精准，为网络视听传媒生态的秩序化、健康化发展提供了系统完备的制度保障，基本实现了网络视听治理规则和网络视听生态的全面重构。

（二）声音经济持续向好

截至2021年，中国网络音频产业仍处于快速发展阶段，规模已达到123亿元。从网络音频领域的产业链结构分析，在内容生产环节，有声书、播客、音频直播等内容提供方呈现出不同特征，并已形成明确的差异化发展格局；在产品传播环节，各平台之间的竞争持续升温，网络音乐、有声阅读、在线课程等相关领域的商业平台也纷纷布局网络音频，陆续打造了一批专注于网络音频细分品类的平台；在硬件技术应用环节，智能硬件生产商和线下场景提供商也陆续与音频企业展开深度合作，持续深化车联网、物联网（IoT）、智能家居的布局。

声音经济陆续展现出可持续发展的市场潜力，声音内容的呈现模式与互动方式日益多元化。除了知识付费平台的语音类节目之外，带有娱乐属性的语音直播、聊天室和电台也迅速崛起，并成功引入了付费打赏商业模式，使其成为网络音频平台的核心收入来源之一。

从综合网络音频平台的竞争格局来看，头部语音直播平台依然是荔枝、喜马拉雅和蜻蜓 FM。虽然受到一些新兴综合网络音频平台的影响，头部语音直播平台的市场占有率呈现出些许变化，但是前 3 家仍然占据了 58%的市场份额（见图 1）。从历年增长速率来看，语音直播产业在未来仍然具备保持 20%~30%增长速率的发展势头，并且市场集中度也可能得到进一步的提升。①

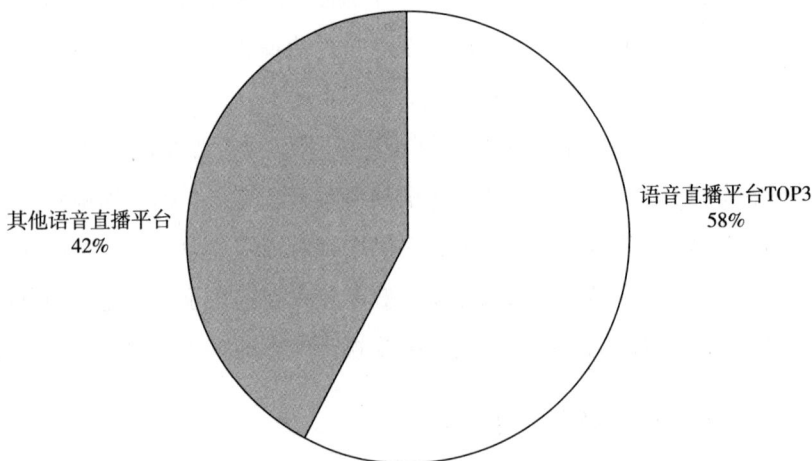

其他语音直播平台
42%

语音直播平台TOP3
58%

图 1　2021 年语音直播平台市场占有率

说明：1. 计算口径分为语言直播平台（如喜马拉雅）的语音直播相关收入，以及一些以娱乐为目的的语音直播 App（如克拉克拉、戏鲸）的收入；2. 以陌生人社交为主要目的的 App（如 Soul 等），不在本次测算范围内；3. 音乐流平台（如网易云音乐）的语音直播也不在本次测算范围内；4. 中国开发但是面向海外市场的 App 不在本次测算范围内。

资料来源：艾瑞咨询。

据艾瑞咨询数据，2021 年语言直播市场规模达 43.3 亿元，整体发展呈平稳上升态势。相比于视频直播，语音直播更强调社交属性和陪伴属性。作为一种基础低耗的传播形态，语音相较于视频具备更强的融合力与适配力，

---

① 《2021 年中国网络音频产业研究报告》，中文互联网数据资讯网，2022 年 1 月 5 日，http：//www. 199it. com/archives/1368074. html。

以及较明显的社交性、伴随性和情感性特征。因此，借助多元化工具，拓展语音直播的发展空间将是语音直播平台长期探索的方向。目前，语音直播已基本完成向语音交友、语音游戏、语音课程等领域的多元分化，未来也将持续围绕其社交属性和陪伴属性开拓出更多的发展可能。

（三）社会需求稳步驱动

在信息爆炸时代，信息的传播速度、数量与质量的提升已经成为人们适应现代社会生活的迫切需求。就声音传播本身而言，虽然依旧存在传播形式较为单一的问题，但是其伴随性、可移动性等特征却能够很好地适配于当下高速运转的效率社会。音频媒介使用的低耗性可以在传递信息的同时，不影响人们的其他活动，能够保证人们的注意力和信息接收能力得到最大限度的利用。因此，音频媒体在用户市场中最大的竞争力也恰恰基于其独有的媒介特性。

音频传播与文字传播相比具有更高的传播效率，与视频传播相比拥有更为便捷的实时互动性，是实现高效信息传播与情感沟通的理想传播形式。如今，音频媒体被广泛赋予了社交功能，尤其是语音直播，现已成为音频传媒领域具备娱乐、社交等多元垂直化传播功能的重要代表。

在充满竞争与焦虑的社会生活中，人们对于解压放松、情感交流的强烈需求日益显现，对音频信息质量的要求也进一步提高。在功能日益多元的语音直播间中，用户不仅可以直播交流、K歌，还能够开展游戏、助眠等诸多活动。不断健全和完善语音直播间功能，建立放松、友好的对话场域，能有效缓和用户孤独、焦虑等负面情绪，满足用户的多方位需求。

作为一种具有强社交属性的音频传播形式，语音直播一方面具有音频媒体所特有的伴随性强、易于情感沟通等优势，能够适应用户的社会情感需要；另一方面通过持续与专业垂直领域结合与分化，能够进一步满足用户日益多元的媒介使用需求。

（四）专业技术大力支持

随着与5G、大数据、人工智能等技术的持续融合，音频传媒拥有了更为广阔的发展空间。尤其是近年来，国内不断加大对技术研发的投入力度，为我国技术发展的先进性与成熟性奠定了良好的基础。2021年初，美国一款主打音频社交功能的应用软件Clubhouse爆火，媒体评价其为音频社交领域的下一家Twitter。而其中可以让Clubhouse实现音频实时交互效果的技术提供商就是来自中国的企业——声网，这充分体现了我国声音传播技术在世界范围内已拥有较高的发展水平与认可度。

目前，国内音频传媒产业在与科学技术的紧密合作及持续融合中持续向好发展。其中，5G技术的发展与普及极大地满足了语音直播对网速的高质量要求，5G技术不仅能够有效解决播放中的卡顿问题，还能够尽可能地降低流量消耗，让用户拥有更加优质的听觉体验。与此同时，音频传媒还将大数据技术与5G技术进行融合应用，逐步形成了"5G+大数据"的运行架构。通过5G技术的高宽带、低延时等特性，音频平台完成了海量数据信息的快速流动。结合大数据信息采集、处理及存储，音频平台形成了良性的循环模式，全面提升了运营服务质量，进而实现了音频传媒产业的进一步拓展。此外，随着音频媒体与人工智能、IoT技术的持续深度融合，音频媒体的传播形态和传播场景也实现进一步的拓展。从广播到智能语音机器人，从主攻车载、睡前场景到全场景合力覆盖，音频媒体正不断挖掘和探索声音传播更广泛、更深入的潜在发展空间。

兼具先进性和包容性的专业技术为音频传媒提供了广阔的融合与探索空间。随着音频媒体与新兴技术的融合布局加速，音频媒体也必将具备可以更好满足用户需求甚至是创造用户需求的媒介实力。

二 语音直播的发展特点

经过几年的市场开拓，语音直播的发展路径和市场定位已然更为清晰明确。作为视频直播的长尾市场，语音直播从诞生之初就致力于精耕垂直细分领域。虽然中间也尝试过借助抖音、快手等热门平台进行普及化宣传，但语音直播的媒介属性决定了其发展定位始终是小众市场，前期所做的普及化宣传更重要的目的是为这一声音传播形式进一步寻找和挖掘与其相匹配的目标市场。因此，在完成了上一阶段的普及化宣传后，2021年语音直播的整体发展则显得更加保守和沉稳。在这一阶段，如何持续把握小众市场、如何提高自身专业度和用户黏性等成为语音直播需要重点解决的问题。

（一）专注打造垂直细分趣缘社区

毕马威联合阿里研究院的研究数据显示，在当下的直播环境中，直播带货的市场规模已接近2万亿元。在丰厚收益的诱惑下，原本的才艺主播和自媒体纷纷转战带货圈，很多知识型主播也难以免俗，以致视频直播的内容属性不断减弱，工具属性不断增强。这也在潜移默化中让用户产生了"视频直播等于带货"的媒介印象。

然而，相对于视频直播形式的火爆的电商带货势头，语音直播的私密性、情感化传播特性则更加适配专业性、私人定制类内容，这也决定了其要走小众化、垂直化发展路线。在近几年的普及化宣传与发展中，语音直播已经明显察觉到，如果仅作为一个单纯的聊天室是无法达到用户规模化集聚效果的。尽管语音直播中有录制和播放图片等功能，但这种社交模式依然存在单一性，无法带给用户一种社交的充实感与真实感。因此，追求轻量化、极简化的社交产品在细分市场上只能抓住一批兴趣用户，而始终无法满足主流用户对社交的多元化需求。

如今，年轻人依然是语音直播用户中的主力军，因此，平台发展一旦能够准确把握年轻人的需求，便可以牢牢守住目标市场。在信息爆炸时代，年轻用户不缺乏获取内容的渠道，而是更关注"与谁玩"的问题，先找到"对的人"，再去与对方创造趣缘已成为当下年轻人社交的普遍程序。艾媒咨询的调查数据也印证了这一点：超过七成用户愿意通过在线音频平台认识具有相同爱好的朋友，[①] 其中，声音好听是用户筛选好友的一项重要指标。在进一步明

---

① 《艾媒咨询｜2021年中国在线音频行业发展及用户行为研究报告》，艾媒网，2021年11月22日，https：//www.iimedia.cn/c460/82048.html。

确了发展目标和市场定位后，2021 年，语音直播开始在专业垂直领域精耕细作。在充分利用其社交属性的过程中，语音直播一方面持续探索"语音直播+"的更多可能，另一方面继续深耕现有的分化格局，在社交、教育、游戏、助眠等发展板块打造专业垂直的趣缘社区，深度挖掘小众市场的发展潜力。

（二）全力提升专业化、精品化水平

语音直播领域随着喜马拉雅、荔枝等头部语音直播平台相关产业的快速发展而进入成熟期，并已逐步进入完善自身服务、积极探索用户需求、打造专业化品牌化平台的发展阶段。2021 年初，Clubhouse 的爆火和迅速沉寂为整个语音直播领域带来了深刻的启示。Clubhouse 起初最吸引人的点是线上精英沙龙，通过线上邀请制形成了封闭式、精英化、小众化的氛围。但是，这波名人效应非常短暂，在一波尝鲜之后，大量"大 V"、科技名人基本散场，没有了"大 V"等撑场，Clubhouse 沦为了一个普通的语音聊天社区。[①]

深究 Clubhouse 迅速沉寂的原因，主要在于其缺乏名人精英所具有的稀缺与独家的信息。从使用价值层面看，人们并不会因为无聊而选择在Clubhouse 里听人闲聊，而是更希望在其中获取有价值的信息或资源。因此，一旦优质博客离场，无论是用户的圈子社交需求、兴趣社交需求还是知识获取需求，Clubhouse 都无法满足。这也正是语音直播平台大力扶植优质播客、打造精品内容的重要原因。因此，语音直播平台的下一个目标就是建立健全的平台共赢机制，让核心内容供给者和用户都有利可图，形成生态环境的正向循环，以确保内容资产掌控在平台手中。

语音直播间看似是一个社交平台，但其本质还是一个内容平台，需要依赖名人和优质声音内容来支撑自身的火爆，而这一点正契合了如今用户不再"看脸打赏"的消费趋势。视频直播中清一色的"V 字脸卖萌发嗲"或是"吸粉带货"套路越来越透支用户的耐心，当用户看清了视频直播的种种套路后，

---

① 王新喜：《火爆一时的 Clubhouse 为何熄火了？不懂平台化生态玩法》，ZAKER 网，2021 年 10 月 7 日，http://www.myzaker.com/article/615ea6d28e9f0966585baf33。

会更愿意为内容价值买单。为了健康发展，语音直播平台开始重新审视以往的运营发展路线，结合自身的媒介优势，从源头把关主播及内容质量，着力打造专业性和精品度。其中，作为新兴的语音直播平台，Yami 语音前瞻性地以挖掘"声音的深度"为发展突破口，借助语音互动、娱乐休闲、数字阅读、脱口秀、心理咨询等内容板块重塑主播价值。当自身的内容消费诉求在语音直播平台中得到满足时，用户自然愿意为好内容、好主播买单。

（三）持续开拓多元变现路径

语音直播的迅速普及使其几乎成为内容平台中的标配项目，但从语音直播在不同平台中的细分功能来看，其又各自扮演着不同的角色。在语音直播平台中，荔枝优先将"交友"功能作为其语音直播的特色，"交友"功能不仅帮助荔枝提高了用户黏性，也增强了用户的付费意愿。相比视频直播，语音直播的传播特性使其在"陪伴"功效上更胜一筹，语音主播与用户之间更多地是通过情感黏合进行关系维系，因此，会有不少用户愿意为主播买单，且用户黏性很高。喜马拉雅也曾表示，平台中年入百万元的主播不在少数。与此同时，抖音平台也希望通过上线语音直播谋得社交红利。作为头部短视频平台，抖音拥有丰富的音视频资源、强大的智能算法技术和巨大的流量池，而搭载语音直播则是其建立深层社交关系、沉淀用户，进而实现盈利的重要方式。

如今，语音直播的用户规模呈现快速增长趋势，随着语音直播间流量的持续增加，各平台也开始探索多元化变现模式。众所周知，礼物打赏是当下语音直播平台的核心变现路径，也是语音直播从视频直播中吸收的变现模式。但在实际采用过程中，由于语音直播对用户的打赏效果不如视频直播打赏效果明显，人们所熟悉的传统电台也不再依赖于打赏生存。因此，语音直播平台单纯依靠直播打赏而获取的收益并不理想。此时，语音直播不得不主动探索更加多元的变现路径。在具体实践过程中，语音直播尝试从内容价值、语音连麦等自身的优势功能入手，在语音直播间推出了付费问答、付费直播、付费连麦、直播间带货等一系列的变现方式，进而实现了从单一的直播打赏模式向多元内容变现模式的转化。

三 语音直播的用户市场分析

如今，声音内容的呈现模式和互动方式越发多样，除了知识付费平台的音频类节目外，音频传媒产业已呈现出协同发展、多元并进的全场景声音社交态势。凭借较高的沟通效率、较低的使用成本和个人操作占用率，语音直播不仅展现出强大的社交优势，也为用户带来了更加丰富的娱乐体验。

（一）用户规模分析

艾媒咨询数据显示，中国在线音频用户规模一直保持连年增长态势，2021年中国在线音频用户规模已达到6.4亿人。从声音技能社交市场规模的发展趋势来看，声音技能社交市场规模增长速度逐渐放缓，但一直处于较为平稳的增长状态（见图2），这也标志着声音技能社交市场已经基本结束市场扩张和资源争夺阶段，开始步入发展的成熟期与稳定期。

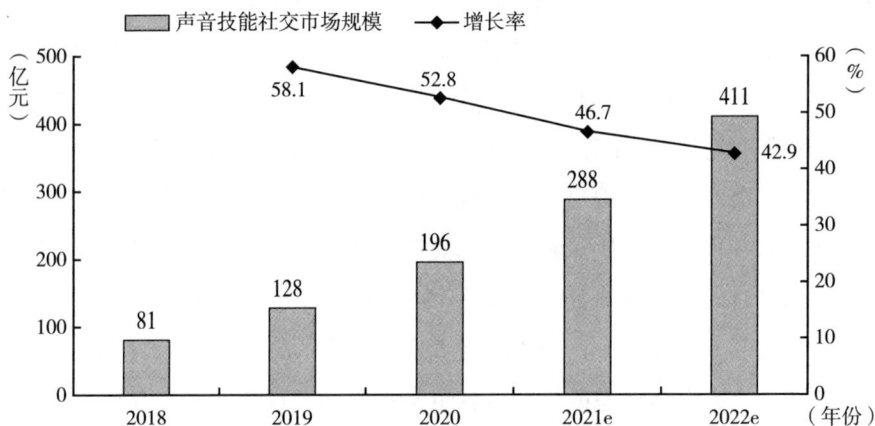

图2 2018~2022年中国声音技能社交市场规模

说明：中国声音技能社交市场规模包括语音直播、语音聊天室、语音电台等语音技能服务带来的用户付费收入及广告等其他收入；本报告所列规模历史数据和预测数据均取整数位（特殊情况：差值小于1时精确至小数点后一位），已包含四舍五入的情况，增长率的计算均基于精确的数值。

资料来源：艾瑞咨询。

音频传媒产业虽然在庞大的传媒市场中仍属于小众领域，但是在政策、经济、社会需求及技术的共同推动下，声音经济依旧展现出巨大的市场发展潜力。如今，以语音直播、网络听书、知识付费等为主要业务模式的网络音频产业已逐步渗透各个年龄层的用户。随着语音直播、播客电台等声音传播形式的快速崛起，付费打赏这一商业模式也将逐渐成为音频平台的核心收入来源之一。

（二）用户需求分析

在用户需求方面，娱乐放松是用户接触语音直播的首要目的。在众多语音直播类型中，搞笑娱乐、音乐相关、听书、睡眠相关和知识服务是最受欢迎的前5个语音直播类型。其中搞笑娱乐高居榜首，主要包括脱口秀、闲聊等语音直播类型，占比52.9%；其次是音乐相关，包括唱歌、翻唱等，占比46.3%（见表1）。语音直播类型受欢迎程度的调查结果与用户收听语音直播的目的调查结果相匹配。其中，52.9%的用户表示收听语音直播的目的是"缓和情绪，疏解焦虑"；46.2%的用户是为了"了解一些感兴趣的信息"；而43.1%的用户则是"想听好听的声音"（见表2）。

表1 最受欢迎的语音直播类型 TOP5

单位：%

排名	语音直播类型	百分比
TOP1	搞笑娱乐	52.9
TOP2	音乐相关	46.3
TOP3	听书	43.1
TOP4	睡眠相关	38.1
TOP5	知识服务	33.5

注：样本总数 N=852；于2021年10月通过iClick形式调研获得；问题为"请问您最愿意接触的三种音频直播的类型是什么"。

资料来源：艾瑞咨询。

表 2　收听语音直播的目的 TOP5

单位：%

排名	收听语音直播的目的	百分比
TOP1	缓和情绪,疏解焦虑	52.9
TOP2	了解一些感兴趣的信息	46.2
TOP3	想听好听的声音	43.1
TOP4	睡不着,助眠	38.1
TOP5	无聊,随便听听	33.4

注：样本总数 N=852；于 2021 年 10 月通过 iClick 形式调研获得；问题为"请问您最有可能出于以下哪三种目的，去听音频直播"。

资料来源：艾瑞咨询。

从语音直播本身所具有的陪伴性、实时性、互动性等媒介特性来看，闲聊、音乐、脱口秀等本身就占据了语音直播的大部分内容，用户在实际选择过程中，不免会偏向于收听这些热门的内容，这也在很大程度上局限了用户的选择。实质上，单纯的语音直播非常考验主播的语言表达能力和逻辑化思维能力，并具有表达深度内容的天然媒介优势，能够很好地满足用户在获取有价值的信息和人脉资源方面的需求。而语音直播平台内容布局的进一步细化，也必将能够激发用户对语音直播平台的新认知和新需求。

（三）用户使用行为分析

艾媒咨询对用户在线音频付费意愿的调查结果显示，对于特定节目的喜爱是影响用户购买在线音频服务的最主要因素。此外，热门节目打折和对某主播的追捧同样是主导用户消费行为的原因之一。由此可见，节目契合用户口味，以及主播受欢迎是促使用户产生消费行为的重要切入点。对此，语音直播平台已普遍搭载大数据智能推送功能，大力提升主播和节目的知名度和曝光率，刺激用户的消费需求。

在语音直播收听过程中，关注、打赏、评论等都是在语音直播间中常见的用户使用行为。有 50.0%的用户表示会关注主播，46.6%的用户愿意将节目或主播分享给他人，其占比略高于打字评论（见表 3）。这一结果体现了用户在收听语音直播的过程中，不仅会与主播进行社交，还倾向于主动与直播场域之外的其他人产生互动，形成跨平台的多重社交关系。

表3　语音直播间的使用行为TOP5

单位：%

排名	语音直播间的使用行为	百分比
TOP1	关注主播	50.0
TOP2	将节目或主播分享给他人	46.6
TOP3	打字评论	45.1
TOP4	语音互动	32.0
TOP5	了解音频主播推荐的广告商品	30.3

注：样本总数N=852；于2021年10月通过iClick形式调研获得；问题为"请问您在收听语音直播的时候，最有可能采取哪三种互动方式"。

资料来源：艾瑞咨询。

在打赏方面，有36.4%的受访者每次为语音直播打赏的金额为11~50元，占据榜首。其次是打赏10元及以下和不花钱，而每次打赏100元及以上的用户有10.1%。从总体上看，用户在语音直播间中的打赏行为基本表现得较为理性（见表4）。

表4　语音直播的每次打赏金额区间TOP5

单位：%

排名	语音直播的每次打赏金额区间	百分比
TOP1	11~50元	36.4
TOP2	10元及以下	22.3
TOP3	不花钱	18.4
TOP4	51~99元	12.8
TOP5	100元及以上	10.1

注：样本总数N=852；于2021年10月通过iClick形式调研获得；问题为"请问您每次会为语音直播的主播打赏多少钱"。

资料来源：艾瑞咨询。

　　2021 年是我国"十四五"规划的开局之年，也是语音直播领域实现高质量发展的重要阶段。在国家政策、经济、社会需求和技术的共同支持下，音频传媒领域的生态环境得以持续优化，语音直播也逐步走向高质量发展之路。在这一发展过程中，语音直播平台更加明确自身的市场定位和发展方向，并且逐渐从之前的市场扩张、资源争夺阶段，过渡到自我沉淀和精耕细作阶段。在接下来的发展进程中，语音直播还需持续挖掘能够适配自身特点的垂直细分领域，重点开发小众市场，打造趣缘社区。在不断追求品质化和精品化的发展思路下，凸显出语音直播的特性与优势，进而牢牢占据和把握直播领域的长尾市场。

广播电台篇
Radio Station

B.8
2021年中国广播市场竞争格局的
变化与特点

陈叶红　张洋 *

摘　要： 2021年，在移动互联网和车联网的持续冲击下，全国广播媒体影响力整体回落。受网络收听与移动娱乐的影响，车载空间与场景中广播触达规模与收听黏性均下降。在此过程中，广播听众品质仍然较高，但高端人群出现萎缩苗头。三级电台的竞争格局依旧，省级电台保持领先优势，但市级电台持续发力，使得竞争更为激烈。交通、音乐、新闻三大主流类型频率依然具有垄断性优势，但音乐类频率竞争力有所下降，生活、经济、文艺类频率竞争力出现上升势头。各城市广播市场收听集中度稳中略升，交通广播继续稳居竞争榜首。在中央广播电视总台的引领下，全国广播媒体加强了对版权的管理、保护和对节目资源的交流共享，这

---

* 陈叶红，中科网联数据科技有限公司研究总监、中级统计师；张洋，中科网联数据科技有限公司高级数据经理。

在一定程度上引发了商业音频平台对于算法规则的调整。对广播频率资源进行整合精简，加强移动互联网与车联网布局，强化版权保护与同业交流，是全国广播媒体为应对传统直播流节目影响力下滑做出的积极探索，同时也是广播媒体转型发展的必由之路。

关键词： 车载收听市场　三级电台　收听集中度　版权保护

2021 年，新冠肺炎疫情逐步稳定，民众的生活作息行为、触媒习惯与内容消费需求回归常态。但是，在移动互联网及其内容生态的持续冲击下，在以移动音乐（或网络音乐）、移动听书（或有声书）、移动电台、语音直播等为代表的网络音频内容的影响下，以车载和居家为代表的广播直播流节目收听率出现下滑势头，听众触达规模下降，特别是车载娱乐空间的部分高端人群流失，使广播媒体再次面临较大的生存与发展压力。

一　车载场景竞争激烈，广播媒体影响力整体回落

（一）在网络收听持续冲击下，广播媒体影响力小幅回落

近几年，随着移动互联网的快速发展，以收听为代表的"耳朵消费"影响力持续增强。中科网联数据科技有限公司①调查数据显示，全国音频媒体市场用户规模从 2016 年的 5.93 亿人，快速增长至 2021 年的 7.59 亿人，5 年内增长了 1.66 亿人，增幅达到 27.99%。与此同时，音频媒体的渗透率也从 2016 年的 45.14% 提升至 2021 年的 53.69%，音频媒体用户的触媒习惯保持稳定，内容消费需求稳步增长，市场空间与发展潜力巨大。

---

① 下文均简称为 CCData。

在主要的音频门类中，以移动音乐、移动听书、移动电台、语音直播等为代表的音频用户规模持续扩大，仅广播电台用户规模出现缩减。CCData调查数据显示，2021年，全国主要音频门类中，移动音乐、移动听书与广播电台用户规模位居前三，分别为7.29亿人、6.37亿人与5.30亿人。与2020年相比，移动音乐和移动听书的用户规模均约扩增了10.00%，而广播电台用户规模同比缩减了1.67%。移动电台与语音直播的用户规模同比均有不同程度的扩增，其中语音直播用户规模同比扩增了0.77亿人，达到3.33亿人，增幅达到30.08%（见图1）。

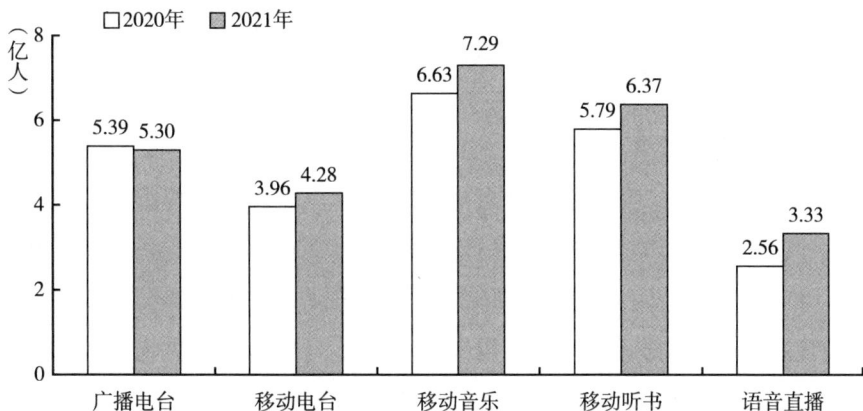

图1 2020年和2021年全国主要音频门类用户规模

资料来源：CCData全国音频用户专项调查，2020~2021；重庆师范大学广播（CCData音频传媒）研究院。

CCData调查数据显示，2021年，全国广播市场日均触达率为30.9%，同比下降1.0个百分点。在细分终端与场景市场，2021年，全国车载收听日均触达率为14.8%，同比下降0.8个百分点；全国居家收听日均触达率为16.4%，同比下降0.5个百分点（见图2）。听众触达规模的回落，以及日均触达率的下降，均体现了广播媒体的影响力在减弱这一严峻的现实。

网络收听影响力的持续大幅提升，持续冲击广播直播流节目的受众人群，并导致广播电台的影响力小幅减弱。各种门类的网络音频节目内容丰

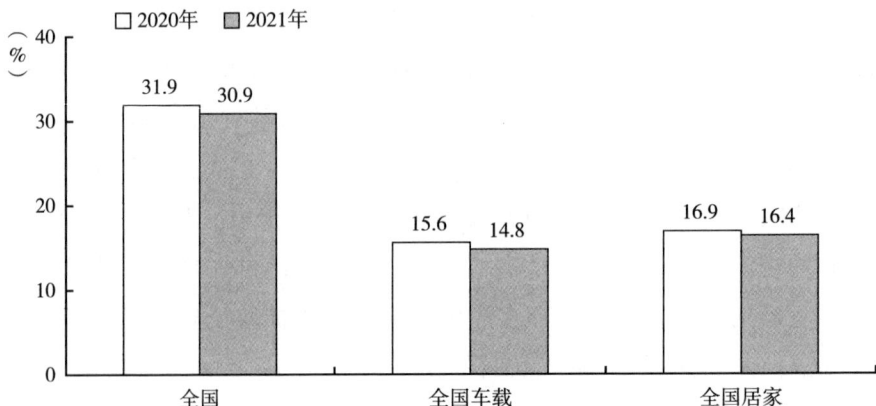

图 2　2020 年和 2021 年全国广播市场日均触达率

资料来源：CCData 全国 35 个城市 RAM 测量仪/日记卡收听率调查，2020～2021；重庆师范大学广播（CCData 音频传媒）研究院。

富多元、娱乐性强，并且伴随平台的智能推荐，以及随意搜索与收听的便捷性，其在"80 后"至"00 后"用户群体中具有明显的竞争优势。相对而言，广播直播流节目虽然具有即时性、动态化、本地化优势，主持人综合素质较高，擅长与听众互动，但是这一音频门类的属性决定了其难以与网络音频节目抗争。这也是近年来以中央广播电视总台、北京广播电视台为代表的官方主流媒体大力打造网络音频平台，对广播直播流节目进行拆条，对品牌节目进行重新包装，以及独立制作网络音频内容如有声书等的主要原因。

（二）车载智能终端与智能手机抢占车载广播听众群

国家统计局数据显示，2021 年，全国私人轿车保有量达到 15732 万辆，同比增长 7.2%（见图 3），虽然增速不高，但是私人轿车保有量的继续增长，为车载收听市场规模的扩展奠定了稳固的用户基础，这也是广播媒体自 20 世纪 90 年代以来持续保持了几十年黄金发展期的根本原因。

但是，情况正在发生变化。一方面，以智能化、高科技为代表的新能源汽车正在悄然改变传统车载收音机的前装市场格局。特斯拉中国制造 Model

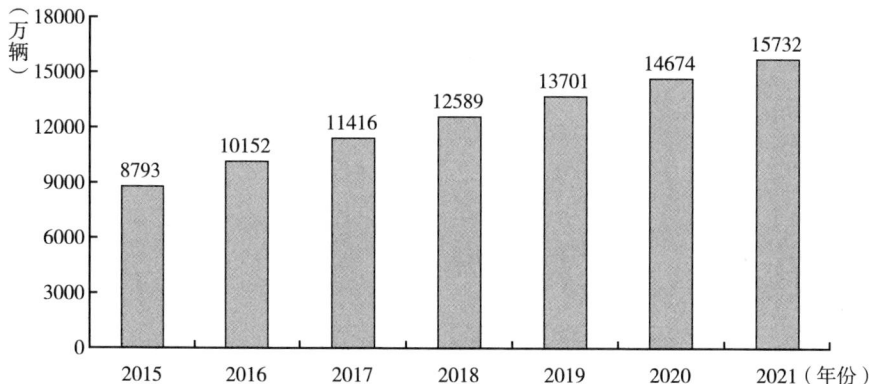

图3　2015~2021年全国私人轿车保有量

资料来源：国家统计局全国年度统计公报，2015~2021。

Y 与新款 Model 3 已取消配置传统车载收音机，用户如果想收听电台，需要通过车机系统的流媒体在线广播进行收听。[①] 而新能源汽车的中控平台多为可视化大屏，实现了由"按键旋钮→有屏→智慧大屏"的转型，车载 FM/AM 广播直播流节目收听迎来了巨大的变革与挑战。相关数据显示，2021年，我国新能源汽车保有量达到 784 万辆，占汽车总量的 2.60%，虽然占比较小，但是增长迅猛，相比 2020 年增长了 151.61%。[②] 新能源汽车保有量的快速增长，将极大地改变私家车车主在车载空间与场景的内容消费版图，对传统车载收听产生一定影响。另一方面，私家车车主在车载空间与场景中不再只是收听广播节目，也会更多地通过智能手机或车载智能终端收听其他网络音频节目，以及使用娱乐/社交 App 等。CCData 调查数据显示，2021年，虽然听广播（车载+网络）仍然是私家车车主在车载空间与场景的首选娱乐方式，占比达到 78.7%，但是同比下降了 10.4 个百分点，其中，听车载广播的比例同比下降了 17.2 个百分点，开车收听广播的内容消费行为已经被网络收

[①] 《即将收费！特斯拉取消传统车载收音机》，新浪网，2021 年 1 月 15 日，http：//k. sina. com. cn/article_ 7480332336_ 1bddcd03000100ut8a. html。

[②] 《全国新能源汽车保有量达 784 万辆》，澎湃政务，2022 年 1 月 12 日，https：//m. thepaper. cn/baijiahao_ 16253358。

听行为与其他网络娱乐行为所分流，导致车载广播影响力大幅下滑。与此同时，听网络广播的比例同比提升了28.4个百分点，至47.2%，听其他音频节目的比例由2020年的3.5%上升至37.0%，看影视剧的比例由2020年的3.6%上升至19.6%，刷抖音与看新闻的比例分别同比下降了13.0个百分点与10.6个百分点，听下载的音乐与听网络音乐的比例分别同比提升了21.0个百分点与13.2个百分点（见图4），车载广播转型势在必行。

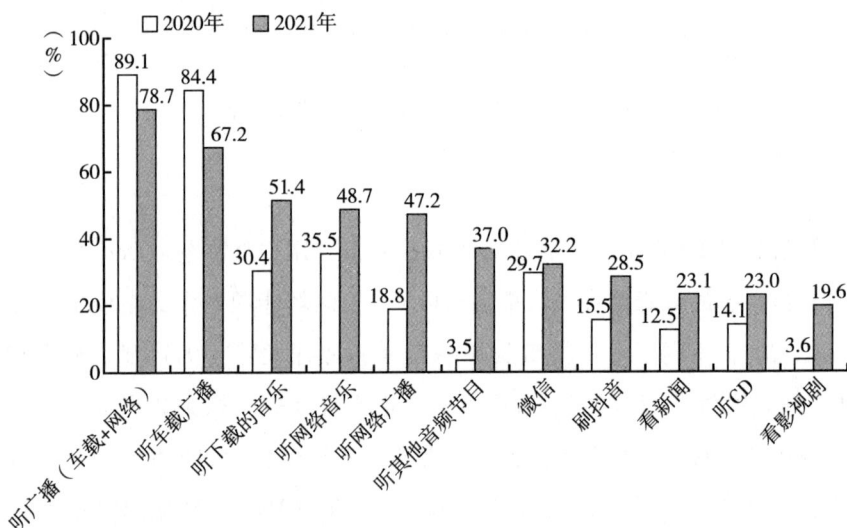

图4 2020年和2021年私家车车主在车载空间与场景的娱乐方式

资料来源：CCData全国音频用户专项调查，2020~2021；重庆师范大学广播（CCData音频传媒）研究院。

2021年，中央广播电视总台的云听App通过嵌入车载系统，推出了云听车机版音频娱乐软件，从云听海量内容库中精选适合车载场景的优质内容，通过AI电台、场景电台和有声书等产品形态，打造全时段、全内容的车载生态系统，为车主提供更优质的车载娱乐体验。[1] 此外，还通过"电台融合功能"实现传统广播电台和网络电台的技术融合，通过"场景化智能

---

[1] 《云听上的中国之声传播新生态》，"云听"百家号，2022年2月16日，https：//baijiahao.baidu.com/s？id=1724884666443648031&wfr=spider&for=pc。

推送"为车主推送新闻、天气、路况、娱乐和本地化资讯等适合车载场景的内容。① 其"互动直播"功能通过语音输入、语音控制等方式，让用户在行车途中也能与全国各地的声咖互动。① 湖南广电官方音频平台芒果动听入驻吉利 GKUI 吉客智能生态系统，加入 Apple CarPlay 车载阵营，并与科大讯飞 iFLYOS 开放平台合作，进驻国内主流智能音响终端，② 通过前装入驻与合作等多种方式，打造车联网与智能收听生态图谱。

二 广播市场听众品质依旧，但高端人群出现流失苗头

（一）中青年、高学历工薪白领仍是主力听众

CCData 调查数据显示，2021 年，全国广播市场听众中，中青年、男性仍然是主力收听人群，听众结构相对稳定。其中，男性听众占比为 56.9%，同比上升 0.8 个百分点，听众性别占比进一步向男性倾斜。年龄构成方面，25~54 岁听众占比达到 71.4%，同比稳中略增，主要是 25~34 岁听众增加所致，其占比同比上升 0.4 个百分点，至 24.4%（见图 5）。

全国广播市场听众以中高学历、中高收入、工薪白领阶层为主。CCData 调查数据显示，2021 年，全国广播市场听众中，受过高等教育的听众占比为 51.0%，同比上升 0.2 个百分点，这部分听众是广播收听的核心群体，高中及以上听众占比达到 81.3%。收入构成方面，听众平均月收入为 4803 元，同比略有增长，其中，月收入 4000 元及以上听众占比为 62.4%，同比稳中略增，主要是月收入 5000~7999 元听众占比增长所致，月收入 8000 元及以上的高收入听众占比同比下降 0.4 个百分点。职业构成方面，以事业单位/政府机关人员和企业管理人员为代表的高端群体占比为 19.7%，同比下降 0.3 个百分点，企业非管理人员和自由职业者/个体工商户是收听的主力，占

---

① 《云听车机版全新推出，专为车载场景打造!》，"互联快科技"百家号，2021 年 9 月 30 日，https：//baijiahao. baidu. com/s? id=1712312401629980993&wfr=spider&for=pc。
② 《芒果动听全力打造芒果车联网新生态》，新浪网，2020 年 7 月 1 日，http：//nc. auto. sina. cn/bdcs/2020-07-01/auto-iircuyvk1435873. d. html。

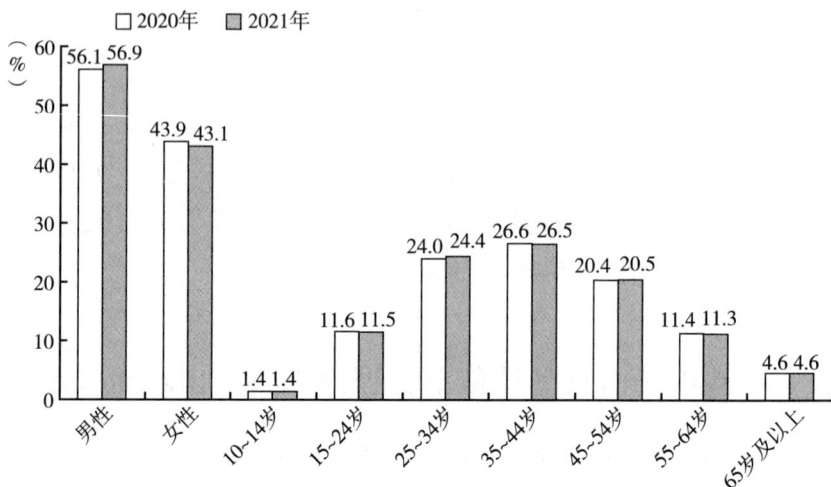

图5　2020年和2021年全国广播市场听众收听轮廓结构（性别、年龄）

资料来源：CCData全国35个城市RAM测量仪/日记卡收听率调查，2020~2021；重庆师范大学广播（CCData音频传媒）研究院。

比为60.5%，退休人员占比为12.4%（见图6）。广播媒体的听众品质依然较高，其核心收听群体同时也是消费市场的主要目标群体。

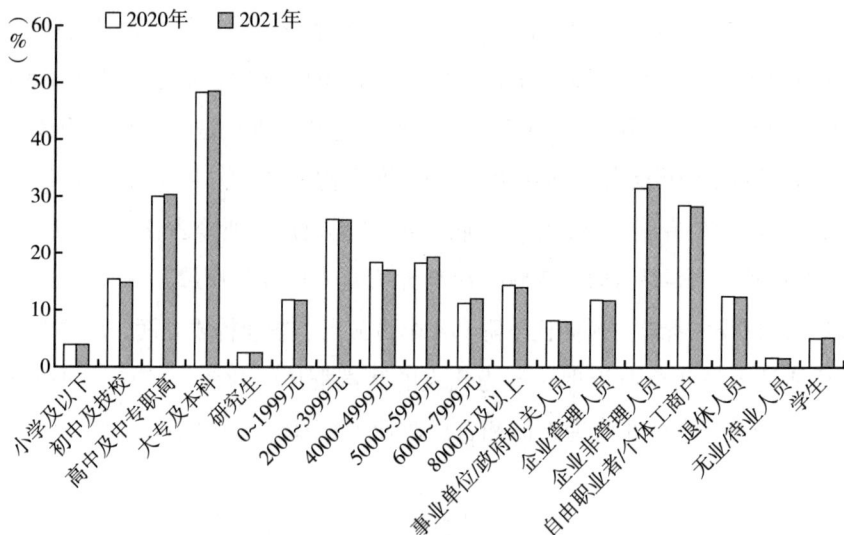

图6　2020年和2021年全国广播市场听众收听轮廓结构（学历、收入、职业）

资料来源：CCData全国35个城市RAM测量仪/日记卡收听率调查，2022~2021；重庆师范大学广播（CCData音频传媒）研究院。

（二）高端人群占比与收听黏性出现下滑危机

在全国车载广播市场，私家车车主对广播媒体接触率与收听意愿的下降，也带来广播听众的收听轮廓结构与收听黏性的变化，高端人群占比与收听黏性出现下滑危机，将在一定程度上影响广播媒体的市场价值与社会影响力。

CCData调查数据显示，在全国车载广播市场，2021年，大专及本科人员、事业单位/政府机关人员与企业管理人员的收听轮廓占比与收听指数同比均有不同程度的下降，其中事业单位/政府机关人员相关指标数据降幅相对较大，收听轮廓占比与收听指数同比分别下降了0.7个百分点与3.4（见表1）。高端人群占比的下降，特别是其收听黏性的下滑，是智能手机与车载智能终端逐步渗透进入车载空间与场景造成的最直接的影响与后果。能否融入车联网内容消费生态，在车载空间与场景中站稳脚跟，关系着广播媒体的生死存亡。

表1 2020年和2021年全国车载广播市场听众收听轮廓占比、收听指数

项目	收听轮廓占比			收听指数		
	2020年（%）	2021年（%）	升降幅度（个百分点）	2020年	2021年	升降幅度
大专及本科人员	55.2	54.7	-0.5	122.9	121.4	-1.5
事业单位/政府机关人员	8.2	7.5	-0.7	103.8	100.4	-3.4
企业管理人员	17.1	17.0	-0.1	180.4	175.9	-4.5

资料来源：CCData全国35个城市RAM测量仪/日记卡收听率调查，2020~2021；重庆师范大学广播（CCData音频传媒）研究院。

三 省级电台占据半壁江山，中央级和市级电台实力增强

（一）省级电台竞争优势明显，市级电台实力逐年增强

CCData调查数据显示，2021年，全国广播市场仍然呈现中央级、省级

和市级电台鼎足竞争的生态格局。省级电台竞争力最强，收听份额达到48.8%，其次是市级电台，收听份额为30.3%，中央级电台收听份额为18.6%。全国广播市场仍然呈现出较为明显的属地收听与竞争的局面，与电视媒体的收视竞争生态呈现出明显的差异。

与2020年相比，省级电台收听份额下降了0.6个百分点，竞争力有所回落，中央级电台与市级电台竞争力均有不同程度的提升，收听份额分别上升了0.3个百分点与0.6个百分点（见图7）；区县级电台竞争力相对较弱，且同比进一步下滑。

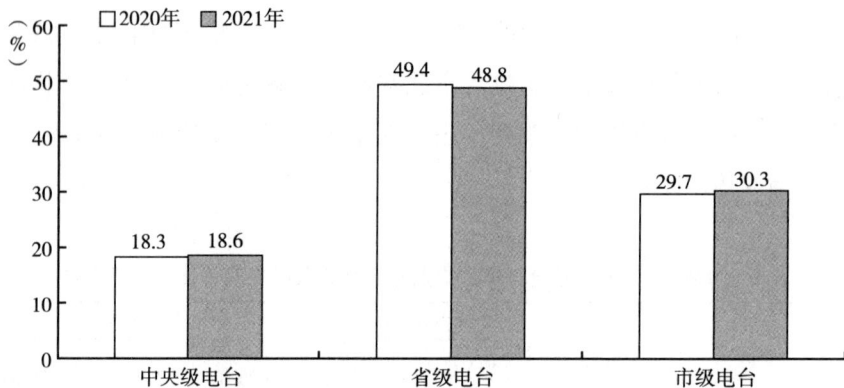

图7　2020年和2021年全国广播市场三级电台竞争力（收听份额）

资料来源：CCData全国35个城市RAM测量仪/日记卡收听率调查，2020~2021；重庆师范大学广播（CCData音频传媒）研究院。

中央级电台凭借其国家级媒体与平台优势，竞争力保持稳定。其旗下各频率中，中国之声、经济之声和音乐之声3套全国覆盖的主频率市场竞争力同比均有不同程度的提升，收听份额分别为7.59%、3.59%和3.73%。中国交通广播继续加强在全国主要城市的落地覆盖，2021年9月，中国交通广播长三角频率开播；相关数据显示，2021年，中国交通广播收听份额为0.88%，较2020年有所提升。中央广播电视总台环球资讯广播收听竞争力同比略有回落，收听份额为0.87%。

省级电台依然具有明显的地域竞争优势，具有作为省级媒体的平台与资源优势，不仅节目制作团队实力雄厚，也具有属地媒体的贴近性与亲和力，历年竞争力虽有所波动，但整体仍然相对稳定。市级电台近3年收听竞争力持续上升，从2019年的29.4%上升至2021年的30.3%，提升了近1.0个百分点，其节目定位与省级电台形成一定的同质化竞争，相对于省级电台具有更强的本地市场贴近性与亲和力，在一定程度上给省级电台带来了较大的竞争压力。

（二）中央级电台在一线城市表现突出，省市级电台在下线城市优势更大

三级电台在不同城市线级广播市场竞争力呈现出明显的差异，中央级电台在一线城市竞争力最强，省级电台在三线城市竞争力最强，市级电台在新一线城市与二线城市竞争力最强。CCData调查数据显示，2021年，中央级电台在一线城市收听份额达到23.9%，比全国收听份额高出5.3个百分点，在新一线城市和三线城市竞争力大体相当，收听份额均超过19.0%，在二线城市竞争力相对偏低，收听份额为12.1%；省级电台在下沉市场表现更为抢眼，在二线城市与三线城市收听份额均超过52.0%，在一线城市收听份额为49.9%，在新一线城市竞争力相对略弱，收听份额为45.6%，比全国收听份额低3.2个百分点；市级电台在新一线城市与二线城市竞争力相当，收听份额均为32.7%，在一线城市竞争力相对最弱，其次是三线城市（见表2）。

表2 2021年全国不同城市线级广播市场三级电台竞争力（收听份额）

单位：%

项目	一线城市	新一线城市	二线城市	三线城市
中央级电台	23.9	19.3	12.1	19.4
省级电台	49.9	45.6	52.7	54.6
市级电台	23.8	32.7	32.7	24.9

资料来源：CCData全国35个城市RAM测量仪/日记卡收听率调查，2021；重庆师范大学广播（CCData音频传媒）研究院。

四 "三驾马车"格局依旧，新闻与生活频率提升明显

（一）交通、音乐、新闻类频率继续占据主导位置

CCData 调查数据显示，在全国广播市场，交通、音乐、新闻类频率作为三大主流类型频率，依然保持强大的竞争优势。2021 年，三大主流类型频率收听份额合计达到 70.7%，同比提升 2.1 个百分点，听众继续向三大主流类型频率集中。

其他类型频率中，经济、生活、文艺、私家车、综合类频率均凭借其特色定位，在广播市场聚拢了一部分听众资源，满足了大家的多元化收听需求。但是，这些频率定位与内容的小众化或泛化，决定了它们难以与交通、音乐、新闻三大主流类型频率竞争，只能在三大主流类型频率的引领下作为各地广播媒体进一步拓展市场影响力与受众规模、提高广告经营收入的辅助频率。

（二）交通、新闻类频率竞争力稳步提升，音乐类频率竞争力回落

CCData 调查数据显示，2021 年，三大主流类型频率中，交通、新闻类频率收听份额同比分别提升了 0.7 个百分点、1.5 个百分点，分别达到 24.5% 与 22.7%（见图 8、图 9）。

在新冠肺炎疫情等因素的影响下，大家对新闻资讯信息的需求增加，新闻类频率的受众关注度提升明显，从 2019 年的 20.7% 提升至 2021 年的 22.7%，提升了 2.0 个百分点。

交通类频率的竞争力在近几年稳步回升，收听份额从 2018 年的 22.0% 提升至 2021 年的 24.5%，提升了 2.5 个百分点，但是较 2017 年的峰值水平（26.2%）仍有一定的差距。在地图导航软件兴起、交通拥堵等外部因素的影响下，大家对交通类频率路况信息的收听需求与依赖度下降，但交通类频

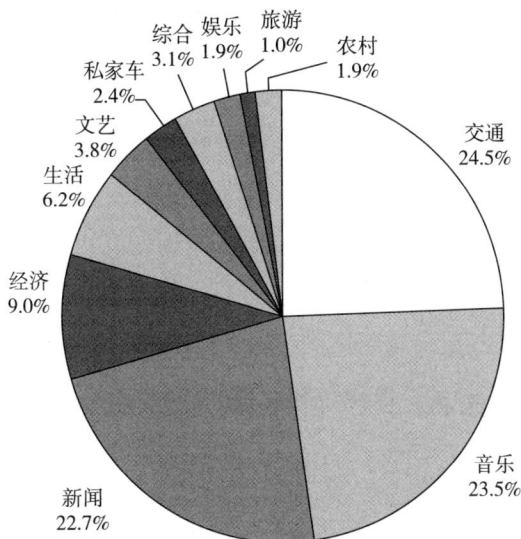

图8 2021年全国广播市场主流类型频率竞争力（TOP10类型频率收听份额）

资料来源：CCData全国35个城市RAM测量仪/日记卡收听率调查，2021；重庆师范大学广播（CCData音频传媒）研究院。

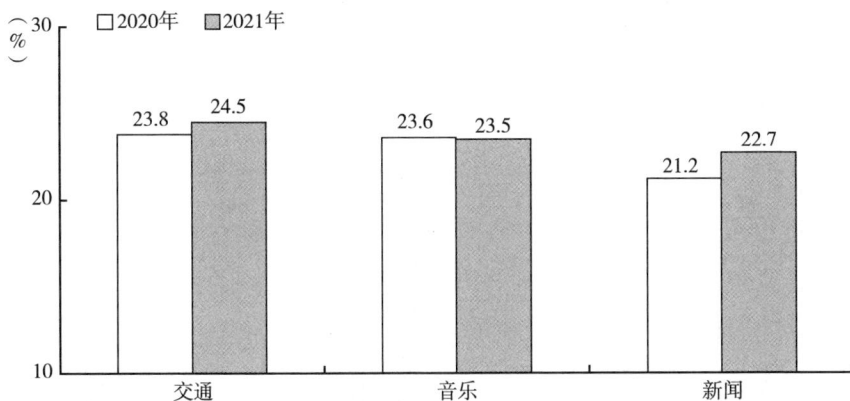

图9 2020年和2021年全国广播市场三大主流类型频率竞争力（收听份额）

资料来源：CCData全国35个城市RAM测量仪/日记卡收听率调查，2020~2021；重庆师范大学广播（CCData音频传媒）研究院。

率凭借娱乐与资讯脱口秀，以及汽车服务类节目的强势表现，仍然巩固了自身的市场竞争力。

143

2021 年，音乐类频率整体竞争力稳中略降，收听份额为 23.5%，但是其在广播收听的主力市场——车载广播市场的竞争力出现了明显的下滑，车载收听份额为 25.7%，虽然仍位居榜首，但是较 2020 年下降了 1.3 个百分点，其是三大主流类型频率中唯一竞争力下滑的频率。而新闻类频率在车载广播市场的收听份额同比提升了 1.8 个百分点，听众关注点转移是音乐类频率收听竞争力下滑的主要原因。与此同时，音乐类频率虽然在车载广播市场位居榜首，但是单频率的竞争力不如交通类频率，后者仍然是大部分城市广播市场的收听首选频率。

（三）经济、生活、文艺类特色频率收获更多青睐

CCData 调查数据显示，位居市场中游的经济、生活、文艺类特色频率表现相对较好。2021 年，在全国车载广播市场，经济类频率竞争力同比稳中略升，收听份额达到 8.3%；生活类频率收听份额同比上升 1.4 个百分点，达到 7.2%；文艺类频率收听份额同比上升 0.6 个百分点，达到 3.2%。2021 年，经济、生活类频率在全国居家广播市场的竞争力也均有不同程度的提升，其中经济类频率居家收听份额达到 10.0%，远高于其在车载广播市场的收听份额（见图 10）。

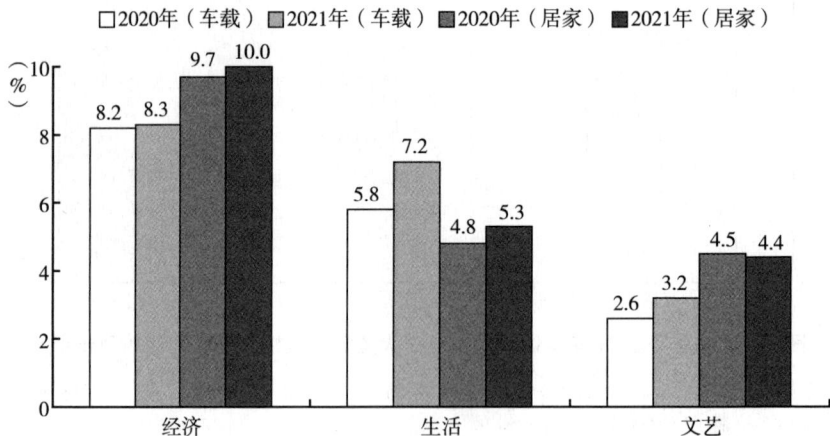

图 10　2020 年和 2021 年全国广播市场经济、生活、文艺类频率竞争力（收听份额）

资料来源：CCData 全国 35 个城市 RAM 测量仪/日记卡收听率调查，2020~2021；重庆师范大学广播（CCData 音频传媒）研究院。

结合交通、音乐、新闻类频率的竞争力表现可以看出，一方面，全国广播收听进一步向以交通、新闻类频率为代表的内容驱动型强势频率集中；另一方面，以经济、生活、文艺类频率为代表的特色频率也得到了一部分听众的青睐，具有较强的生命力。对于广播媒体而言，在进行融合转型的过程中，需要整合频率资源，将更多的精力与资源投入融合传播的大业。去产能，去粗创精，减少同质化竞争，减少消耗，淘汰市场影响力、收听竞争力与经营创收能力偏弱的频率势在必行。

近几年，在移动互联网的冲击下，全国部分省份的报业媒体停刊或休刊，地市级电视媒体的频道精简或停播。未来几年，全国广播媒体也将面临"壮士断腕"、去产能、关停整合的严峻形势。需要提前准备、主动布局，站在媒体融合、增强主流媒体舆论引导力与全网影响力的高度上进行频率资源整合，淘汰弱势频率，将优质资源与人力集中在强势频率与特色频率上，生产更多的优质与特色节目。

（四）不同城市线级频率竞争格局差异明显

CCData 调查数据显示，2021 年，三大主流类型频率中，音乐类频率在一线城市竞争力最强，收听份额达到 28.2%，随城市线级下行竞争力逐步下降。新闻类频率在三线城市竞争力最强，收听份额达到 25.9%，其次是一线城市，在二线城市相对偏弱。交通类频率在三线城市竞争力最强，收听份额达到 32.1%，在一线城市竞争力相对略弱。整体而言，一线城市受众最喜欢收听音乐类频率，三线城市受众对交通、新闻类频率更为偏爱。

其他类型频率中，综合类频率在一线城市竞争力相对更强，收听份额达到 4.3%。经济、私家车类频率在新一线城市竞争力相对突出，收听份额分别达到 11.1% 与 3.6%，其中经济类频率在一线城市竞争力偏弱，收听份额仅为 5.5%。生活、娱乐类频率在二线城市竞争力较高，收听份额分别达到 10.4% 与 2.9%。文艺类频率在新一线城市与二线城市竞争力相当，收听份额均为 4.2%，在三线城市竞争力相对偏弱。旅游、农村类频率在三线城市竞争力相对最强，收听份额分别达到 2.6% 与 1.8%。在市场中游特色频率中，二线城市受众对经济、生活、娱乐、文艺类频率相对更为偏爱，一线城市与三线城市受众对广播频率的收听偏爱存在明显的差异（见表3）。

表3 2021年全国不同城市线级广播市场主流类型频率竞争力（收听份额）

单位：%

项目	一线城市	新一线城市	二线城市	三线城市
音乐类频率	28.2	22.5	21.4	18.8
新闻类频率	23.6	21.7	18.3	25.9
交通类频率	20.9	25.2	25.1	32.1
生活类频率	7.4	3.1	10.4	6.2
经济类频率	5.5	11.1	8.5	9.5
综合类频率	4.3	3.0	2.5	—
文艺类频率	2.9	4.2	4.2	1.9
娱乐类频率	1.6	1.7	2.9	—
旅游类频率	0.7	0.9	1.2	2.6
农村类频率	0.3	1.0	1.2	1.8
私家车类频率	—	3.6	2.8	—

资料来源：CCData全国35个城市RAM测量仪/日记卡收听率调查，2021；重庆师范大学广播（CCData音频传媒）研究院。

五 收听集中度稳定，交通类频率稳居头部，车载集中度更高

（一）城市广播市场竞争格局稳定，收听集中度稳中略升

CCData调查数据显示，2021年，在全国主要城市广播市场，TOP5频率收听份额平均达到59.9%，与2020年相当，略有提升，各广播市场整体收听格局基本稳定。其中，上海、天津、济南广播市场的TOP5频率收听份额超过80.0%，收听集中度较高。合肥、长沙、西安、厦门等广播市场的收听集中度相对偏低，TOP5频率收听份额最低仅为39.3%。

分城市线级数据中，三线城市与一线城市 TOP5 频率收听集中度相对较高，收听份额分别达到 28.2% 与 27.5%，新一线城市与二线城市 TOP5 频率收听集中度相对偏低，收听份额分别为 21.4% 与 18.1%，不同城市线级广播市场收听集中度呈现较为明显的差异。相对来说，二线城市广播市场听众收听选择更为多元化，频率发展相对均衡，市场中游频率有更多的提升空间。

与 2020 年比较，57.1%（20 个）的城市收听集中度进一步提升，TOP5 频率收听份额提升量最大的 5 个城市依次是郑州、福州、武汉、兰州、呼和浩特，同比分别提升 4.5 个百分点、2.8 个百分点、2.7 个百分点、2.6 个百分点、2.3 个百分点。各城市中，南京、上海广播市场 TOP5 频率收听份额下滑量相对较大，同比均下降 3.8 个百分点（见图 11）。

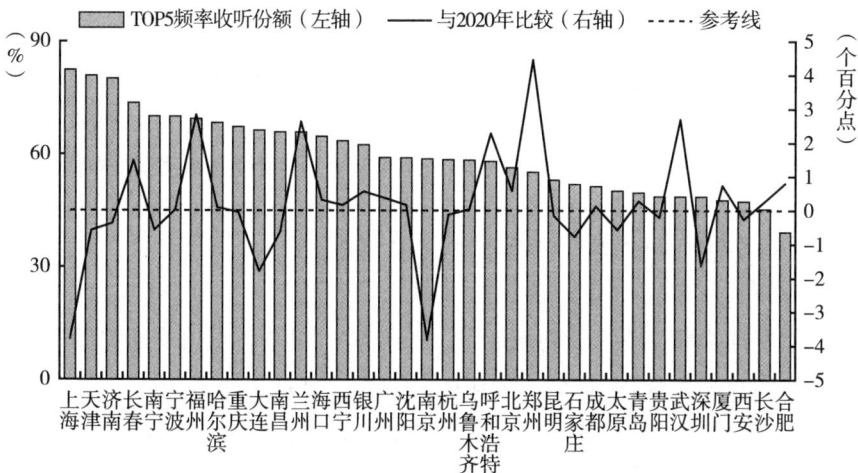

图 11　2021 年全国主要城市广播市场频率竞争力（TOP5 频率收听份额）

资料来源：CCData 全国 35 个城市 RAM 测量仪/日记卡收听率调查，2021；重庆师范大学广播（CCData 音频传媒）研究院。

（二）交通类频率稳居各地收听头部，车载竞争力更为强势

CCData 调查数据显示，2021 年，交通类频率仍然是各城市广播市场听

众收听的首选频率。在全国主要城市广播市场，大部分城市的榜首频率是交通类频率，占比达到88%（见图12），与2020年相同。各城市榜首频率分布保持不变，竞争力依然强势，凸显出广播媒体的稳定收听特点。

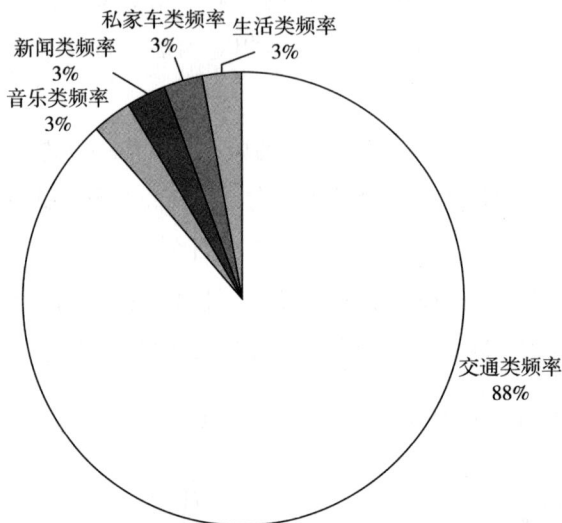

图12 2021年全国主要城市广播市场频率竞争力（榜首频率类型分布）

资料来源：CCData全国35个城市RAM测量仪/日记卡收听率调查，2021；重庆师范大学广播（CCData音频传媒）研究院。

虽然交通类频率在大部分城市均位居榜首，但是各城市交通类频率的竞争力呈现明显的不均衡现象，单频率收听份额最高达到34.7%，最低仅为9.2%，平均收听份额为18.3%，显示出不同城市的频率资源配置及收听竞争格局的巨大差异。在交通类频率的主场——车载广播市场，交通类频率收听份额最高达到38.0%，平均收听份额为19.1%，交通类频率在车载广播市场竞争优势更为明显。

在各城市广播市场中，交通类频率通常只有省市级电台交通广播，但音乐类频率数量众多，在类型细分过程中，音乐类频率出现了流行音乐广播与经典音乐广播，因此音乐类频率的整体竞争力具有一定的优势，但是就单频率而言，交通类频率仍然是各城市广播市场的王者。

六　广播媒体版权意识增强，商业音频平台
调整算法规则规避风险

（一）广播媒体版权意识增强，业内资源互换成为新风向

长期以来，作为音频媒体的广播媒体一直疏于对内容版权的认知、管理与保护。为了增强网络传播影响力，广播电台纷纷将自己的优质直播流节目资源免费提供给诸如蜻蜓 FM、喜马拉雅等的商业音频平台。但是，随着移动互联网与移动收听市场对传统收听市场的渗透与挤压，各广播电台逐渐意识到，将直播流节目资源免费提供给商业音频平台，只是为商业音频平台免费"做嫁衣"，为其积攒宝贵的广播用户流量，而广播电台自身自始至终无法获得任何的收益，甚至导致听众资源被分流，影响力被稀释。商业音频平台在依靠直播流节目资源丰富音频内容、聚拢用户流量后，逐渐重视自制版权内容，通过下调界面级别等来减少对广播电台直播流节目资源的依赖。

随着版权意识的增强，在建设自有客户端的过程中，各地广播媒体纷纷加强对自有版权节目的保护。其中，中央广播电视总台作为中央级电台，其版权保护策略值得借鉴学习。2019 年，其发布了《关于加强版权资产保护的声明》。2021 年 4 月 6 日，其"CMG 版权交易中心 1.0 版"在上海正式上线。2021 年 12 月，其总经理室正式授权央广传媒集团有限公司在车联网系统独家经营其广播频率直播流内容，意味着其拥有、控制、管理的已有电台频率和未来新增电台频率接入车机播放服务（含直播、延迟收听）时，均须通过云听车载系统或与央广传媒集团有限公司达成合作。之后，央广传媒集团有限公司要求各汽车厂商及商业音频平台在车载系统中下架没有获得版权授权的中央广播电视总台广播音频节目，为其迅速占领车机市场奠定了坚实的基础。2021 年 10 月 14 日，北京广播电视台牵头举办中国声音探索者大会，该大会专门开设了音频版权分论坛，会上大家重申了加强广播音频节目版权保护的重要性与必要性，共同探讨音频版权中的痛点、难点问题，

为更好地通过知识产权保护制度促进音频行业的发展建言献策。

对于广播媒体而言，版权保护主要针对的是商业音频平台，对于行业内各广播电台而言，大家通过组建行业联盟或协会等进行资源共享，以便扩充音频内容资源。中央广播电视总台曾提出，将其所有的音频节目资源免费授权给地方广播电台使用。北京广播电视台听听 FM 发起成立"融媒体声音联盟"，与其他城市电台共享广播剧、歌曲等大量优质资源，该联盟已覆盖全国 20 多个省份的近 60 家广播电台。通过资源共享，在一定程度上缓解了音频节目资源不足的问题，促进了广播媒体整体影响力的增强。

（二）商业音频平台调整算法规则，规避广播节目版权风险

2021 年 12 月，作为商业音频头部平台的喜马拉雅大幅调整了对广播直播流节目收听人数的算法规则，导致广播频率在喜马拉雅平台的收听人数数据出现了指数级下滑。CCData 监测数据显示，2021 年 12 月，全国 241 套在喜马拉雅平台有直播流节目入驻的广播频率中，各频率整体收听人数为3215 万人，较上月的 14036 万人下降了 77.1%。此外，单频率平均收听人数从 58 万人降至 13 万人，中央级电台 TOP1 频率收听人数从 2371 万人降至786 万人，省级电台 TOP1 频率收听人数从 262 万人降至 56 万人，市级电台TOP1 频率收听人数从 113 万人降至 21 万人，整体降幅为 66%～82%（见表 4）。

表 4　2021 年 11 月和 12 月全国广播频率在喜马拉雅平台的收听人数

单位：万人，%

项目	2021 年 11 月	2021 年 12 月	升降幅度
整体收听人数	14036	3215	-77.1
单频率平均收听人数	58	13	-77.6
中央级电台 TOP1 频率收听人数	2371	786	-66.8
省级电台 TOP1 频率收听人数	262	56	-78.6
市级电台 TOP1 频率收听人数	113	21	-81.4

资料来源：CCData 全国广播频率融媒传播全网监测及效果评估，2021 年 11～12 月；重庆师范大学广播（CCData 音频传媒）研究院。

　　商业音频平台算法规则的调整，以及数据的大幅度下降，在一定程度上与近年来广播媒体加强对于版权节目资源的保护存在一定的关系。一旦广播电台开始对商业音频平台的直播流节目资源进行付费授权，庞大的数据量在一定程度上就意味着巨额的版权费用。因此，不排除商业音频平台为规避或减少广播节目版权风险与成本而调整了算法规则。通过这一事件，再一次证明了广播媒体需要建立自主可控的网络发声平台的重要性与必要性。

　　回首2021年，在移动互联网与车联网的持续冲击下，传统广播媒体的影响力与竞争力并未随着音频传媒市场整体用户规模的增长而增强，反而出现了减弱趋势。其中，车载空间与场景的争夺尤为激烈。虽然各城市广播市场的频率竞争格局与用户品质整体保持稳定，但是用户规模与收听黏性的下降，反映直播流节目的发展遇到了严峻的挑战。一方面，需要加强、加快与车联网和移动互联网的融合，提升自有独立音频节目的策划与制作能力，跳出直播流节目窠臼；另一方面，需要通过加强针对商业音频平台的版权保护与人力资源保护，并加强业内各广播电台的合作交流与资源共享，共同做大广播媒体的市场蛋糕。这样才能在未来真正站住阵脚，获得持续发展，在移动互联网与车联网的主阵地担当主力军。

B.9
中国广播面临的挑战及发展趋势预判

赵随意　王思文*

摘　要： 在发展的历史长河中，中国广播事业在国家舆论宣传、社会信息服务与社会治理等方面发挥了重要作用。但随着技术的发展、内容产品的丰富、受众阅听习好的多元化以及传播形态的移动化，中国广播事业遇到了前所未有的挑战。广播媒体要想在技术的浪潮中继续发展，离不开正确的发展战略定位、产品向产业的垂直化转化、广播IP的深耕挖掘、线下活动的推广、智库建设与权威指数发布、"内容为王，精品至上"的理念坚持、经营创收模式的创新以及向全媒体产品生态和产业的发展。

关键词： 数字技术　媒体策略　垂直化产业

在近百年的发展历史中，中国广播事业在国家舆论宣传、社会信息服务与社会治理等方面发挥了重要作用。2021年是"十四五"开局之年，也是中国广播事业发生深刻变革的重要历史节点。未来广播媒体的发展方向在哪里？未来广播媒体应该怎样做？未来广播媒体发展的抓手是什么？本报告深入分析了目前广播媒体遇到的问题，对广播媒体未来的发展方向进行了大胆的预判。

---

* 赵随意，广东省广播影视协会副会长，暨南大学新闻与传播学院讲座教授；王思文，浙江传媒学院新闻与传播学院讲师、硕士生导师。

一 传统广播媒体面临的四大挑战

广播媒体耀眼的光芒消失了，究其原因，主要是技术环境升级化、内容产品丰富化、阅听习好多元化、传播形态移动化等对广播媒体产生了巨大影响，而且这些影响是不可逆的。

（一）互联网技术的不断发展，将传统广播技术挤压在墙角是挑战之一

广播自诞生以来，就以其独特的技术优势雄踞世界前列，从模拟通信技术进入数字化阶段后，广播媒体的优势逐渐减弱。2008年，我国逐步普及3G通信技术。2013年底，4G通信技术的运用在我国全面铺开。从1G到2G，实现了模拟通信到数字通信的过渡，移动通信走进了千家万户；从2G到3G、4G，实现了语音业务到数据业务的转变，传输速率成百倍提升，促进了移动互联网应用的普及和繁荣。2019年，5G通信技术在中国全面建设，其功能完全超越了传统广播媒体线性传播。5G有三大类应用场景：一是增强移动宽带（eMBB），主要面向移动互联网流量爆炸式增长需求，为移动互联网用户提供更加极致的应用体验；二是超可靠低时延通信（uRLLC），主要面向音视频信号传送、自动驾驶等对时延和可靠性具有极高要求的垂直化行业应用需求；三是海量机器类通信（mMTC），主要面向智慧城市、智能家居等以传感和数据采集为目标的应用需求。所以，传统广播技术的单一、固化、单向线性，被互联网技术的多元、移动、双向等特性挤压在墙角。

（二）互联网技术的不断升级催生众多音频平台，为音频内容传播提供更广阔的空间，使传统广播媒体唯一变为之一是挑战之二

在摩尔定律、吉尔德定律、麦特卡尔夫定律的联合作用下，互联网技术以不可阻挡之势，碾压着传统音频传播技术，给予了更多音频平台机会。

2011年9月蜻蜓FM建立，2012年8月喜马拉雅建立，2013年荔枝FM建立，之后云听、阿基米德、听听FM、粤听、花城FM、花生FM等一大批音频综合平台相继建立，还有一批专业音频服务平台，如音乐音频平台QQ音乐、酷狗音乐、网易云音乐、酷我音乐等。除此之外，用户喜欢的音频平台还有企鹅FM、懒人畅听、得到、樊登读书、番茄畅听、微信听书、酷我畅听等。由于互联网具有强链接功能，中国互联网科技公司也相继推出一批AI音频播放器，如小米"小爱同学"、华为"小艺同学"、腾讯"9420"、百度"小度"、阿里"天猫精灵"等。这些AI音频播放器有以下特点：一是与全域互联网强链接，招之即来，来只有声，声为我愿；二是每款AI音频播放器都是高度智能化的，其爬虫收集能力极强，只要你喊出所需内容，相关内容即刻呈现；三是服务意识与伴随功能大大超过传统广播收音机，如定时开机、信息查询、天气预报、音乐欣赏等。所以，传统广播媒体的信息优势、服务优势、娱乐优势、伴随优势的"唯一性"，均被互联网技术转变为"之一性"。

（三）互联网技术的普及率不断提高，互联网音频节目"应有尽有"，将专业广播人置于竞争地步是挑战之三

工业和信息化部发布的数据显示，截至2020年底，中国固定宽带家庭普及率已达到96%，移动宽带用户普及率达到108%。[①] 我国互联网技术的普及率是非常高的，这为音频平台及内容产品发展奠定了坚实的基础，尤其是在内容丰富性和多元化上起到了支撑作用。目前，互联网音频作品数不胜数。新闻信息类有《新闻早餐》《新闻来了》《新闻快报》《新闻酸菜馆》等。大咖专栏类有《吴晓波频道》《罗辑思维》《冬吴同学会》《观复嘟嘟》《蛋解创业》等。商业财经类有《36氪·氪金大事件》《齐俊杰看财经》《王冠红人馆》《华商韬略｜听商战》《虎嗅·商业有味道》等。休闲信息

---

① 《工信部：我国固定宽带家庭普及率已达到96%，移动宽带用户普及率达到108%》，"黑龙江日报"百家号，2021年3月1日，https://baijiahao.baidu.com/s? id = 169300885 1752006770&wfr=spider&for=pc。

类有《搜狐娱乐播报》《一点资讯》《十点读书会》《大奉打更人》《大凯说》等。娱乐艺术类有《德云社》《深夜小茶馆》《段子来了》《金粉》《单田芳经典》等。文化杂谈类有《观棋有语》《政事堂》《九边》《百家讲坛·曾仕强》等。儿童类有《米小圈上学记》《晚安妈妈睡前故事》《小猪佩奇》《儿童睡前故事》等。音乐类有《雨声漫步》《越听越经典》《那些年追过的歌》《总有这样的歌只想一个人听》等。"应有尽有"是互联网音频节目的最大特点，这些音频节目集社会顶级人才资源、社会最多题材资源、社会顶级制作资源于一体，传统广播如何能抵挡住其汹涌澎湃之势？此为挑战之三。

（四）互联网为音频平台提供了云存储等技术，流媒体内容供用户任意选择，将传统广播节目线性传播稍纵即逝的形态置于尴尬境地是挑战之四

互联网为所有音频平台提供了云存储、大数据、AI 和流媒体传播技术，音频平台只要服务器存储空间足够大或数量足够多，宽带承载力也足够强，就可以实现海量级无限云储存。加之算法掌握数据规模大，AI 技术应用丰富，移动接收设备日趋多元化，移动流媒体传播体验感也随之不断提升。更重要的是，互联网有着强链接功能，充分满足了以下需求。一是在情感式互动感方面的享受。移动设备便利了情感的表达，可以进行即时同步双向及多向互动传达，如表达个人意见、发表评论、参与互动游戏、参与投票等。二是在沉浸式体验感方面的享受。由于是移动终端设备接收内容，所以沉浸式体验感成为一个高标准的要求，逼真、原始、清晰、立体、真实等成为硬性要求，如 SQ 和 QH 无损音乐、高速率声响作品、高还原原创音效等。三是在贴切式获得感方面的享受。在大数据的支持下，个性化服务成为互联网的最大特质之一。根据每人的生活偏好画像，充分体现 B2C 或 C2C 的贴切式服务，让每一位用户的获得感和幸福感不断提升。比如，每人一界面，每人一方案，每人一措施，等等。四是在伴随式任意感方面的享受。在互联网海量级云存储技术赋能下，音频数量无限增加，

音频质量无限提高，为用户提供广阔的选择空间，随时听想听的作品，可反复收听，也可下载收听，还可以转发给好友收听。互联网音频更具伴随式特点，收听更具有任意感。打破了传统广播只能按照节目表收听的线性传播规律，所以互联网技术将传统广播节目线性传播稍纵即逝的形态置于尴尬境地。

二 未来广播媒体发展趋势的八大预判

未来广播媒体的发展方向在哪里？未来广播媒体应该怎样做？未来广播媒体发展的抓手是什么？本报告针对以上问题从以下方面进行预判。

（一）正确的广播媒体发展战略定位

习近平总书记指出："在新的时代条件下，党的新闻舆论工作的职责和使命是：高举旗帜、引领导向，围绕中心、服务大局，团结人民、鼓舞士气，成风化人、凝心聚力，澄清谬误、明辨是非，联接中外、沟通世界。"[①]"战略先行，定位准确"是广播媒体突破重围的重点，应牢记"国之大者"办好广播媒体战略定位的四个要点。一是向智慧媒体发展。推动新闻信息智能化收集，采访编辑云端 AI 自动剪辑生成，尤其是精准传播体系建设，将广播媒体变成具备思考、感知、识别等多维度功能的智能媒体，使之能主动寻求目标受众并融入受众的社会关系网，引发核裂变式传播。能够根据用户情绪和偏好画像，主动提供信息传播服务。[②] 二是向移动传播转型。移动端已成为媒体传播的主战场，主战场要上主力军。手机终端就是广播媒体的主战场，在手机终端取得胜利是关键。所以，内容产品要尊重互联网泛娱乐亚文化现象，传播手段要尊重互联网客观传播规律，传播理念要尊重互联网指数级增长思维方式等。三是向数字优先发展。传统广播媒体的最大问题之一

---

① 《习近平谈治国理政》第 2 卷，外文出版社，2017，第 332 页。
② 《智慧媒体是什么意思》，传播蛙网站，2021 年 6 月 5 日，https：//www.wlcbw.com/56456.html。

就是依靠主观判断太多，依靠数字决策和判断太少，在数字优先方面，应把握好云计算、大数据新基建项目建设机会，决策要依靠数据，产品和产业布局要以数据为依据。搭建起数字经济平台，建设用户生活习性和偏好画像中心，运用已知数据为用户提供有算法的个性化服务。四是向用户需求转变。广播媒体是最需要供给侧结构性改革的行业，一定要尽早落实以用户需求为改革导向的思维布局。用户需求导向将调整广播媒体新供给，用新供给带动广播媒体新转型，用新转型改变广播媒体新业态，用新业态打造广播媒体新局面。让用户的获得感、体验感、交互感、愉悦感、幸福感得到最大的满足。

（二）将传统广播产品转化为垂直化产业

传统广播节目横向化现象较严重，存在不具象、不细化的问题，节目没有根据用户需求、数据算法和市场占有等来编排，而是依据已有人员、按照主观感觉和认为能有市场等来编排。所以，广播媒体每况愈下，某些时段的收听人群，还没有观看短视频的人多。要改变现在这个局面，一定要将传统广播产品转化为垂直化产业，要点有四。一是抓住大定位下的垂直细分小领域。突出定位、专业、精细、差异。二是分析用户需求，寻找能满足用户需求的人才。突出服务、精准、个性、体验。三是依据准确可信的大数据生成决策依据。突出爬虫、去重、归纳、使用。四是通过纵深挖掘将传统广播产品转化为垂直化产业。突出流量、表现、留存、复购。专注传统广播垂直领域的闭环性、职业性、擅长性、最优性特点，确保传统广播持续发力。关键是深耕细作、精益求精、差异化发展。要明白有产品不等于成功，能发展起垂直化产业才是根本。由过去的横向粗放型单一产品形态转型升级为纵向集约化的垂直化产业集聚模式才是发展之道。

（三）充分利用IP，不断深耕挖掘发展

在多年经营下，广播电台塑造了一大批IP，有节目、活动、播音员、主持人、记者、编辑、标志、名称、冠名、著作权等，门类众多，不胜枚

举。但是，不会开发、不会利用和不会拓展是普遍问题。因为不懂互联网的强链接和强关联的运作方法，与发展壮大的机遇擦肩而过，错失良机，此时悔恨莫及，徒唤奈何。托尔斯泰有一句名言："改过迁善从不嫌迟。"能将自己的缺点改正，将来会变得更好。因此，广播媒体不能再忽视 IP 的作用与功能，在利用 IP 的工作上，要改变现状、奋起直追。

IP 工作应注意以下四点。一是凝聚 IP 品牌价值、提升 IP 内容质量。将有 IP 品牌价值的产品锁定，为巩固 IP 内容受众，需要不断更新换代，让用户爱不释手。二是塑造 IP 人格形象、增加 IP 获客流量。要重视塑造 IP 的人格形象，强化 IP 与用户的强链接和强关联，增加 IP 的获客流量。三是布局 IP 产经体系、打通 IP 商业渠道。布局适合自己的 IP 产经体系，摸索出一套市场化程度高、具有可操作性的垂直商业模式。四是扩大 IP 粉丝社群、形成 IP 生态闭环。巩固扩大 IP 粉丝社群，培育粉丝经济平台，逐步形成"唯一"差异化、可持续发展的 IP 生态闭环。广播媒体机构要多渠道、全方位地推进 IP 产业发展，为颇具影响力且具有市场前景的 IP 建立工作室；为颇具影响力且市场前景好，但有一定风险的 IP 成立有限责任公司；对于涉及其他领域和行业市场机遇很大的 IP，可以考虑成立合作股份有限公司。在 IP 打造模式上，没有最好的，只有最适合自己的。

（四）线下活动的推广

在线下活动层面，广播媒体人常说："做能看得见的广播。"那么，当下和今后的广播媒体人应该是"既要看得见，还要有钱赚，还能有链接，更要有留存、能复购"。策划活动是广播媒体本土化的最佳方式之一，目前，广播节目部门活动很多，但是收入空空如也，只赚吆喝不赚钱；活动人、财、物投入力度不小，但是回报不成比例；多数活动热闹一时，却不能持续发酵和延伸，"昙花一现，不见韦陀"。所以，用传统观念策划广播媒体线下活动需要总结经验，进行反思。应从四个方面进行变革。一是树立正确思想观念，重大事件活动不缺位。近些年重大活动的广播直播数量呈下降趋势，缺位现象比较严重，要想得到地方党委和政府的扶持，一定要走在前列。二是用成本倒推法策划活动，不亏钱能赚钱是根本。目前，一般性活动亏本情况较为严重，一定要坚持用成本倒推法来策划落实活动，不能亏钱是底线，搞活动能够保住成本之外还有一定利润结余是持续发展的根本。三是不断扩大私域流量池，向指数级增长发展。几十年的广播媒体经营积聚了可观的公域流量，怎样将公域流量逐步转化为私域流量，是广播媒体人要考虑的重点问题。通过线下活动链接掌握用户数据和偏好是重要手段，目的是为互联网指数级增长奠定基础。四是巩固已有流量留存度，保持忠诚用户复购率。所有活动都不能忽略公域流量和私域流量两个维度。广播媒体应使用户获得五感，即参与感、获得感、存在感、认同感、荣誉感，有了这五感，流量留存度即可得到巩固，甚至提升。促使用户持续有兴趣、有意愿地参加活动，提高用户复购率。所以，推广广播媒体活动是聚焦党和政府战略布局的重要方法，是更好地服务用户、走近用户的必要手段。推动线性广播向动态传播转变的主要措施是降低获客成本、强化流量变现、增强留存体验、凝聚忠诚复购。

（五）重视智库建设，发布关键权威指数

智库建设是广播媒体走向智慧媒体的主要路径之一。广播媒体具有"上接天线、下接地气"的基础条件，贴近决策、了解基层、掌握信息、明晰舆情，是上传下达的最佳桥梁和渠道，具有天然优势和丰富经验。但是，广播电视媒体做得不如报纸媒体，全国广电媒体成立的智库中心寥寥无几，这等于是废弃了广电媒体强大的采访能力、广泛的舆情沟通渠道、庞大的信息数据库、资深的专家资源等。这些优势和资源本来能及时、敏捷、准确地为社会出现的新问题、新现象、新态势提出咨政建议和指导意见，为地方党委、政府、企事业单位以及丰富的调研、判断、策划、引导等综合手段提供智库服务。

智库建设主要分为四个方面。一是搞好数字经济服务。利用大数据、云计算，建设数字经济共享平台，融入数字经济运营业务，形成数字经济流量留存度，提高数字经济循环复购率。为地方政府、企事业单位和乡村振兴部

门提供经济管理、精准数据分析、供需趋势研判等定向个性化服务。二是搞好舆情监测管控服务。利用强大的信息采集收集能力，为地方党委和政府做好舆情监测管控工作。其一，发现舆情要及时、快速应对，绝不能让舆论风暴事件出现，在舆情初期提供关键数据迅速引导。其二，处置舆情要科学精准，绝不能采用"眉毛胡子一把抓"、主次不分的粗放式处置方法，应科学管控、精准施策。三是搞好权威指数发布。目前，广播媒体几乎没有发布过权威指数。要想把握趋势性发展态势，一定要组织发布权威的、具有影响力的指数和排行榜，可以单独发布，也可联合全国广播电台发布，如城市营商环境指数、股市 100 指数、年度经济人物排行榜、汽车排行榜、酒店排行榜等。四是搞好高参智囊服务。广播媒体应利用自身的资源优势，开发建设咨询型智库产品，通过传播平台展现其强大的智库功能。广播媒体的智库建设，应通过研发智库产品、策划智库活动来进行，以求有效地发挥智库作用。要想提升智库的影响力，就要充分发挥传统主流媒体的权威性、专业性以及与新媒体合作而产生的效用，实现权威发布、专业研发和效用最大。因此，媒体智库已成为传统主流媒体转型发展的关键。近年来，一些传统主流媒体纷纷设立智库，"媒体智库化"发展态势凸显。

（六）坚持"内容为王，精品至上"的理念

习近平总书记强调："对新闻媒体来说，内容创新、形式创新、手段创新都重要，但内容创新是根本的。"① 要始终坚持"内容为王，精品至上"的理念。媒介生态已然骤变，唯有优质内容、精品生产，才是广播媒体生存和发展的真正密钥。在移动优先战略定位下要有优质的传播内容，在平台为王策略布局下得有优质的传播作品，在渠道制胜操作安排下得有卓越的传播大作，在产业振兴部署运作下得有杰出的传播节目。总之，"内容为王"就是初心，"精品至上"就是使命担当。要将"内容为王，精品至上"的理念

---

① 《习近平谈媒体融合发展：关键在融为一体、合而为一》，人民网，2018 年 8 月 22 日，http://cpc.people.com.cn/n1/2018/0822/c164113-30242991.html。

落实好，应从四个方面入手。一是从用户角度入手。将听众思维改为用户思维。目前，多数广播电台是部门有什么人才就安排什么节目，而非按照用户需求安排节目；能制作什么节目就做什么节目，而非依据用户想要什么来定制服务。所以，用户需求是首要；差异化是关键；体验感是前提；伴随性是条件。二是从题材体裁入手。将固定思维改为动态思维。在题材上注意重大性、时效性、热点性、接近性，在搜集众多信息和生活素材的基础上，经过选择和提炼形成主题鲜明的广播媒体作品。在体裁上，重视互动感、体验感、沉浸感、伴随感。既要有庄重的时政新闻，又要有轻松的娱乐信息；既要有主持人直播形式，又要有艺术演绎录制作品等。形式上尽量绚丽多姿。三是从创新变革入手。将线性思维改为移动思维。移动就是一切。在重视移动终端的前提下，打破传统线性播出方式，向移动音频流媒体转型升级，频率节目表只是承诺之一，更要考虑在移动终端能为用户生产爱不释手的高附加值产品，针对用户的实用性和情感性内容要更加准确。四是从精益求精入手。将粗放思维改为集约思维。现在一些广播节目很粗糙，尤其是直播节目，缺乏创意、缺乏策划甚至缺乏准备。在当今海量信息社会和多样化节目形态的冲击下，有多少人会选择收听这样的节目？所以，集约化管理和制作节目是广播媒体今后要高度重视的工作方法，要坚持四为：创意策划为先，精心结构为要，细致对待为本，标准之上为宜。

（七）广播媒体经营创收要敢于创新

广播媒体的经营创收已到了必须创新的地步。广告决胜一切的好时光一去不复返，频率亏损问题日益严重，入不敷出状况时有发生，目前亟须改变广播媒体有产品无产业、有优势无趋势、有流量无变现、有传送无到达等状况。坚持以"创新、协调、绿色、开放、共享"新发展理念为指南，要鼓励创新、积极探索、善于借鉴、敢于挑战。应从以下四个方面进行创新探索。一是从媒体全案宣传营销方案入手。传统广播时段的价目表销售方式，已与当今市场价值体系严重不符，为客户搭建一个全案宣传方案才是关键，即广播节目、App、公众号、小程序等三维立体宣传营销全案。二是从专项定制服务收费入手。目前广播媒体的社会召集与组织能力比较强，应在这方面发挥作用，帮助政府和企事业单位组织战略智囊服务团论坛，为雇主举办招商推介会议、大型文体活动等，历练一批沟通能力较强、运作娴熟的人才。三是从节目版权及维权管理入手。节目版权是有价商品，不是完全免费的。在移动互联网端口收听均应是付费的，互联网平台未经许可不得使用。凡非法使用者均应被提起诉讼，广播媒体人应大胆启用节目欣赏收费墙项目，因为版权是广播差异化的最大优势。四是从广播垂直化节目深耕入手。广播媒体今后只会生产广播节目是不够的，还必须懂得怎样能将广播节目转化为产业，不能强求所有广播节目都走垂直化产业之路，但是应要求大多数广播节目走垂直化产业之路，这就是广播媒体最大的创新之举，有收入才是持续发展的根基。除此之外，还有很多重大题材宣传项目可以开发利用，如高质量发展、生态文明建设、依法治国、乡村振兴等主题是值得被深耕细作的。再就是充分开发垂直领域项目，如文化旅游、教育培训、财经顾问、家庭理财、生活情趣等一系列个人服务项目。大胆探索新的经营模式，打造新的增长点。

（八）朝全媒体方向发展

习近平总书记指出："全媒体不断发展，出现了全程媒体、全息媒体、全员媒体、全效媒体，信息无处不在、无所不及、无人不用，导致舆论生态、媒体格局、传播方式发生深刻变化，新闻舆论工作面临新的挑战。"[①]广播媒体为了适应时代进步与科技迭代升级，为了自我未来的生存和发展，为了保持权威性、影响力和传播力，为了用户的生活和需求，须立足音频产品向全媒体产品生态和产业发展。没有广播的时代，只有时代的广播。广播媒体应把握住以下四点。一是要做高速信息链接传播的全程媒体。搭建高速信息公路是必须的，建设数据云端、AI 系统、总控矩阵、新型平台、用户管理中心、移动传播技术设备等新型基础设施，目的是形成具有全程直播、

---

① 《习近平关于网络强国论述摘编》，中央文献出版社，2021，第 59 页。

全程记录、全程互动、全程体验等全新功能介质的新型主流媒体。二是要做高质多维视听呈现的全息媒体。要充分利用移动互联网技术，将高速度、泛在网、低功耗、低时延、万物互联等优势发挥到极致。要重视 VR（虚拟现实）、AR（增强现实）和 MR（混合现实）等成像技术的叠加作用，做到全息影像、全息音频、全息图片、全息文字等全息要素传播。三是要做高端智慧赋能共振的全员媒体。全员媒体应该是社会化的媒体，而非媒体人的媒体。所以，要加大 PGC（专业生产内容）和 UGC（用户生产内容）的引入力度，尤其是要接纳 UGC。将人人都是自媒体和个个都有麦克风传播形态，纳入主流媒体管理之下，营造全员提质、全员上阵、全员攻坚、全员共振的良好舆论氛围。四是要做效能更准、效率更高的全效媒体。战略定位要正确，立足移动优先、内容为王、产业发展等的战略布局，达到效率更高。实现从内容到产业，从作品到传播，从 IP 到垂类，从品牌到变现的高度融合。要构建效率更高、品效合一的全面考核体系。

B.10
2021年中国广播听众收听分析报告

孙美玲　赵海静*

摘　要： 近年来，广播媒体虽然遭遇移动互联网以及新媒体发展的冲击，但是在不断深化媒体融合发展中，广播听众的收听习惯依旧表现为总体保持稳定、局部稳中有变。广播听众以"80后""90后"为主，表现出一定的年轻化趋势，虽然男性听众偏多，但是性别差距在缩小；以中青年、中高学历、中高收入与白领阶层为主，总体较为优质。智能端与车载端是听众的主要收听终端，其中智能端听众规模超过车载端听众规模；听众收听场景灵活多变，其中车载、通勤、居家、运动/健身等场景仍然具有较强的竞争优势。听众的收听活跃度与黏性仍然较高，工作日高峰时段收听集中度相对更高，且晚间收听高峰时段后移。听众选择特定电台/频率收听的比例大幅下降，而选择其他收听方式的广播听众的比例大幅上升，这与智能端成为听众主流收听终端的趋势相一致。收听内容依旧以属地内容为主，新闻、音乐、交通为主流类型频率。不同类型听众、不同收听场景的内容消费需求呈现较为明显的差异，节目内容垂直化生产与节目精细化编排依然是移动互联网时代广播电台巩固听众留存率、提升听众黏性与收听忠诚度的基本方略。

关键词： 收听终端　听众画像　收听场景

---

* 孙美玲，中央财经大学文化与传媒学院副教授；赵海静，中科网联数据科技有限公司产品总监。

随着移动互联网与各种新兴媒体的快速发展，广播媒体虽然面临较大的挑战，但是在积极应对挑战中不断深化媒体融合发展，对音频节目精耕细作，借助新技术、新服务、新平台创新内容与形式，制作适用于不同收听终端、不同场景的优质节目，满足不同听众的需求，从而保有规模大且优质的听众。同时，广播媒体构建融媒体矩阵的效果初显，在智能端和车载端表现突出，特别是智能端听众规模大幅增长，吸引了越来越多移动互联网年轻听众成为目标听众，具有较强的媒体综合实力。

在移动互联网时代，广播媒体需要在媒体融合的框架之下思考未来的发展路径，特别是听众的使用与满足始终是广播媒体发展的关键。只有全面分析全国广播听众的画像、深入了解听众的收听习惯以及内容偏好，才能不断提升听众的黏性与忠诚度。

一　全国广播听众画像

（一）广播听众整体画像

1. 男性听众偏多，"80后""90后"是收听主力

中科网联数据科技有限公司①调查数据显示，2021 年，全国广播听众依然以男性听众为主，占比 54.9%。值得注意的是，男性听众占比同比小幅下降，而女性听众占比达 45.1%，同比小幅上升，两性广播听众的占比差距略有缩小。

从听众年龄分布来看，2021 年，广播听众年龄段仍然集中在 25~54 岁，其中 25~44 岁为核心听众，合计占比 55.7%；25~34 岁听众占比最高，达到 28.2%，略高于 35~44 岁的听众。与 2020 年相比，除 55 岁及以上年龄段听众占比明显下降之外，其他不同年龄段的听众占比均有不同程度的上

---

① 下文均简称为 CCData。

升，25~34岁听众占比上升最为明显，低年龄段年轻听众市场培育虽有明显成效，但占比相对较低，仍需着力关注（见图1）。

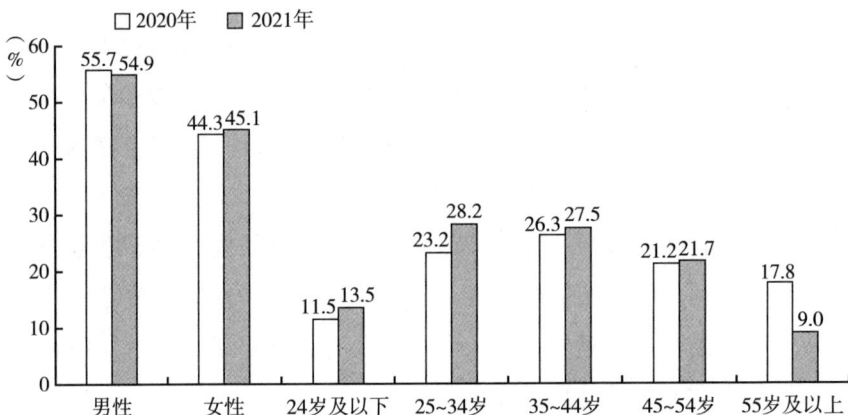

图1　2020年和2021年全国广播听众收听轮廓（性别、年龄）

资料来源：CCData全国音频用户专项调查，2020~2021；重庆师范大学广播（CCData音频传媒）研究院。

与其他音频听众比较，广播听众集中为"70后"、"80后"与"90后"。值得注意的是，在这3个年龄群体中，"90后"占比最高，呈现出一定的年轻化趋势。CCData数据显示，广播听众中，"80后"与"90后"占比分别为27.5%与28.2%，较其他音频听众占比均高出不少；"70后"广播听众占比为21.7%，较其他音频听众占比低10个百分点；"00后"广播听众占比低于其他音频听众占比（见图2）。

在广播媒体不断推进融合发展，不断深化研究不同年龄人群媒介使用习惯、内容需求与偏好的情况下，广播媒体"90后"和"00后"听众占比都有所提升，特别是"90后"听众已经成为收听广播的主力。但是广播媒体的"00后"听众占比依然低于其他音频听众占比，广播媒体须进一步深入分析"00后"听众的媒介使用习惯、内容需求的偏好与特点，制作真正吸引他们的节目，将他们从潜在听众转变为现实目标听众。

2.中高学历、中高收入、基层与中级管理层居多

CCData调查数据显示，2021年，全国广播听众的学历构成以中高学历

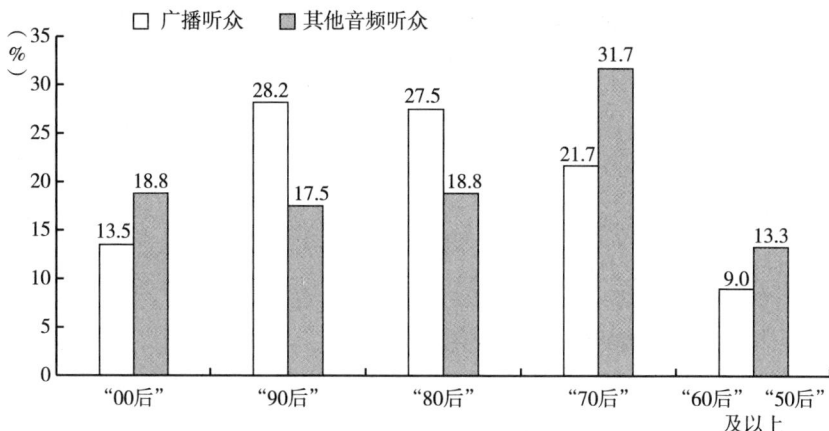

图 2 2021 年全国广播听众收听轮廓（不同类型用户：年龄代）

资料来源：CCData 全国音频用户专项调查，2021；重庆师范大学广播（CCData 音频传媒）研究院。

为主，高中及以上学历听众占比达到 99.8%，其中大专及以上学历听众占比达到 95.9%，本科及以上学历听众占比均高于其他音频听众占比，广播听众呈现明显的"高知化"特点（见图 3）。

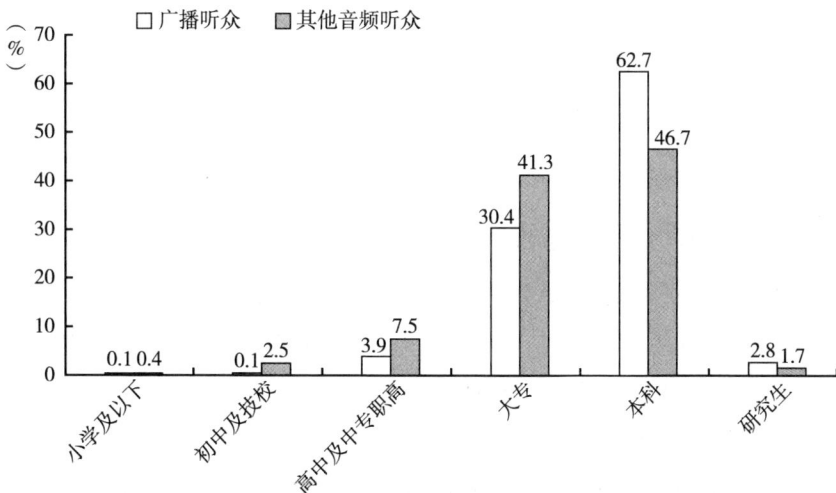

图 3 2021 年全国广播听众收听轮廓（不同类型用户：学历）

资料来源：CCData 全国音频用户专项调查，2021；重庆师范大学广播（CCData 音频传媒）研究院。

167

2021 年，全国广播听众个人月收入分别集中在 3000~4999 元和 6000~
19999 元，其中个人月收入超过 5999 元的广播听众占比为 60.7%，个人月
收入在 20000 元及以上的高收入广播听众占比仍需提升。其他音频听众个人
月收入主要集中在 3000~4999 元和 8000~19999 元，个人月收入超过 5999
元的占比仅为 49.6%（见图 4）。广播听众收入水平明显更高，以中高收入
为主，听众的消费能力层级更高。

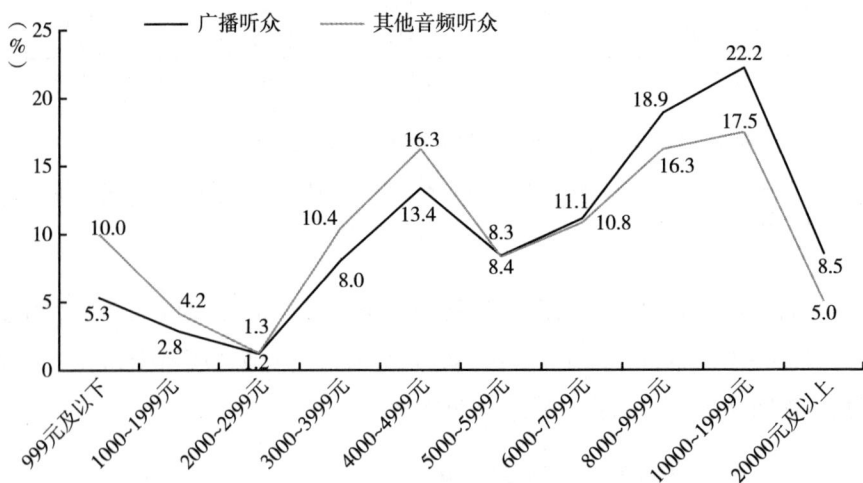

图 4　2021 年全国广播听众收听轮廓（不同类型用户：个人月收入）

资料来源：CCData 全国音频用户专项调查，2021；重庆师范大学广播（CCData 音频传
媒）研究院。

CCData 调查数据显示，2021 年，全国广播听众的工作层级/级别构成
上，中级管理层听众占比为 26.1%，较 2020 年略有下降；基层员工占比为
57.3%，较 2020 年有所增长（见图 5）。工薪/白领阶层依旧是广播媒体的
主要目标人群，他们在总人口中占比较高，是职场与社会的中坚力量，同时
也是主要的目标消费人群。

随着移动互联网的发展以及各种新兴媒体的出现，广播媒体也受到了一
定程度的冲击。为迎接挑战，创造新的发展机遇，广播媒体不断推进媒介融
合发展，通过构建新媒体矩阵，深化渠道融合、技术融合、内容融合、数据

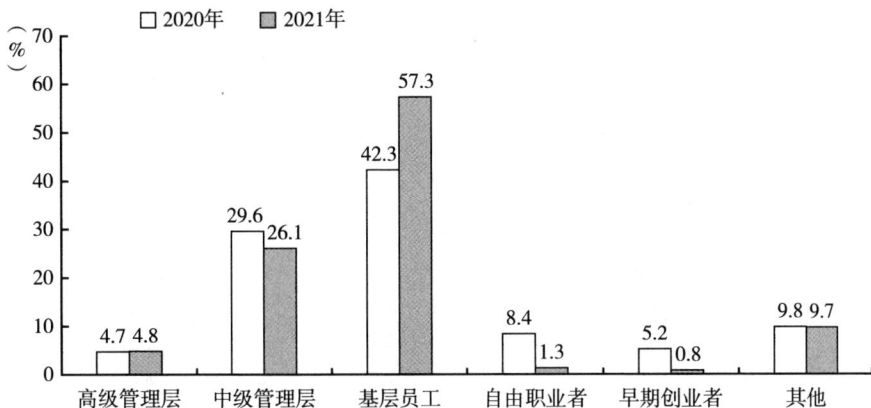

图5 2020年和2021年全国广播听众收听轮廓（工作层级/级别）

资料来源：CCData全国音频用户专项调查，2020~2021；重庆师范大学广播（CCData音频传媒）研究院。

融合等，提升自身的传播力。目前，智能端与车载端成为主流收听终端，广播用户以中青年、中高学历、中高收入与白领阶层为主，此外，广播媒体对"00后"等年轻听众的吸引力逐渐增强，综合价值进一步提升。

（二）不同终端用户特征

1.疫情推动智能端影响力大幅攀升

CCData调查数据显示，2021年，智能端的使用占比达到79.7%，在经历2019~2020年的平稳缓慢下降之后，智能端影响力第一次实现了大幅攀升。2021年全国各地疫情反复发生，打乱了正常的生活节奏，大家经常处于居家状态，难以正常复工复产，对网络音频平台的收听次数明显增多。同时，车载端的使用占比达62.0%，虽然较2020年有所下降，但依旧是听众的主要选择。受疫情影响，为减少公共交通使用，私家车成为大家出行与通勤的主要方式，开车时收听广播成为常态，车载收听习惯形成，使得车载设备的使用占比在2019~2021年平均超过64.0%。可见，疫情对广播收听终端的使用格局造成了较大的冲击。便携端使用占比达到17.5%，同比略有增长，拥有较为稳定的目标收听群体，影响力继续保持稳定（见图6）。

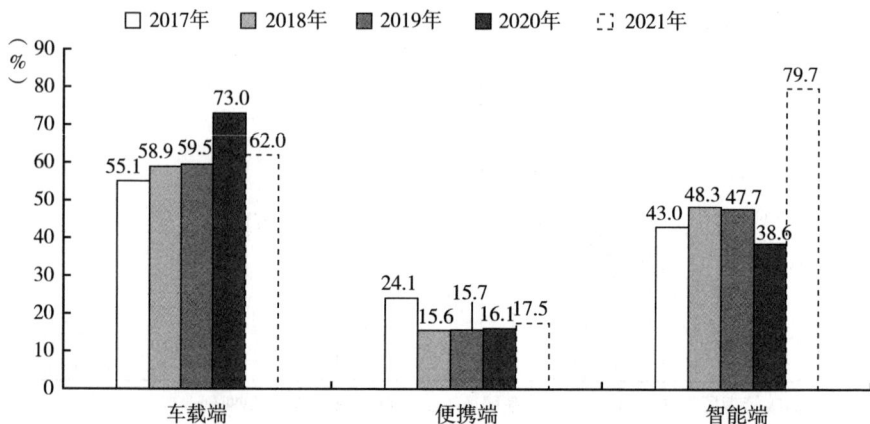

图6 2017~2021年全国广播听众收听终端分析

资料来源：CCData 全国音频用户专项调查，2017~2021；重庆师范大学广播（CCData 音频传媒）研究院。

2. 智能端、车载端男性听众较多，智能端听众年龄分布更广泛

CCData 调查数据显示，2021 年，不同收听终端中，车载端、便携端、智能端男性听众占比均高于女性听众占比，其中车载端、智能端男性听众占比明显高于女性听众占比，而便携端听众男女比例差距较小，性别分布较为均衡（见图7）。

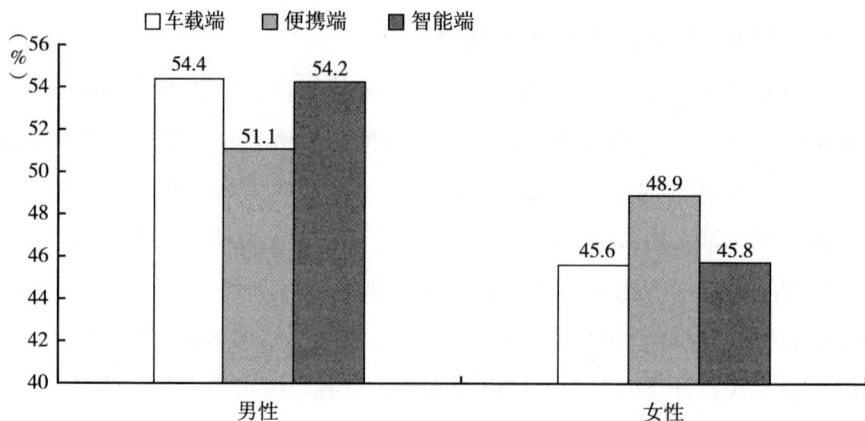

图7 2021年全国广播听众收听轮廓（不同终端：性别）

资料来源：CCData 全国音频用户专项调查，2021；重庆师范大学广播（CCData 音频传媒）研究院。

CCData 调查数据显示，2021 年，在不同收听终端听众年龄结构方面，车载端主要由 35～54 岁的中年听众构成；便携端主要由 45 岁及以上的高年龄听众构成；智能端则主要由 25～54 岁的中青年听众构成，占比较高，达79.4%。不同于车载端与便携端听众年龄结构高度集中的情况，智能端听众的年龄分布相对较为分散，55 岁及以上的听众也占有一定的比例（见图 8）。智能手机等智能终端设备的普及，为各年龄阶段人群通过智能端收听广播提供了可能性和便利性。

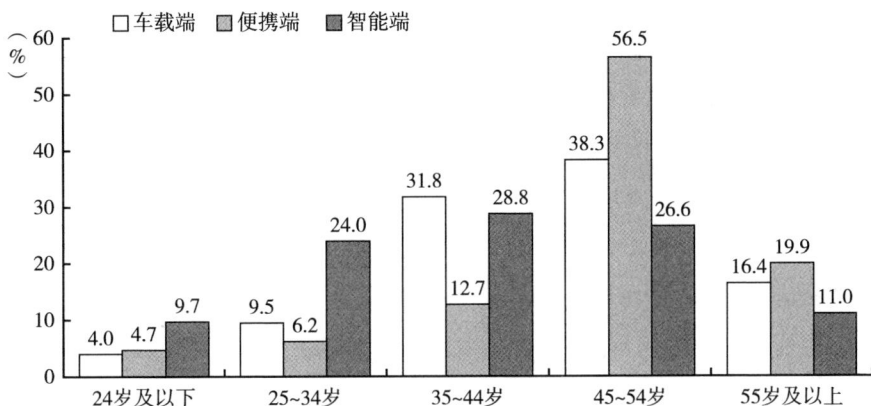

图 8　2021 年全国广播听众收听轮廓（不同终端：年龄）

资料来源：CCData 全国音频用户专项调查，2021；重庆师范大学广播（CCData 音频传媒）研究院。

二　全国广播听众收听习惯

传统的节目生产流程主要是"电台制作节目—听众收听节目—广告售卖"，而广告价值则取决于收听率，提高收听率的核心在于优质的节目内容和精心的编排设计。在传统模式中，听众无法决定广播媒体播出的内容；而在移动互联网时代，广播媒体要学习互联网听众的思维方式，通过数据分析精准描绘听众画像，深入分析听众的收听习惯，掌握听众的真正需求，生产优质的、个性化的、真正满足听众需求的音频内容。

（一）听众日均收听活跃度提升，高峰时段收听集中度稳步提升，晚间高峰时段后移

CCData 调查数据显示，2021 年，全国广播听众日均收听活跃度同比提升，日活听众占比由 58.2% 增至 76.2%。其中，1 天听 2~3 次的听众占比为 40.6%，同比增长 10.3 个百分点（见图 9）。听众收听频率/频次与活跃度的显著提升，一方面得益于广播收听终端的移动智能化，以及收听场景的碎片化，听众可以更方便地接触、收听广播节目；另一方面得益于广播媒体工作者内容创作能力的提升，以工作室、团队等新模式创作精品节目，提升了听众的期待度与满意度。

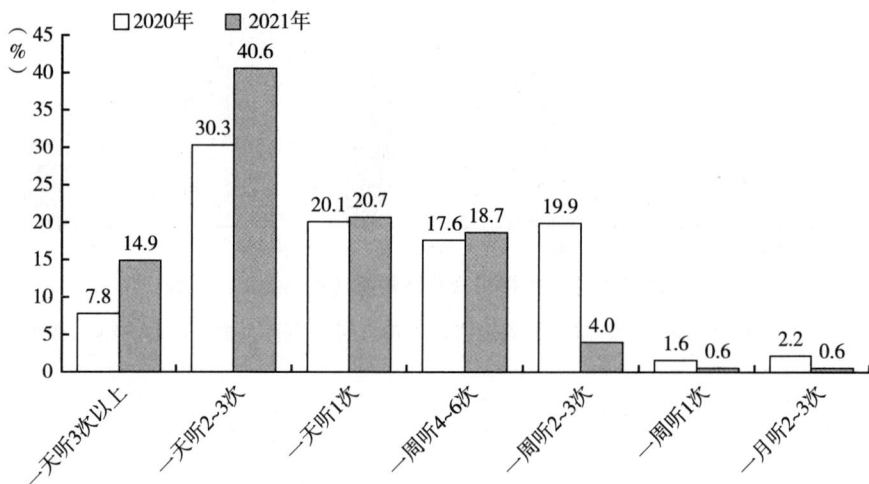

图 9　2020 年和 2021 年全国广播听众收听习惯（收听频率/频次）

资料来源：CCData 全国音频用户专项调查，2020~2021；重庆师范大学广播（CCData 音频传媒）研究院。

由于广播制作编排的节目主要是线性直播流节目，听众容易养成特定时间收听特定节目的偏好，因此听众的收听习惯呈现明显的时段依赖特点，而这与听众的日常工作安排或生活作息密切相关。CCData 调查数据显示，2021 年，工作日收听时段集中在早晚上下班高峰和中午休息。周末收听时

段分布相对较为均衡，收听高峰依然在早间时段和傍晚时段，这两个时段收听相对集中且持续时间较长。周末收听时段分布与工作日收听时段分布呈现较为明显的差异。与 2020 年相比，听众收听集中度明显提升，同时，晚间收听高峰时段后移，在 20：00~21：00 达到最高峰。特别是工作日晚间时段收听比例相对更高，非黄金时段收听集中度也有所提升，晚间时段收听集中度在工作日与周末均有所上升（见图 10）。这要求广播媒体须重新考虑高峰时段与非高峰时段的节目制作与编排方式，根据不同时段的收听情况切实制作满足听众需求的节目内容，创新节目制作与编排方式。

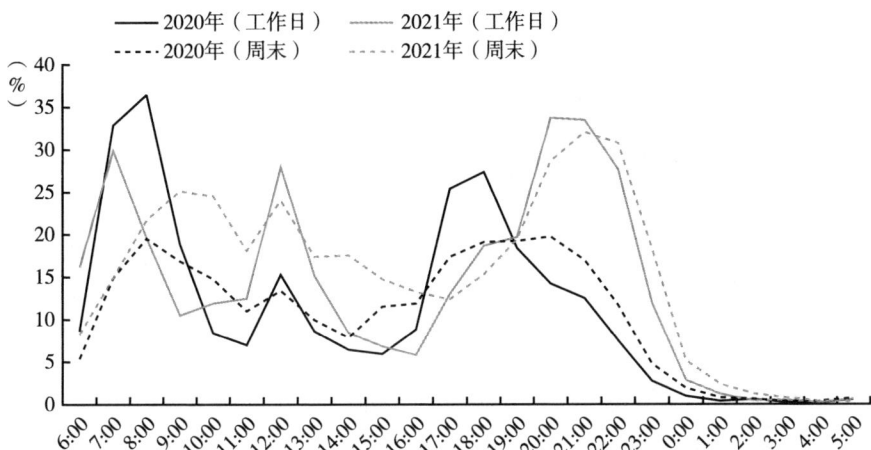

图 10　2020 年和 2021 年全国广播听众收听习惯（收听时段）

资料来源：CCData 全国音频用户专项调查，2020~2021；重庆师范大学广播（CCData 音频传媒）研究院。

（二）收听持续时间长，听众黏性更强，耐受度提升

CCData 调查数据显示，2021 年，全国广播听众中，单次收听时长 30~39 分钟的听众占比最高，达 31.8%，略高于其他音频听众；单次收听时长 30 分钟及以上的听众占比为 68.9%，较其他音频听众占比高出 4.4 个百分点。与此同时，全国广播听众中，单次收听时长在 0~29 分钟的听众占比均低于其他音频听众。这反映出广播听众的收听黏性相对强于其他音频听众，

可以接受时长更长的节目，但是主要集中在 40 分钟以内。与 2020 年相比，广播听众对于节目时长的耐受度有所提升，单次收听时长在 40 分钟及以上的听众占比为 37.1%（见图 11），同比上升 9.7 个百分点。这对广播媒体的节目制作和编排提出了更高的要求，在碎片化触媒、短视频盛行的当下提升节目质量、满足听众对优质节目的需求，是广播媒体工作者接下来的工作重点之一。

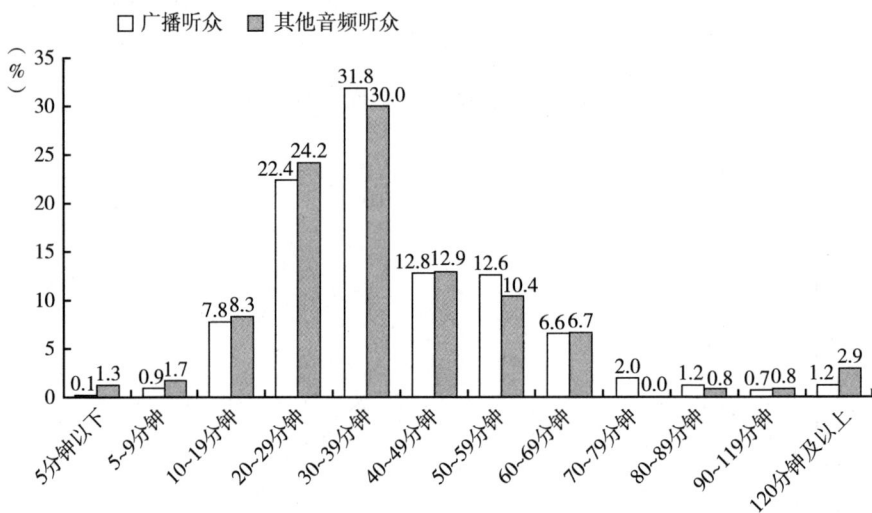

图 11　2021 年全国广播听众收听习惯（不同类型用户：单次收听时长）

资料来源：CCData 全国音频用户专项调查，2021；重庆师范大学广播（CCData 音频传媒）研究院。

（三）听众决定继续收听的时间有所延长，3 分钟成为节目关键时间节点

CCData 调查数据显示，2021 年，大多数广播听众会在 3 分钟以内决定是否继续听下去，占比达到 70.2%，其中选择 1 分钟以内的占比为 37.7%。与 2020 年比较，广播听众会尝试收听更长时间以决定是否继续将一档节目听下去，其中，尝试收听 1~2 分钟的占比为 22.2%，同比提升 5.8 个百分点；尝试收听 10 分钟及以上的占比为 5.8%，同比提升 0.3 个百分点（见图 12）。

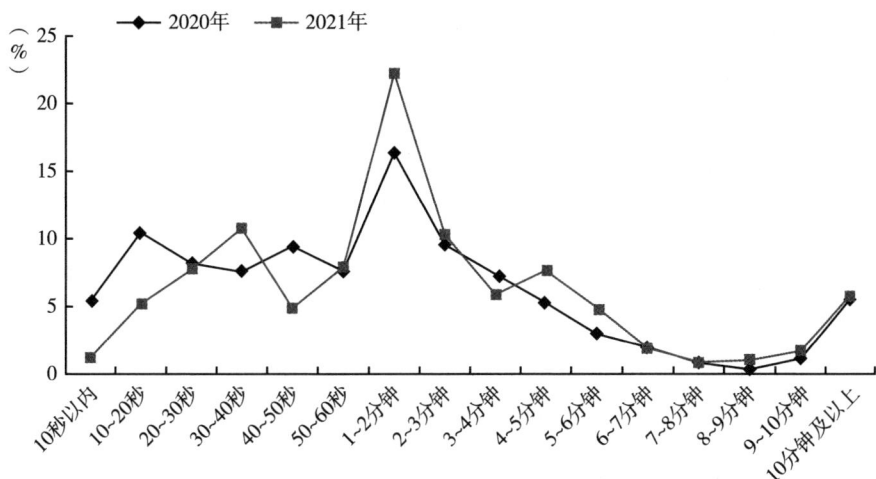

图 12　2020 年和 2021 年全国广播听众收听习惯（尝试收听的时长）

资料来源：CCData 全国音频用户专项调查，2020~2021；重庆师范大学广播（CCData 音频传媒）研究院。

3 分钟成为听众决定是否继续收听的关键时间节点，这就要求在进行节目内容制作时，要特别注意在节目开始 3 分钟内对听众的需求进行引导，紧紧抓住听众的注意力。同时要考虑到听众碎片化的收听习惯，节目的内容创意和编排都要精耕细作，叙事方式要从听众的视角出发，快速进入节目主题，加快节目节奏，同时保持吸引力与收听期待，以维系节目的收听黏性与媒体吸引力。

（四）收听目的性更强，电台/频率的忠诚度明显下降

CCData 调查数据显示，与 2020 年相比，2021 年选择听特定的电台/频率的广播听众占比大幅下降，只有 33.8%，同比下降了 30.8 个百分点；选择其他收听方式的广播听众占比则大幅提升。更多广播听众选择听特定的类别/内容、听特定的节目和听特定的主持人/主播，同比分别提升 27.7 个百分点、14.6 个百分点和 24.1 个百分点，听众对特定的类别/内容、特定的节目和特定的主持人/主播的收听忠诚度显著提升；同时，更多的听众选择

听 App 推荐内容、听 App 精选内容和听 App 榜单内容，同比分别提升 14.3 个百分点、28.6 个百分点和 26.1 个百分点。随着智能手机等移动终端 App 的开发，以及基于大数据和算法的精准内容分发的实现，一方面可以针对听众的内容偏好进行个性化推荐，另一方面也让听众有了更多的选择空间，不必守着特定的电台/频率收听节目。与此对应，随意搜索喜欢的内容收听的听众占比为 44.9%，同比提高了 22.3 个百分点，听众收听的目的性和针对性明显增强，表现出更多的主动性，这种主动搜索的行为也会更好地规训算法，形成真正符合听众需求的推荐机制。此外，听网上直播（广播除外）的听众占比达到 25.3%，同比提升 13.0 个百分点，随着音视频直播的发展，音频直播也吸引了越来越多的听众，其影响力与听众规模大幅提升（见图 13）。在未来深化广播媒体融合发展的策略中，在建构新媒体矩阵中，一方面可以继续在 App 开发和音频直播上布局，另一方面可以和成熟的网络音频平台或者互联网平台开展灵活多样的合作，进一步发挥节目制作的优势，生产优质内容，转变为内容提供商。

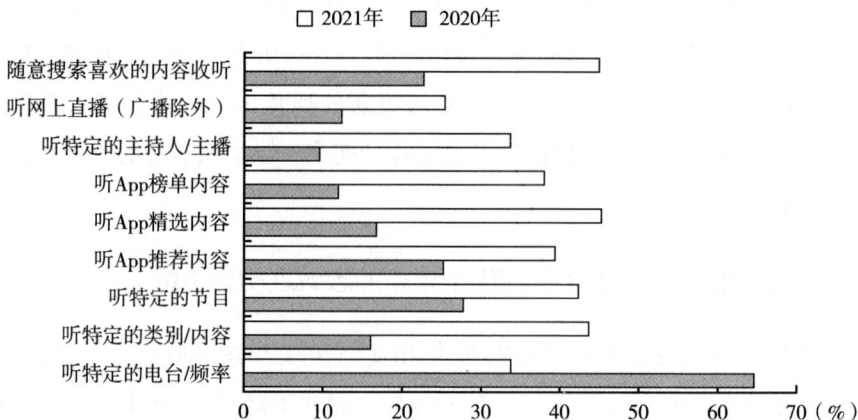

图 13 2020 年和 2021 年全国广播听众收听习惯（收听方式）

资料来源：CCData 全国音频用户专项调查，2020~2021；重庆师范大学广播（CCData 音频传媒）研究院。

三　全国广播听众内容偏好

在传统广播时代，听众较为被动，只能在顺时的直播流节目中选择自己喜欢的内容，选择空间小。而在移动互联网时代，听众可以更加自主地选择喜欢的节目。在移动化、碎片化、多样化、社交化的媒介环境中，一方面，智能收听设备及网络音频平台给听众带来更多的收听终端选择；另一方面，听众在内容制作上也有了更多话语权和自主选择权，可以主动搜索自己喜欢的内容。因此，在广播媒体融合发展中，要把听众当作用户，不断细化用户，深入全面地掌握不同用户收听电台的偏好、收听内容的差异以及不同场景中用户的内容偏好。

（一）广播听众收听偏好

1. 本地电台属地竞争优势突出，中央级电台收听需求大

CCData调查数据显示，2021年，全国广播听众主要收听本地市级电台，占比达到77.0%，排名第一；其次是中央级电台，占比达到73.4%；排名第三的是本地省级电台，占比达到70.2%。其他以地理距离的远近排名，依次是周边市级电台、周边省级电台、其他市级电台和其他省级电台。广播电台一直关注属地听众的需求，服务地方发展，以其地缘的接近性、内容的贴近性，形成了与听众之间的情感连接，具有明显的属地优势，地区性特点突出。虽然在移动互联网时代，网络音频平台已经打破了地域的限制，但是情感的连接和归属感依然在延续，听众依旧会首选自己所在地的城市广播电台。本地市级电台可以在继续发挥属地竞争优势、更好地以当地听众为中心、构筑媒体融合圈上布局。

属地电台之外，中央级电台因其全国性视野与专业报道优势，加之优质内容的持续输出，受到了大家的青睐，听众占比为73.4%，同比增长38.6

个百分点，上升幅度较大。在全国收听市场中，中央级电台具有强劲的收听竞争力与市场影响力（见图14）。

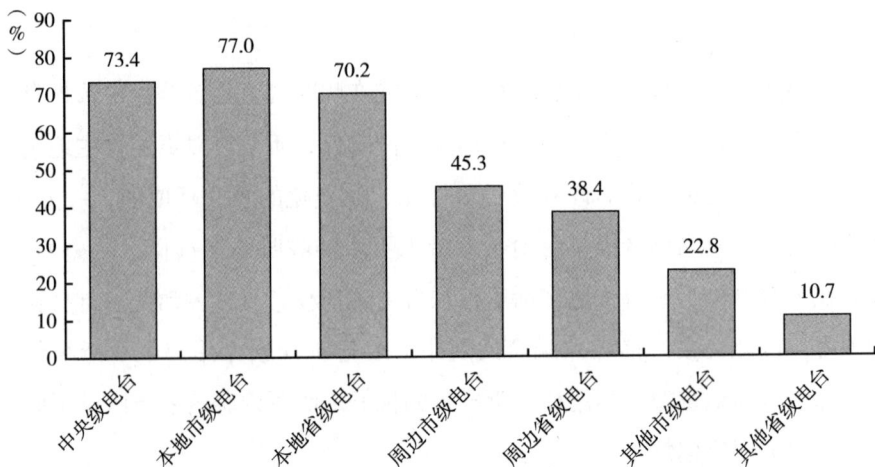

图14 2021年全国广播听众内容偏好（收听频率级别）

资料来源：CCData全国音频用户专项调查，2021；重庆师范大学广播（CCData音频传媒）研究院。

2.新闻、音乐、交通三大类型频率稳居市场头部

CCData调查数据显示，2021年，全国广播频率的竞争格局上，仍然是新闻、音乐、交通三大主流类型频率占据主导地位。其中，全国广播听众对新闻与音乐类频率的收听占比均达到68.4%；交通类频率的收听占比略低，为56.6%；生活、综合类频率收听占比均超过了50%，旅游、经济、都市类频率收听占比均超过40%；其他频率中，文艺、体育、曲艺等类型频率均有一定的收听需求，拥有相对较为稳定的忠实听众（见图15）。

3.内容差异：男性偏汽车与财经，女性偏情感与生活，不同层级差异明显

CCData调查数据显示，不同性别的听众对于广播节目内容的偏好既有相同之处也有着明显差异。男性听众和女性听众对新闻资讯、流行音乐、经典音乐、幽默笑话/娱乐、相声小品、脱口秀、热点解读等内容均表现出较高的喜爱度。此外，男性听众更喜欢收听"硬"资讯，如路况信息、交通

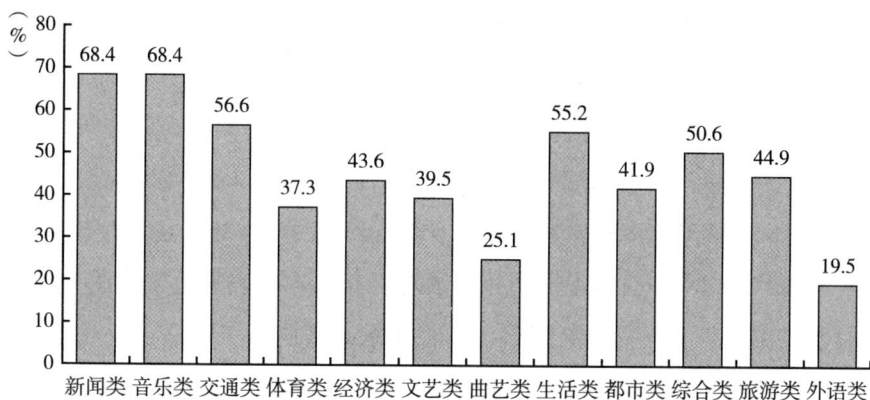

图15 2021年全国广播听众内容偏好（收听频率类型）

资料来源：CCData 全国音频用户专项调查，2021；重庆师范大学广播（CCData 音频传媒）研究院。

投诉/违章、汽车保养/维修、汽车买卖/介绍、商业财经、军事以及 IT 科技等内容。女性听众更喜欢收听"软"资讯，如情感/心理、健康养生、儿童/亲子、有声书以及广播剧等内容（见图16）。

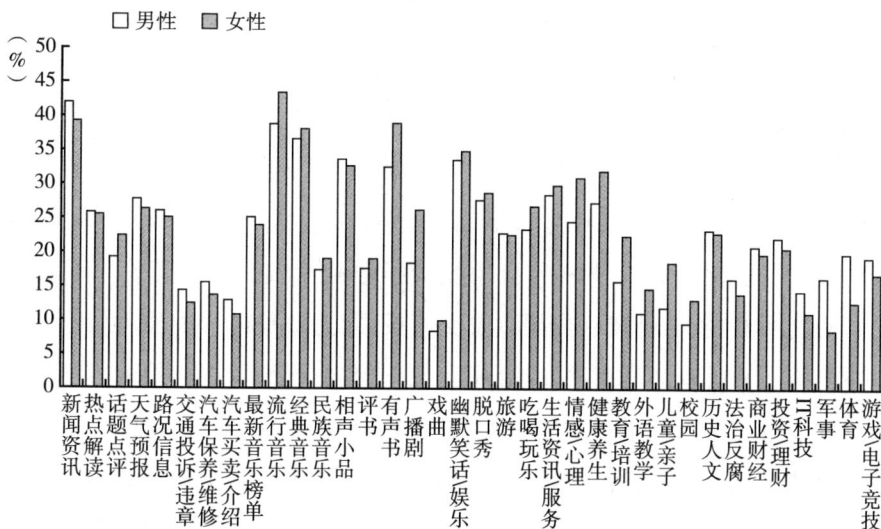

图16 2021年全国广播听众内容偏好（类型内容：性别）

资料来源：CCData 全国音频用户专项调查，2021；重庆师范大学广播（CCData 音频传媒）研究院。

不同工作层级/级别听众在收听内容偏好方面也表现出较为明显的差异。高级管理者偏好内容分布较为分散，对健康养生最为关注，并且对最新音乐榜单、脱口秀、情感/心理有一定的关注。中级管理者偏好内容分布较为集中，主要为教育/培训、IT科技、旅游、戏曲、法治反腐、校园以及外语教学等内容。中级管理者通常在职场上有继续晋升的需求，在家庭上有教育孩子的职责，所以对与自身发展、孩子教育等相关内容表现出较高的关注度，同时他们在生活上有一定的娱乐、游戏需求。基层员工对法治反腐最为关注，且相较于其他工作层级/级别更关注路况信息、天气预报、体育、话题点评等内容。早期创业者对商业财经最为关注，对其他内容则没有明显的关注。

（二）不同场景用户偏好

不同的场景意味着不同的时空环境。广播听众身处不同场景当中，其精神状态、心理状况、需求满足等因素会影响他们对广播节目内容的偏好。CCData数据显示，2021年，上下班（开/坐车）时，听众最关注交通投诉/违章、汽车保养/维修和商业财经等内容，对路况信息和军事等内容的关注度也相对较高；居家休闲时，听众最关注军事、IT科技等内容，因居家状态比较放松，听众对戏曲、健康/养生等娱乐、生活类内容也比较关注；做家务时，听众更倾向于收听儿童/亲子、教育/培训等内容；听众在睡前对话题点评、法治反腐、评书节目的收听指数相对较高；上下班（公共交通）时，听众对IT科技、校园以及交通投诉/违章等内容关注度较高；长途外出路上，听众对汽车买卖/介绍、汽车保养/维修、旅游等内容更为关注；散步时，听众更乐于收听投资/理财、法治反腐、民族音乐、历史人文以及情感/心理等内容；运动/健身时，听众更关注汽车类信息，包括交通投诉/违章、汽车买卖/介绍、汽车保养/维修，此外听众对投资/理财和军事内容也较为关注（见表1）。

表1　2021年全国广播听众对不同类型内容的收听指数（分场景）

场景	内容	指数	场景	内容	指数
上下班（开/坐车）	交通投诉/违章	141.5	居家休闲	军事	144.9
	汽车保养/维修	134.5		IT科技	137.7
	商业财经	134.4		戏曲	137.5
	路况信息	133.2		健康/养生	134.4
	军事	133.0		投资/理财	134.4
做家务	儿童/亲子	136.1	睡前	话题点评	130.3
	教育/培训	133.8		法治反腐	128.7
	广播剧	133.5		评书	128.0
	汽车买卖/介绍	133.1		校园	126.8
	健康养生	132.5		游戏/电子竞技	126.8
上下班（公共交通）	IT科技	136.4	长途外出路上	汽车买卖/介绍	142.9
	校园	134.9		汽车保养/维修	138.7
	交通投诉/违章	134.8		旅游	138.4
	体育	134.1		广播剧	136.3
	投资/理财	131.1		投资/理财	135.9
散步	投资/理财	142.0	运动/健身	交通投诉/违章	152.2
	法治反腐	140.8		汽车买卖/介绍	152.1
	民族音乐	140.5		汽车保养/维修	150.7
	历史人文	133.7		投资/理财	147.9
	情感/心理	133.5		军事	146.1

资料来源：CCData全国音频用户专项调查，2021；重庆师范大学广播（CCData音频传媒）研究院。

　　不同场景的听众对广播节目内容的偏好差异较大，这就要求广播媒体工作者在进行广播内容生产与分发时，要考虑不同类型听众在特定场景中的需求，真正到具体的场景中进行内容创意生产与制作。

网络音乐篇
Online Music

B.11
2021年中国网络音乐发展报告[*]

王春美 张思琦 伍 婷[**]

摘 要: 2021年,在政策、经济、技术等多重因素的共同作用下,中国网络音乐产业继续保持稳健发展的态势,无论是用户数量还是收入规模均有明显增长。"一超一强"的行业格局基本稳定,新的竞争角色不断加入,拓展了产业链条和业务类型。市场边界不断消融,跨界发展成为主流,网络音乐产业与短视频、社交媒体、长音频等交相融汇。独家版权模式消解,各大平台纷纷加大对原创音乐的扶持力度,线上演出成为常态,助眠疗愈类音乐表现抢眼。在技术的推动下,"元宇宙"、NFT等概念在网络音乐产业得以应用,用户付费率显著提升。面向未来,网络音乐产业需要围绕"听"的新需求、新动向,针对细分人群和场景,不断创新内容和服务,提高优质音乐产品的供给能力。

* 本报告系国家社会科学基金项目"中国广播百年发展史研究"(编号:20BXW036)的阶段性成果。

** 王春美,北京联合大学应用文理学院新闻与传播系副教授、硕士生导师;张思琦、伍婷,北京联合大学应用文理学院硕士研究生。

关键词： 网络音乐　移动音乐　数字音乐

作为"听"的需求的重要组成部分，"音乐"在现代人的文化生活中不可或缺。20多年来，伴随互联网发展而不断迭代的中国网络音乐朝着垂直化、细分化的方向发展，形成了多元的产业主体和完整的市场生态，为传统音乐产业的转型做出了突出贡献，成长为文化产业中不容小觑的新生力量。2021年，市场环境、政策环境和技术应用等均发生了新的变化，经历疫情冲击的网络音乐进入新的发展阶段，参与市场竞争的主体有所调整，平台运营、内容建设、营销推广以及商业模式等各个层面也呈现新的动向。表象之下，是行业竞争焦点发生转移、不同平台寻求差异化发展的竞相博弈，也是上下游产业资源不断聚合、全新生产关系与协作模式不断开发的集体探索。

一　整体态势：宏观环境利好，市场规模持续增长

行业的良性发展离不开法律、法规和其他相关契约形式的规范和保护。2021年，多个政策、法规的发布或实施为网络音乐的可持续发展创造了有利条件。疫情反复虽带来不利影响，但"宅经济"使得云演艺、云直播等线上业务赢得市场机遇。多方面因素促动下，网络音乐的用户规模保持稳定增长。

（一）政策环境：版权管理与文娱治理的加强

版权与音乐有着唇齿相依的关系，正版音乐是音乐产业的核心资产与关键性资源，做好音乐版权保护具有十分重要的意义。备受关注的新《著作权法》于2021年6月1日正式实施，为数字音乐的版权保护及产业发展带来诸多利好。与旧《著作权法》相比，新《著作权法》首次引入"视听作品"概念，明确"数字化"行为属于复制权范畴，对于转录音

乐、公开传播等侵权行为的界定更加清晰，加大了对侵权行为的打击力度。同时，"广播权"的范围扩大、录音制品权利人的获酬权确立等一系列条款的出台，不仅有利于音乐作品的权利人更便利地进行维权，也有利于激励音乐作品创作，吸引更多的优质音乐人进入行业，助推网络音乐内容质量的提升。

独家授权模式是中国网络音乐从盗版泛滥走向正版普及的产物，它推动了音乐版权价值的提升，激发了音乐市场的活力，但同时也使优势资源过度集中于单一的市场主体，限制了音乐的传播，造成了垄断现象。2021年7月24日，国家市场监管总局对某公司做出行政处罚，责令其解除网络音乐独家版权、停止高额预付金等版权费用支付行为、无正当理由不得要求上游版权方给予其优于竞争对手的条件。网络音乐行业的独家授权模式就此消除，这将在未来一段时间内逐步释放对行业各方的影响，推动资源型竞争转向创新型竞争。

与版权管理加强相对应的，还有文娱领域综合治理的加强。针对明星艺人的违法、失德行为以及不良"饭圈"文化的盛行，2021年，国家多个部门联合出击，开展了一系列综合治理工作，共同构筑文娱领域的清朗生态，推动包括网络音乐在内的文娱行业朝着更为健康的方向发展。6月，为了全面清理"饭圈"的各类有害信息，中央网信办在全国范围内开展了为期2个月的"清朗·'饭圈'乱象整治"专项行动。9月，中国演出行业协会联合QQ音乐、酷狗音乐等平台发起《构建清朗网络文化生态自律公约》，拒绝为违法及失德人员提供展示平台。

（二）市场环境：线上体验拉动文化消费

2021年，疫情防控进入常态化，社会生产和生活秩序有序恢复，文化消费需求得以释放，全国文化消费市场稳步提振。《2021年上半年全国文化消费数据报告》显示，城乡居民文化深度体验需求增加，消费时间不断延长，线上与线下交替的消费习惯已深度嵌入居民的日常生活。2021年上半年，全国音乐演出市场显著回暖，演唱会、音乐节的线上宣传力度加大，带动了网络音乐平台的活动开展和内容运营。2021年下半年，多地接连发生的局部疫情使得音乐演出市场的热度受抑，演出取消和延期情况频现。线下业务受阻反向激发了"云演艺"的再度深化，唱片公司、音乐人与音乐平台积极行动，通过音乐盛典、线上音乐会、音乐节目等形式，应对市场变化带来的挑战。以腾讯音乐娱乐集团旗下的线上音乐品牌"TME live"为例，其以平均每周至少1次的频率，在2021年连续推出了56场线上音乐演出，[①]借助超清数字影音技术和独特的场景设计，为用户提供沉浸式体验，拉动用户付费意愿。

（三）技术环境："元宇宙"概念的探索应用

自从Facebook宣布更名为Meta、布局"元宇宙"建设后，国内也掀起了"元宇宙"的开发浪潮。在视频领域，基于VR、XR、AR、MR等技术的虚拟现实交互成为热点；在音频领域，基于听觉的"音乐元宇宙"建构也被提上日程。网易云音乐通过沉浸式活动系统"瑶台"举办了全球首个"元宇宙"上市仪式，呈现了29岁与50岁的两个AI虚拟人。腾讯音乐娱乐集团推出国内首个虚拟音乐嘉年华，以端云协同技术为基础，呈现了一个融合现实与虚拟的"超现实"数字时空，用户可以通过多个产品入口进入虚拟音乐嘉年华，创建自己的虚拟形象，以"音乐世界中另一个自己"的数字身份，探索音乐互动，体验虚拟演唱会和直播，享受"未来音乐文明"带来的乐趣。音频技术的多点突破有助于打造更完整的沉浸式体验，主流音乐平台加快拥抱"元宇宙"的步伐，音频的"体感化"大门被打开，音乐与科技的融合为行业创新增添了更多可能。

（四）行业表现：用户规模稳定增长，营收水平超过预期

用户是行业发展的基石。受到多种因素的促动，我国网络音乐用户规模

---

① 《2021年第四季度及全年未经审核财务业绩》，腾讯音乐娱乐集团网站，2022年3月21日，https：//ir.tencentmusic.com/2022-03-21-Tencent-Music-Entertainment-Group-Announces-Fourth-Quarter-and-Full-Year-2021-Unaudited-Financial-Results。

保持稳健的增长态势。截至 2021 年 12 月，我国网络音乐用户规模达到 7.29 亿人，比 2020 年增长 7121 万人。[①] 在各类互联网应用中，网络音乐应用以 10.8%的增长率，遥遥领先于网络购物、网络游戏、即时通信等应用。与网络新闻、网络文学、网络视频等相比，网络音乐的年轻用户比例更高，多数活跃用户为"90 后"及"00 后"。网络音乐用户在我国网民总数中的占比为 70.7%，未来仍存在增长空间。国际唱片业协会 2021 年发布的 *Engaging with Music 2021* 显示，人们平均每周花费在音乐上的时间是 18.4 个小时，其中 87.0%的人，尤其是年轻人表示，他们在疫情防控期间通过音乐实现了疗愈。[②] 从收入层面来看，2021 年中国数字音乐市场规模达到 428.9 亿元，同比增长 20.03%。[③] 而腾讯音乐娱乐集团与网易云音乐公布的 2021 年财报数据显示，前者的营业收入达到 312.4 亿元，[④] 后者的营业收入达到 70.0 亿元，两者相加已接近整体市场的预估值，由此可见 2021 年中国网络音乐市场的实际营收水平超过预期。

二 平台运营：跨界发展成主流趋势，新的挑战者不断入局

随着虾米音乐的停更、网易云音乐的上市，"一超一强"的行业格局基本稳定。为了巩固既有优势，头部平台竞相发展视频业务、优化社交功能，不断拓展业务版图。与此同时，以短视频、网络音频为代表的视听类产品也

[①] 《流媒体时代互联网音乐发展现状及前景分析》，中研网，2022 年 4 月 19 日，https://www.chinairn.com/hyzx/20220419/151931857.shtml。

[②] 《从内容驱动到场景驱动，音乐产业的商业模式如何进化？》，"钛媒体 App"百家号，2021 年 12 月 2 日，https://baijiahao.baidu.com/s? id=1717990931093495228&wfr=spider&for=pc。

[③] 《8 亿用户量，2023 中国在线音乐市场规模将达到 500 亿元》，"我爱音频网评测室"百家号，2022 年 4 月 13 日，https://baijiahao.baidu.com/s? id=1729973000068866092&wfr=spider&for=pc。

[④] 《2021 年第四季度及全年未经审核财务业绩》，腾讯音乐娱乐集团网站，2022 年 3 月 21 日，https://ir.tencentmusic.com/2022-03-21-Tencent-Music-Entertainment-Group-Announces-Fourth-Quarter-and-Full-Year-2021-Unaudited-Financial-Results。

相继布局网络音乐市场，挑战现有格局。双方相互借鉴、交叉发展，跨界发展成为主流趋势。

（一）头部平台拓展视频业务与社交功能

2021年1月，虾米音乐宣布停止服务，网络音乐市场的竞争格局发生变化。第三方机构调研显示，酷狗音乐、QQ音乐、酷我音乐三大平台的活跃用户数量领先，三者均属于腾讯音乐娱乐集团，紧随其后的是网易云音乐、咪咕音乐等平台。[①] 2021年12月，网易云音乐正式在港交所上市，其各方面的业务建设提速，"一超一强"的行业格局被普遍认同。在行业秩序得以重塑、竞争版图有所调整的情况下，以网易云音乐为代表的头部平台竞相拓展新的业务，特别是加速短视频布局并强化社交功能。

网络音乐平台的视频化布局体现在三个方面。一是加强与短视频平台的合作，提升音乐内容的跨界传播能力。以网易云音乐为例，其加大与抖音等短视频平台的合作力度，双方发挥各自的资源优势，在扶持独立音乐人、打造音乐IP方面进行联动创新。二是不断完善平台自有的视频功能，快速发展视频业务。2021年，多款网络音乐应用进行了版本更新，短视频功能得以强化。音乐播放界面是用户接触频率最高的界面，一些平台选择将短视频内容嵌入该界面中，提升短视频内容的曝光率。例如，酷狗音乐的播放界面右滑后可以切换成为竖屏的MV内容，QQ音乐的播放界面下滑后可以切换为平台推荐的热门短视频。用户评论一直是网易云音乐的重要平台资源，网易云音乐通过将"Mlog"（短视频动态）的发布入口嵌入评论区，使优质的用户观点借助视频化方式实现了二次传播，增强了用户分享的趣味性。三是加强官方视频号的运营或推出专属主题活动，发挥短视频在音乐内容宣传或征集方面的作用。2021年4月，网易云音乐发布"PLAY视频计划"，尝试通过"音乐+视频"的全新方式助推原创音乐发展。2021年10月，QQ音

---

① 《2021年中国5G+新文创产业研究报告》，艾媒网，2021年5月21日，https://www.iimedia.cn/c400/78789.html。

乐、酷狗音乐、酷我音乐联合微信视频号发起"同频计划"活动，激励独立音乐人授权歌曲、发布视频。

增强平台的"社交"属性，建立用户的社群连接，也是网络音乐平台着力推进的运营方向。自我展现与关系构建是人类与生俱来的需求，在音乐平台上，用户可以通过收听音乐、发表评论、分享感受等行为进行自我呈现和关系构建。"歌单"往往体现不同用户的爱好，是用户个性的彰显，QQ音乐上线的"与好友共创歌单"功能可以发挥音乐在人群关系中的连接作用，激励用户通过音乐分享共建网上社区，增强用户的归属感。网易云音乐和酷狗音乐分别上线"一起听"和"听歌房"功能，为用户进一步打开社交空间提供可能。因"趣"连接，用户也会因为音乐以外的其他乐趣在网络音乐平台相遇。QQ音乐推出的名为"扑通星球"的陌生人社交功能可以通过双方喜欢的相同歌手、30天内听过的相同歌曲等大数据算法，将不同的用户进行匹配，匹配成功后双方可以用文字、图片交流，也可以分享音乐。"扑通小组""扑通话题""扑通动态"等功能的开发，则为明星粉丝的社群运营提供了便利，成为激发用户活力的有效方式。

（二）短视频平台竞相布局音乐产业

作为声音与画面的组合体，短视频与音乐密不可分。一方面，短视频的创作需要大量的背景音乐作为素材，短视频平台需要大量获取网络音乐并不断更新曲库；另一方面，短视频平台日益成为音乐宣传的重要途径，用户因为听到感兴趣的短视频音乐片段才会去网络音乐平台搜索并收听全曲。在这样的情况下，短视频平台期望通过提升自身的音乐产品提供能力，改变"为他人做嫁衣"的局面。2021年，字节跳动成立了音乐事业部，在音乐人扶持、版权库建设、音乐平台建设等方面发力，全面布局音乐产业。在音乐人扶持方面，字节跳动推出的"银河方舟"可以帮助音乐人一站式管理作品及收益；在版权库建设方面，字节跳动从合作模式转向投资模式，相继投资乐华娱乐、中视鸣达、泰洋川禾等生产优质音乐内容的公司；在音乐平台建设方面，2021年6月，抖音上线"音乐播放器"，为用户提供听全曲的功能，同年 12 月，"汽水音乐"作为"音乐版抖音"也开始内测。字节跳动试图打通包括内容生产、播放、宣发及版权运营在内的上下游音乐产业链。哔哩哔哩（以下简称"B 站"）也积极加入音乐阵营。在 B 站的内容板块中，"音乐"被作为独立专区加以建设，原创音乐、翻唱、演奏、音乐教学等海量 UGC 内容不断累积，用户翻唱、演奏等二次创作的作品成为宝贵的资源。B 站通过推出"音乐星计划""音乐 UP 主培养计划"，制作综艺节目《说唱新世代》，开发"音乐 PLUS"等措施，挖掘和吸引音乐人入驻，成长为颇具潜力的音乐创作平台。

（三）网络音频平台培植音乐频道

如果说短视频平台是全产业链布局、高调进入网络音乐行业，那么网络音频平台则是细水长流、悄无声息地进行音乐内容建设。无论是以喜马拉雅、蜻蜓 FM 为代表的综合性网络音频平台，还是以荔枝、猫耳 FM、懒人畅听为代表的垂直类网络音频平台，均推出了具有不同特色的音乐频道。与传统广播、网络音乐平台的音乐内容构建有所不同，网络音频平台的音乐内容主要有纯音乐、歌曲和音乐语言类节目三大类。纯音乐有白噪音、乐器演奏、节拍歌曲、影视作品中的背景音乐等；歌曲多为不同主题或风格的各类集锦；音乐语言类节目包括以音乐作为素材、与语言结合制作的各种类型的节目，主要有音乐故事、音乐情感分享、音乐榜单点评以及音乐教学课程等。网络音频平台为音乐内容建立了多样化的推荐机制，用户可以通过场景、类型、语言、曲风等指标，十分便利地获取音乐内容。较为典型的是各个平台设立的"排行榜"，如喜马拉雅推出的"热播榜""畅销榜""新品榜""口碑榜"四大榜单，每日实时更新，用户能够及时获取音乐内容的收听排名以及精选歌单、特刊推荐等。网络音频平台上的音乐创作主体多元，不仅有专业的主播及媒体团队，也有普通的用户或音频爱好者，还有拥有音乐技能的音乐人等，一些网络音频平台还组建了专门的音乐采编团队，通过自行录制、版权收集、联合共创等方式，推出优质音乐专辑。网络音频平台的音乐内容建设不仅极大地丰富了自身的内容品类，而且更好地满足了用户的多元需求，将对传统广播、网络音乐及音频行业产生深远影响。

（四）扶持独立音乐人成为行业共识

独立音乐人是指没有签约任何唱片公司的音乐人，其能够独立进行歌曲创作、录制及宣发等工作。相对于主流音乐，独立音乐往往更能适应快速变化的市场，能够洞察用户多元化的需求。独立音乐人集创作能力与演唱能力于一身，音乐制作的成本更低，运营更为灵活。"Z世代"的到来使得音乐欣赏更趋于个性化和多元化，独立音乐受到年轻人的喜爱，具有广阔的市场前景。网络音乐平台纷纷出台措施，加强对独立音乐人的挖掘，加大对优质原创音乐的扶持力度。腾讯音乐娱乐集团发起"2021小红花回响音乐季"活动，通过深度采访、原创视频、实地直播、音乐故事等形式，将音乐与公益结合，以"词曲创作营"为核心，向广大原创音乐人征集优秀的正能量歌曲作品，共计546位音乐人参与投稿，在线征集原创歌曲超过2405首。[1] 网易云音乐推出"云梯计划"，通过拓展词曲作者、制作人等音乐人身份认证功能，加大收益激励力度和对内容创作者的扶持力度。腾讯音乐娱乐集团和网易云音乐还分别推出直播音乐服务系统"音速达引擎"和一站式交易平台"Beat Soul"，服务于音乐作品的录制上传、版权保护及收益管理。2021年，腾讯音乐娱乐集团和网易云音乐的独立音乐人入驻数量分别达到30万人[2]和40万人[3]，为音乐内容源源不断地产出提供了保障。

---

[1] 《公共｜送你一朵"小红花"，腾讯用音乐传递公益》，"文旅中国"百家号，2021年12月22日，https：//baijiahao.baidu.com/s？id=1719824911881823522&wfr=spider&for=pc。

[2] 《国风音乐内容带动文化新风潮，腾讯音乐人以完善服务扶持体系助力国风音乐人持续成长》，极客公园网站，2022年2月23日，http：//www.geekpark.net/news/298904。

[3] 《2021年第四季度及全年未经审核财务业绩》，腾讯音乐娱乐集团网站，2022年3月21日，https：//ir.tencentmusic.com/2022-03-21-Tencent-Music-Entertainment-Group-Announces-Fourth-Quarter-and-Full-Year-2021-Unaudited-Financial-Results。

三　内容建设：差异化布局长音频，音乐疗愈或成新市场

音乐平台对用户的服务已不再局限于播放歌曲，"音乐+"模式正在渗透。在巩固社交娱乐这项支柱性业务的前提下，网络音乐平台通过布局长音频，向更为宽泛的声音市场发展，播客、广播剧、有声书等内容的建设力度加大，减压疗愈类的内容也受到重视。

（一）社交娱乐业务的强化

音乐作为一门艺术，不仅具有欣赏功能，也具有娱乐和社交的功能。除了"听"和"看"功能，音乐的"唱"和"玩"功能也不断得到开发，以在线 K 歌、音乐直播等为核心的社交娱乐业务逐渐成为拉动行业成长的增量因素。2021 年，中国在线 K 歌用户规模约为 5.1 亿人，渗透率约为 49.7%，这意味着每 2 个网民中就有 1 个有在线 K 歌的经历。[①] 2021 年 1 月，酷狗音乐全新上线 K 歌功能。网易云音乐开发 K 歌功能以后，出于完善产品线的考虑，推出了独立的 K 歌应用"音街"，致力于打造以"95 后"年轻人为主的音乐互动社区。在市场需求的驱动下，K 歌的内容品类不断丰富，在线伴唱、歌曲打榜、动态分享、多麦歌房、视频教唱等功能也相继推出，参与感的提升带动了其他年龄段用户群体规模的增长。为了更好地规划音乐内容和产品体系，腾讯音乐娱乐集团进行了大规模的组织架构调整，一方面成立内容业务线，负责引入优质音乐内容；另一方面整合产品部门，将腾讯音乐娱乐集团的直播团队与全民 K 歌的直播团队进行了整合，壮大社交娱乐业务的实力。根据 2021 年腾讯音乐娱乐集团财报，该集团社交娱乐业务的营收占比已达 76.54%。[②]

---

① 《2021 年中国在线 K 歌行业分析：用户规模持续扩张，兴趣社交兴起》，"艾媒网 iimedia"百家号，2021 年 12 月 8 日，https：//baijiahao.baidu.com/s？id = 1718587483718491791&wfr = spider&for = pc。

② 《2021 年第四季度及全年未经审核财务业绩》，腾讯音乐娱乐集团网站，2022 年 3 月 21 日，https：//ir.tencentmusic.com/2022-03-21-Tencent-Music-Entertainment-Group-Announces-Fourth-Quarter-and-Full-Year-2021-Unaudited-Financial-Results。

（二）泛音频化的内容生态拓展

以音乐为依托，向更为宽泛的音频领域拓展，大力发展语言类音频内容，拓展收听市场，是近年来网络音乐行业的共性动作，"泛音频化"成为整体趋势。主流音乐平台纷纷加速播客、有声书、广播剧等长音频内容的建设，激发音乐人、制片公司、有声内容创作机构及自媒体个人进驻，面向用户提供更为广泛的声音内容与服务，形成了各自的特色。腾讯音乐娱乐集团旗下的QQ音乐、酷狗音乐、酷我音乐重点发展听书业务，酷我畅听与懒人听书合并后，懒人畅听成为网络音频领域的全新品牌。QQ音乐的用户偏年轻化，脱口秀、热播剧集、有声漫画是QQ音乐重点建设的方向，酷狗音乐、酷我音乐的中老年用户较多，少儿、相声、情感等内容的优先级更高，这些音乐平台中音频内容所占页面比例甚至多于音乐内容。网易云音乐擅长营造社区氛围、渲染情感、挖掘故事，因此形式自由、故事性强的播客成为其长音频内容的特色。推动"音乐"与"音频"的融合，鼓励音乐人及音乐爱好者创作音乐播客或语言类的音乐节目，这在不少平台上均有体现。

（三）助眠减压服务受到重视

音乐可以帮助人们放松身心、调节情绪，在助眠减压、冥想疗愈等方面具有较大价值。近年来，疗愈音乐成为新兴产业，网络音乐平台尝试对用户的使用场景进行精准细分，提供不同形式的助眠减压服务，纯音乐、电台故事、脑波音乐等均成为重要的疗愈音乐类型。网易云音乐、酷狗音乐等均建设了专属的"助眠减压"模块，页面设计十分简约，只有播放暂停、收藏、选择声音、定时4个按键，背景多为1张风景图片，这样的设置与常规音乐界面区别开来，凸显了频道特性，更减少了用户的决策成本。酷狗音乐甚至提供"一键放松"功能，方便用户直接进入相关类型音乐的播放页面。调研数据显示，用户对疗愈音乐的付费意愿较强，26~30岁年轻人的付费意愿高达 65.4%，疗愈音乐产业堪称一片蓝海。[①] 除了加强疗愈内容建设，网络音乐平台还联合专业心理机构或医生，开展线上或线下活动，面向孤独症儿童等社会群体提供疗愈音乐服务。

四　市场营销：创新推广方式，拓宽营收渠道

市场环境的变化和技术手段的演进，推动了营销模式的创新，网络音乐平台借助话题发起、活动策划、社群运营等多种手段加大对平台、产品及音乐人、音乐作品的宣传推广力度。NFT（非同质化通证）音乐藏品的推出、广告营销形式的创新、用户付费意愿的强化，使得网络音乐行业的营收渠道进一步拓宽。

（一）多措并举，加大营销力度

在新的参与者不断入局、市场竞争越发激烈的背景下，网络音乐平台亟须借助多渠道的宣传推广，不断加强与用户的连接，提升品牌影响力。2021年，结合不同时期的社会热点，网络音乐平台策划推出不同主题的线上或线下活动，加大营销力度，增进与用户的情感互动。网易云音乐一直是话题营销的典范，2021年，通过推出"测试性格主导色""年度听歌报告"两款"H5"，再次证明了其营销实力。这两款"H5"洞察用户的心理与情感需求，集趣味性与话题性于一体，吸引用户纷纷转发，引发了较大范围的传播热度。2021年9月，网易云音乐还通过发布"村民证"的方式，为每名用户提供定制卡片，涵盖云村身份、云村贡献、口头禅、居住地等多项数据维度，展现个性化的听歌习惯与品位，增强用户的身份认同感，深化平台的社区属性。"村民证"上线2个小时，领取人数便突破200万人，[②] 产生了广

---

① 《从小而美到群雄并起，音乐治疗成了一桩10亿人的大生意》，钛媒体网站，2022年3月3日，https：//www.tmtpost.com/6026482.html。

② 《网易云音乐"村民证"正式发布　定制化卡片展现你的音乐品位》，极客公园网站，2021年9月16日，http：//www.geekpark.net/news/285516。

泛的影响。腾讯音乐娱乐集团则借助"TME live"现场演出品牌,在2021年举办了数十场现场表演,腾讯音乐娱乐集团举办的虚拟跨年音乐节有近10万人同屏互动。别具一格的地面活动往往能取得意想不到的效果,网易云音乐联合某社区推出的"还郑州一个七夕"活动,精选了20条乐评印在郑州市某胡同的红墙上,用乐评诠释感人瞬间,吸引线下用户联动反馈到线上,取得了良好的传播效果。

(二)巩固用户付费,开拓营收路径

经过多年积累,网络音乐逐步探索出多样化的变现渠道,如会员订阅、数字专辑销售、广告服务以及音乐衍生的社交娱乐服务,其产业化程度不断提高。2021年,通过发展线上K歌和音频直播等社交娱乐服务、加大联合会员的销售力度、推出高品质的原创音乐等措施,网络音乐平台的用户付费率大幅提升。截至2021年底,腾讯音乐娱乐集团的在线音乐订阅收入为73.3亿元,同比增长31.9%,付费用户人数达到7620万人。[①] 网易云音乐2021年度财报显示,在线音乐服务收入为33亿元,同比增长25.4%;在线音乐服务月付费用户数达2890万人,同比增长超80.0%,在线音乐服务付费率提升至15.8%。[②] 中国音乐产业已经使用户养成了为优质音乐内容付费的习惯,用户付费率迈过了10.0%的门槛,具有标志性意义。用户付费以外,网络音乐平台还通过打造NFT音乐藏品、创新广告营销形式等方式积极开拓新的营收路径。NFT数字藏品是数字艺术与区块链技术融合的产物,凭借加密结算、流通性强的优势,能够保证数字藏品的保值增值。2021年8月,腾讯音乐娱乐集团发布了国内首个NFT交易平台"幻核",并推出"限量版十三邀黑胶唱片NFT",不断测试NFT音乐藏品实现营收的可能性。此

---

① 《2021年第四季度及全年未经审核财务业绩》,腾讯音乐娱乐集团网站,2022年3月21日,https://ir.tencentmusic.com/2022-03-21-Tencent-Music-Entertainment-Group-Announces-Fourth-Quarter-and-Full-Year-2021-Unaudited-Financial-Results。

② 《云音乐股份有限公司发布2021财年业绩》,网易云音乐网站,2022年3月25日,http://ir.music.163.com/sc/news_press_detail.php?id=103368。

外，QQ音乐、波点音乐改变广告的投放方式，为用户提供以广告换权限的机会，用户可以通过收听广告免费获取歌曲收听和下载的权限，此举意在寻求"广告"与"用户付费"之间新的平衡点，如果这项用户习惯被培养成功，网络音乐平台借助"音乐"实现盈利的目标会更近一步。

五 结语

作为"耳朵经济"的重要构成，网络音乐在音频生态圈的创建中发挥着重要作用，其发展演进是声音产品不断迭代以更好地满足收听需求的过程。在政策、经济、技术等综合因素的共同作用下，中国网络音乐的竞争生态得以重塑。随着独家版权模式的消解，市场进入门槛降低，参与者得以有更充分的机会触达上游版权资源，整个行业的内容逻辑、运营模式正在重构。相较于单一的音乐内容，各平台所提供的复合型产品和服务正在成为拉动平台传播价值和商业价值的重要力量，音乐与短视频、社交、游戏、音频等业务的融合将不断深入，边界的模糊既带来了无限挑战，也存在难得的市场机遇。以用户为本，回归用户体验，打通全链条，融通全场景，通过产品和服务的创新去满足不同层次的个性化需求，才能在听觉争夺中行稳致远。

B.12
2021年中国网络音乐版权
保护的现状与发展报告

吴生华　周　健*

摘　要： 2021年是"十四五"规划开局之年，又是我国新修《著作权法》实施之年，中国网络音乐版权保护工作揭开了全新的一页。自2015年7月起，有关部门重拳出击，启动网络音乐版权专项整治行动，并确立实施以"停止侵权行为、引导规范授权模式、推动建立商业模式"为主要内容的数字音乐正版化以及优化生态"三步走"工作思路，网络音乐传播的版权秩序日渐规范。2021年，新修《著作权法》等法律法规实施，网络音乐版权保护适用法律制度进一步健全；国家市场监管总局作出行政处罚决定，责令腾讯控股有限公司及其关联公司30日内解除网络音乐独家版权，"中国网络音乐版权市场反垄断第一案"影响深远；授权模式和商业生态完善持续推进，网络音乐正版生态体系逐步建立；但短视频、网络直播等网络音乐版权问题凸显，版权执法监管亮剑新业态新领域。分析中国网络音乐版权保护工作的发展趋势，提出以下建议：版权授权模式需要进一步完善，网络音乐版权保护市场生态须继续营造；网络版权产业进入"万亿时代"，网络音乐版权投资应被看好；音频版权保护技术进一步发展，网络音乐维权进入技防时代。

关键词： 网络音乐　版权保护　区块链技术

---

* 吴生华，浙江传媒学院新闻与传播学院教授、硕士生导师；周健，浙江传媒学院新闻与传播学院2022级硕士研究生。

网络音乐是指通过互联网和无线网络等传播的音乐作品。由于网络技术带来的高效便利，用互联网和无线网络来传输以数字格式存储的音乐作品，已经成为音乐传播的主要方式。版权，一般是指著作权（Copyright），即有期限地保护著作人知识财产的权利。网络音乐在国内兴起于 20 世纪 90 年代，不同于磁带或 CD 等传统音乐出版方式，网络音乐一开始主要以在线方式为用户提供音乐资源，获取流量费和广告费。[①] 而随着短视频、网络直播等新业态的兴起，相应的 BGM（Background Music，即背景音乐）使用也涉及网络音乐版权的问题。互联网和无线网络的传播，促进了各类音乐的普及与发展，但也颠覆了传统的音乐传播方式，音乐产业从"唱片时代"进入"数字时代"，音乐作品被盗版和侵权的问题也更加泛滥。基于网络音乐没有经过授权就被大肆传播的问题的严重性，2015 年 7 月，国家版权局重拳出击，启动专项整治行动，加大监管执法的力度。自此之后，网络音乐传播的版权秩序日渐规范，但"一家独大"的版权垄断经营局面却越来越为人所诟病。2021 年 7 月，国家市场监管总局对腾讯控股有限公司及其关联公司依法作出行政处罚，责令其 30 日内解除网络音乐独家版权。[②] 随着版权新规定落地，独家版权模式走向终结，业内人士预言"中国在线音乐行业的盈利模式和竞争格局，都可能会迎来翻天覆地的变化"。回顾 2021 年中国音乐版权市场的风云变幻，整体市场更显公平性，也更趋透明化和开放化，平台的竞争也更加激烈。中国网络音乐版权保护工作将如何发展？本报告将基于对历史的回顾和对现状的考察，试作分析。

一 中国网络音乐版权保护的发展历程

我国网络音乐版权保护的主要法律依据就是《著作权法》。《著作权法》

---

① 袁茵：《在线音乐服务的现状、趋势及其创新路径》，《出版发行研究》2018 年第 1 期。
② 《市场监管总局依法对腾讯控股有限公司作出责令解除网络音乐独家版权等处罚》，国家市场监管总局网站，2021 年 7 月 24 日，https://www.samr.gov.cn/xw/zj/202107/t20210724_333016.html。

自 1991 年 6 月 1 日实施以来，历经 2001 年、2010 年和 2020 年 3 次修改。为适应网络著作权的保护需求，2001 年修正的《著作权法》，为著作权人、表演者和录制者定义了信息网络传播权，即以有线或者无线方式向公众提供作品，使公众可以在其个人选定的时间和地点获得作品的权利。[①] 同时明确了把作品传上网是著作权人的权利。为进一步加强对信息网络传播权的保护，2005 年，国家版权局又修订实施了《互联网著作权行政保护办法》，并明确这一办法适用于对版权相关权利人通过互联网"向公众传播其表演或者录音录像制品的权利"的行政保护。[②] 2006 年，国务院又颁布了《信息网络传播权保护条例》，作出了更加细致的规定。而根据 2020 年 11 月经第十三届全国人大常委会第二十三次会议通过、第三次修正的《著作权法》中对广播权的规定，广播的行为从仅限定在无线的方式扩大到有线的方式，其中包括网络直播，这意味着词曲作者等创作者向众多的网络直播平台主张权利有了更加明确的法律依据。

我国《著作权法》自 1991 年 6 月 1 日起实施，国家版权局和中国音乐家协会于 1992 年 12 月共同发起成立了中国音乐著作权协会（以下简称"音著协"），这个专门的音乐作品著作权集体管理组织将依法维护词曲作者和其他音乐著作权人的合法权益。目前，音著协通过会员授权、与海外同类协会签署相互代表协议等方式，管理着世界范围内 300 多万名词曲作者的超过 1500 万首音乐作品的著作权。截至 2021 年底，音著协国内会员总数已达 11356 人，包括词曲作者、继承人以及其他合法拥有音乐著作权的个人及团体。2021 年音著协年度著作权许可费收入约为 4.42 亿元，比 2020 年增长约 8.3%，保持连续 13 年增长的态势。同时，截至 2021 年底，音著协历年著作权许可费总收入突破 30 亿元大关，达到 30.30 亿元。[③] 2005 年，经

---

① 《中华人民共和国著作权法》（根据 2001 年 10 月 27 日第九届全国人民代表大会常务委员会第二十四次会议《关于修改〈中华人民共和国著作权法〉的决定》修正），国务院发展研究中心信息网，http://misc.drcnet.com.cn/DRCNet.Users.Web/Author/zzqf.aspx。

② 《互联网著作权行政保护办法》，国家版权局网站，2005 年 4 月 29 日，https://www.ncac.gov.cn/chinacopyright/contents/12232/355645.shtml。

③ 来自中国音乐著作权协会网站，https://www.mcsc.com.cn/。

过国家版权局批准，中国音像著作权集体管理协会（以下简称"中国音集协"）注册成立。作为有关权利人自愿结成的全国性、行业性社会团体，中国音集协是专门从事音像著作权集体管理的社会组织，其管理音像著作权主要通过会员授权，以及与海外同类协会签署相互代表协议，从而获得对海外音像作品进行管理的权利。根据年报，2020年，中国音集协实现版权使用费收入2.38亿元，会员总数达到357家，同比增长44.53%，涉及841位权利人，创历史新高。①

2008年，《中国音乐著作权管理与诉讼》通过知识产权出版社出版，这是我国第一本关于音乐版权保护的法律书籍，为音乐人处理版权事宜提供法律帮助。该著作第四章"网络音乐的版权指南"就网络音乐侵权的特殊类型、网络音乐侵权诉讼的注意事项、音乐网站版权解决方案和网络音乐的维权状况展开了专门的讨论。② 国内对网络音乐版权的主张，可追溯到2011年上百名音乐人发起的集体维权行动。2011年3~4月，小柯等音乐人发起华语音乐词曲作者维权行动，向百度发出公开信，提出"下线、道歉、赔偿、共谋发展"4项条件。在这一维权行动的推动下，2011年7月，百度宣布：环球、华纳、索尼国际三大唱片公司的在华机构已经与它签署数字音乐发行的授权协议。这一维权行动拉开了网络音乐正版化的序幕。③ 有关部门对网络视音频作品版权保护的出手，被认为是始于2014年的"中国版权第一案"。2014年5月，视频网站思路网被告侵权，该网站在破解正版电影和音乐作品后，以会员收费下载方式牟利，法院以侵犯著作权罪，判处其经营者有期徒刑5年，并处罚金100万元。同案的6人也被分别判处1~3年不等的有期徒刑。④

2019年7月，短视频MCN机构Papitube旗下视频博主"Bigger研究

---

① 来自中国音像著作权集体管理协会网站，https://www.cavca.org/。

② 蒋凯：《中国音乐著作权管理与诉讼》，知识产权出版社，2008。

③ 崔巍：《仅用五年即实现从盗版低质到健康繁荣发展，扶正祛邪网络音乐打盗版限垄断抑神曲》，《北京青年报》2017年10月5日，http://epaper.ynet.com/html/2017-10/05/content_265192.htm。

④ 王晟、张淑玲：《"中国版权第一案"思路网总裁拒不认罪遭重判》，图片中国网站，2014年5月16日，http://www.china.com.cn/newphoto/news/2014-05/16/content_32407036.htm。

所"未经授权，在一条关于美白牙齿小技巧的短视频广告中使用了日本知名独立音乐厂牌 Lullatone 在 2011 年发布的原创歌曲 *Walking on the Sidewalk*，被音乐版权商业发行平台 V. Fine Music（以下简称"V. Fine"）起诉，这起被称为国内"短视频商用音乐侵权第一案"的侵犯 Lullatone 录音录像制作者权案在北京互联网法院开庭。起诉方要求被告方赔偿音乐版权方的经济损失以及相应的维权开支。[①] 2019 年 8 月 30 日，法院判决被告构成侵权，赔偿版权方和相关的音乐人经济损失 4000 元和维权支出 3000 元。[②] 有关方面人士认为，相对于案件本身的赔偿金额，这一音乐版权案件对整个短视频行业的警示意义更加突出。因为 Papitube 由国内短视频红人"papi 酱"成立，所以此案引起了较为广泛的社会关注。这也让短视频作品中 BGM 的音乐版权问题浮出水面。在此之前，短视频市场快速增长，但短视频中 BGM 的使用一直处于法律模糊的边缘地带。

主管部门专门就网络音乐版权保护工作展开行动，被认为始于 2015 年。2015 年 6 月 10 日，国家版权局等四部门联合启动"剑网 2015"专项行动。以打击网络盗版侵权为主要目的的"剑网"专项行动开展 10 年来，第一次把打击网络音乐侵权盗版行为、规范网络音乐版权列为首要任务，严厉打击网络音乐传播的侵权盗版行为，促使音乐网站加强版权自律，规范相互授权，建立良好的运营生态。同年 7 月，国家版权局启动了规范网络音乐版权的专项整治行动，发布了《关于责令网络音乐服务商停止未经授权传播音乐作品的通知》。"责令各网络音乐服务商停止未经授权传播音乐作品，并于 2015 年 7 月 31 日前将未经授权传播的音乐作品全部下线"。[③] 这一政策被称为"史上最严版权令"，实施后对网络音乐正版化起到了十分明显的促进作用。数据显示，在规定时间内，全网共下线了没有经过授权的音乐作品 220 万多首，盗版音乐网站

[①] 《papi 酱公司被告，短视频商用音乐侵权首案将带来哪些余震》，澎湃新闻网，2019 年 7 月 24 日，https://www.thepaper.cn/newsDetail_forward_3991571。

[②] 《MCN 侵权首案获赔 7000 元，短视频风口之上警惕音乐版权风险》，第一财经网，2019 年 9 月 2 日，https://www.yicai.com/news/100316994.html。

[③] 《关于责令网络音乐服务商停止未经授权传播音乐作品的通知》，国家版权局网站，2015 年 7 月 9 日，https://www.ncac.gov.cn/chinacopyright/contents/12228/346323.shtml。

再也没有了生存的空间。"剑网 2015"专项行动开展之前，以网络音乐欣赏与下载为主业的中型网站有 400 多个，小型的个人主页有 1000 多个，整治后只留下了 16 个中型网站。同一年，腾讯、阿里等音乐平台开始尝试数字音乐专辑版权销售。同时，版权环境的改善，对我国数字音乐产业发展的促进作用也十分明显。《中国数字音乐产业发展报告》显示：2016 年，我国的网络音乐用户达 5.03 亿人，全国数字音乐产业的产值达 143.26 亿元，同比增长 39.36%。[①]

自 2015 年以来，每年的"剑网"行动都关注到了网络音乐侵权盗版行为。如"剑网 2016"专项行动通报的 21 起典型网络侵权盗版案件中，就有"上海'echo 回声'客户端软件侵犯著作权案"和"重庆'音乐一号'客户端软件侵犯著作权案"。前者未经权利人许可，通过"echo 回声"客户端向公众提供大量音乐作品，被责令停止侵权行为，并罚款 20 万元；后者未经权利人许可，通过"音乐一号"客户端传播大量音乐作品，被作出没收非法所得 3000 元、罚款 3 万元的行政处罚。[②]

2017 年，国家版权局等四部委针对网络音乐版权市场版权授权费用的哄抬、独家版权的争夺以及未经许可侵权使用音乐作品等问题和现象的再度回升，启动了"剑网 2017"专项行动，进一步巩固网络音乐版权整治成果。按照规范网络音乐版权市场和以"停止侵权行为、引导规范授权模式、推动建立商业模式"为主要内容的数字音乐正版化以及优化生态"三步走"工作思路，国家版权局直接约谈了主要网络音乐服务商、音乐公司和权利人组织，明确要求相关各方严格按照《著作权法》的要求，坚决抵制各种网络音乐侵权盗版行为，建立和完善组织内部的版权管理制度，积极推进网络音乐的版权授权和合理传播，维护网络音乐版权市场的良好秩序和环境，更好地为用户提供服务。在国家版权局的积极推动下，腾讯音乐、阿里音乐、

---

① 崔巍：《仅用五年即实现从盗版低质到健康繁荣发展，扶正祛邪网络音乐打盗版限垄断抑神曲》，《北京青年报》2017 年 10 月 5 日，http://epaper.ynet.com/html/2017 - 10/05/content_ 265192. htm。

② 《"剑网 2016"专项行动通报 21 起典型网络侵权盗版案件》，新华网，2016 年 12 月 22 日，http://www.xinhuanet.com//politics/2016 - 12/22/c_ 129416401. htm。

网易云音乐等网络音乐服务商加快解决版权遗留问题，妥善处理版权纠纷争议，积极开放独家音乐作品转授权。[①]

2018年7月，"剑网2018"专项行动把网络短视频领域未经授权复制、表演、传播他人的音乐作品，网络直播平台未经授权大量使用他人的音乐作品问题分别纳入短视频版权专项整治和重点领域版权专项整治内容。2018年9月，针对专项整治中发现的短视频平台企业突出的版权问题，国家版权局约谈了短视频平台抖音、快手等15家重点企业，要求它们增强版权保护意识，并切实履行好企业的主体责任，坚持《著作权法》规定的"先授权后传播"基本原则，规范版权使用与管理，没有经过授权不得直接拷贝或者表演、传播他人的音乐、影视等作品，不得滥用"避风港"规则，以用户上传的名义，侵权传播他人的作品。

2020年6~10月，"剑网2020"专项行动聚焦视听作品版权、电商平台版权等5个重点领域，对短视频领域存在的侵权盗版行为以及通过流媒体传播侵权盗版作品的行为予以严厉打击，整治盗版音乐网络链接、存储盗版音乐的网盘账号以及将盗版音乐用于网店设计和经营等行为，推动网络音乐版权授权体系进一步完善。[②] 值得一提的是，2020年9月17日，以"数字音乐产业生态版权治理与创新发展"为主题的2020中国网络版权保护与发展大会召开了专门的主题分会，国际唱片业协会、中国音集协、中国唱片集团有限公司、腾讯音乐娱乐集团、网易云音乐和咪咕音乐等共同发布《网络音乐版权保护与发展联合倡议书》，倡导自觉遵守著作权和与著作权有关的法律法规，抵制侵权，尊重音乐作品版权，增强用户的付费意识，推动网络音乐付费模式和网络音乐授权运营模式的建立。[③] 网络音乐版权保护成为各大网络音乐平台的主动行为。

[①] 赖名芳:《"剑网2017"：有效净化网络版权环境》，国家版权局网站，2018年1月18日，https：//www.ncac.gov.cn/chinacopyright/contents/12227/347498.shtml。

[②] 《国家版权局等四部门启动"剑网2020"专项行动》，国家版权局网站，2020年6月17日，https：//www.ncac.gov.cn/chinacopyright/contents/12511/351152.shtml。

[③] 姜旭:《业界联合倡议网络音乐版权保护与发展》，中国知识产权资讯网，2020年9月18日，http：//www.iprchn.com/Index_ NewsContent.aspx？ NewsId=124911。

二 中国网络音乐版权保护的现状

2021年是"十四五"规划开局之年，也是中国网络音乐版权保护发展非常重要的一年。6月，新《著作权法》施行；12月，国家版权局出台《版权工作"十四五"规划》。中国网络音乐版权保护工作揭开了全新的一页。

（一）新修《著作权法》等实施，网络音乐版权保护适用法律制度进一步健全

2021年6月1日，第三次修改的《著作权法》正式实施。新《著作权法》完善了著作权法律制度，强化了对著作权的保护，还加强了与其他法律的衔接，落实了近年来我国加入的版权国际条约中规定的义务，为维护版权秩序提供了法律支撑。[1] 新《著作权法》完善了著作权在网络空间的保护制度，扩大了广播权的保护范围，将网络主播现场演唱歌曲或者播放音乐以及在网络平台播放、转播音乐表演节目的行为纳入广播权保护范围。同时，引入"视听作品"概念，这也将音乐MV这一类的网络音乐作品纳入"其他视听作品"的版权保护范围，保护了作者的署名权和获得报酬权。

而在2021年3月1日，《刑法修正案（十一）》正式实施，将信息网络传播权、表演者权纳入刑事保护范围；提高了涉及侵犯著作权罪与销售侵权复制品罪两项罪名的法定刑上限，侵犯著作权罪法定刑最高可达10年，销售侵权复制品罪法定刑最高可达5年。2021年3月，《最高人民法院关于审理侵害知识产权民事案件适用惩罚性赔偿的解释》的颁布和实施，明确了侵害知识产权民事案件的法律适用标准，强化了惩罚性赔偿相关法条司法适用的可操作性，进一步推动了惩罚性赔偿制度的完善、加大了版权司法保护的力度，对切实阻遏严重侵害知识产权行为和维护良好版权秩序发挥着极为重要的作用。

---

[1] 《2021年中国版权十件大事》，国家版权局网站，2022年1月25日，https://www.ncac.gov.cn/chinacopyright/contents/12227/355815.shtml。

（二）2021年"中国网络音乐版权市场反垄断第一案"及其影响

2021年，反垄断的"重锤"砸向了网络音乐市场。国家市场监管总局于7月依法对腾讯控股有限公司及其关联公司的网络音乐独家版权、高额预付金和独家优惠条件等作出行政处罚决定，并采取责令其限期解除网络音乐独家版权、停止高额预付金等版权费用支付方式和对等条件等恢复市场良性竞争状态的措施。行政处罚决定公告显示，2016年，腾讯控股有限公司通过和市场主要竞争对手合并，独占曲库资源的市场份额超过80%。这样的版权垄断，几乎让其他竞争对手失去了生存的空间。此案被媒体普遍称为"中国网络音乐版权市场反垄断第一案"。

关于网络音乐版权市场的反垄断，最早可追溯到2015年，为了规范网络音乐版权市场的秩序，国家版权局于2015年就组织开展了专项整治行动，相关互联网音乐服务商下线了220多万首未经授权的音乐作品，并共同签署了《网络音乐版权保护自律宣言》，国内网络音乐版权市场秩序基本好转。但到2017年，市场上又出现了哄抬版权授权费用、抢夺独家版权等新问题，既不利于传播，也不利于产业健康发展。就此，2017年9月，国家版权局版权管理司分别约谈了腾讯音乐、阿里音乐、网易云音乐、百度太合音乐四大网络音乐平台负责人和华纳、索尼、中唱等20多家音乐公司以及国际唱片业协会等组织的负责人。要求他们落实主体责任，妥善处理版权纠纷，协商解决版权争端；遵循公平合理原则，不得哄抬价格，不得恶性竞价，避免采购独家版权购买音乐版权；消除障碍，推动建立良好的网络音乐作品转授权模式，促进音乐作品广泛传播。希望各音乐公司遵守著作权法律法规和国际条约，抵制侵权、依法维权。不挑动哄抬授权价格的恶性竞争行为，保障音乐作品著作权人的合法权益，探索建立网络音乐版权授权、合作和运营模式。①

---

① 窦新颖：《国家版权局约谈音乐公司共同维护网络音乐版权秩序》，中国知识产权资讯网，2017年9月19日，http://www.cipnews.com.cn/cipnews/news_content.aspx?newsId=102829。

事实上，国家市场监管总局针对腾讯控股有限公司及其关联公司签署音乐版权独家授权协议、涉嫌违法垄断经营的调查行动，最早启动于2019年初，而直到2021年7月，这项一波三折的调查行动才终于有了切实的进展。告别了独家版权模式，音乐市场的正常化才刚刚开始。业内人士认为，随着"中国网络音乐版权市场反垄断第一案"的监管处罚落地，国内网络音乐行业竞争格局将迎来巨大变化。这次的"中国网络音乐版权市场反垄断第一案"，直接从打破独家版权、规范版权支付方式切入，重塑了网络音乐版权市场的竞争规则，保护了市场的活跃和竞争的公平。完善了版权授权模式、有效解决了版权纠纷、规范了版权市场的竞争行为，通过鼓励原创推动了网络音乐产业发展和创新，为网络音乐产业和平台创造了更多的发展机会、提供了更广阔的发展舞台。可以预见，随着2021年版权新法的实施，网络音乐版权市场将更趋透明化、开放化，也更趋公平合理。但全国人大代表、山东艺术学院副院长、山东省音乐家协会主席刘晓静在向十三届全国人大五次会议提交的《关于近期互联网音乐平台反垄断执法的几点建议》中认为，部分版权买卖交易数额非常随意，独家版权成了侵害行业发展、盘剥音乐人的"合理外衣"。然而针对互联网音乐平台公司的处罚落地后，相关平台解除独家版权的推进动作还比较缓慢，只完成了少部分独家版权的解约。因此，她建议当前国家需要尽快组织成立调研组，研讨制定临时性"互联网音乐传播反垄断管理条例"，整顿版权交易市场，截断音乐作品独家版权延续渠道。①

（三）持续推进授权模式和商业生态完善，网络音乐正版生态体系逐步建立

早在2015年，国家版权局就将数字音乐版权专项整治纳入了"剑网2015"专项行动重点任务，同时确立了数字音乐正版化以及优化生态"三步

---

① 姚坤森：《刘晓静代表：建议加强互联网音乐平台反垄断执法》，光明网，2022年3月10日，https：//politics.gmw.cn/2022-03/10/content_ 35577930.htm。

走"工作思路,主要内容为"停止侵权行为、引导规范授权模式、推动建立商业模式"。经过"中国网络音乐版权市场反垄断第一案",国家版权局积极调节版权纠纷,推动开展授权合作,指导加强行业自律,各音乐平台相互开放独家音乐作品比例达到了99%以上。2021年,"三步走"工作思路来到了"第三步"。10月17日,第八届中国国际版权博览会之中国数字音乐版权发展分论坛在杭州举行,该论坛以"把握数字音乐新机遇,构建音乐版权新生态"为主题,由浙江省版权局、杭州市委宣传部、网易集团联合主办,网易云音乐承办。论坛就"版权开放共享新模式下,如何更好地建设全新的健康音乐版权生态""利用版权市场新机遇,助推中国原创音乐以及华语音乐产业健康发展"等展开了探讨。中宣部版权管理局局长于慈珂致辞:经过几年来多方努力和综合治理,数字音乐的市场版权秩序渐趋良好,全行业尊重版权的意识已经形成,当前,要持续开发版权价值,完善授权模式,改善商业生态,探索建立健康、开放的版权流通体系。[①] 该论坛同时发出《共建数字音乐版权健康新生态倡议书》,从构建版权保护新生态、营造版权流通新秩序、助推华语音乐高质量发展三个维度,提出深入推进数字音乐版权实际运用和价值转化、培育促进知识产权创新的行业环境、加速版权价值的实现。

随着网络音乐正版化的不断发展,网络音乐平台也积极利用平台技术探索建立直播平台与音乐权利人之间更便捷的授权通道,制定更加有效的版权管理方案。2021年9月,腾讯音乐推出正版直播音乐服务系统"音速达引擎"。该系统作为一个高效开放平台,通过版权曲库自助入驻,授权费用实时分账,保障上游版权方权益,同时化买为租、按需付费,降低平台及主播采购门槛,为建立健康发展的正版音乐生态提供服务。[②] 根据《崛起的中国数字音乐——数字音乐报告》对音乐人维权途径的调查,有过维权经历的音乐人中,约30%的音乐人通过网络音乐平台维权。网络音乐

---

① 《中国数字音乐版权发展论坛杭州举办 于慈珂出席并发表致辞》,中华网,2021年10月19日,https://tech.china.com/article/20211019/102021_901062.html。

② 宋涛:《腾讯发布正版直播音乐服务系统"音速达引擎"》,驱动中国网,2021年9月6日,https://news.qudong.com/article/776053.shtml。

平台不仅为音乐人提供专业法律帮助，也从技术层面改善了侵权现象。与此同时，商业化的个人版权音乐应用平台也赢得了较大的发展空间。以"商用罐头广告音乐授权购买"为标签、由上海火芽网络技术有限公司创建的"100Audio版权音乐"平台起步于被称为"中国数字音乐版权元年"——2015年的前夜。"2014年，国内电商飞速发展，但是在当时没有任何一家做版权音乐的电商平台"，在创始人于东风这样的意念之下，100Audio上线了。2019年4月，100Audio完成首轮融资，总额过千万元。① 据企业负责人透露，2020年，100Audio各项业务指标增长非常迅速，用户数量较2019年同期增长4倍，收入较2019年增长5倍多。② 成立于2015年的国内音乐版权商业发行平台V. Fine，其版权管理业务包括音乐授权、监测、确权等，成立3年后于2018年并购了豆瓣音乐业务。据悉，V. Fine成立以来，与今日头条、京东、微博等企业合作，累计服务2000多家机构品牌，完成数万次音乐授权。V. Fine不仅拥有了曲目丰富的自有版权曲库，并通过与各行业的平台和企业合作形成大数据库，通过人工推荐与数据分析，帮助音乐人与版权购买者实现精确匹配。③ 致力于让每一位创作者都用得起正版优质的BGM，由上海沁图网络科技有限公司开发的"猴子音乐"，于其2周岁之际即2021年7月，更名为"猴子音悦"，推出新版平台，并升级个人VIP商用权限，为不同行业客户提供商用正版音乐解决方案。社会组织方面，2021年8月，音著协在官网上线音乐著作权大集成服务系统（iSMC，Integrated System of Music Copyright），依托音乐作品著作权信息管理大数据系统和音乐使用监测大数据系统，集音乐作品信息数据和著作权服务于一体，为音乐著作权人、音乐使用者等产业主体提供版权服务。④

① 邱韵：《100Audio是谁？首轮千万融资后它要干什么？》，CSDN网站，2019年4月29日，https：//blog. csdn. net/yidiancaijing/article/details/89684318。

② 《音乐版权诉讼案连年增长　正版商用音乐平台快速发展》，证券日报网，2021年1月8日，http：//www. zqrb. cn/finance/hangyedongtai/2021-01-08/A1610044574908. html。

③ 《V. Fine Music专注数字音乐商业化　重构版权分发体系》，砍柴网，2019年5月31日，http：//news. ikanchai. com/2019/0531/290261. shtml。

④ 来自中国音乐著作权协会网站，https：//www. mcsc. com. cn/。

（四）短视频、网络直播网络音乐版权问题凸显，版权执法监管亮剑新业态新领域

2021年，短视频、网络直播等新业态新领域网络音乐版权问题凸显，特别是网络主播在直播中未经授权复制、表演、通过网络传播他人音乐、影视等作品行为较为普遍，成为"剑网2021"专项行动整治的重点。截至2021年9月底，各级版权执法监管部门在"剑网2021"专项行动中，查办网络侵权案件445件，关闭侵权盗版网站和客户端245个，处置删除侵权盗版链接61.83万条，推动短视频、网络直播等相关网络服务商清理各类侵权链接846.75万条，其中涉及网络音乐使用版权问题的占了相当高的比例。①

关于短视频平台配乐侵权的问题，2020年，音著协曾召开短视频平台音乐版权维权情况发布会，称我国短视频用户规模达到8.81亿人，占整体网民的87%，短视频平台每日新增短视频高达千万条，但平台和网络主播无视音乐著作权人权利，滥用未经授权音乐，网络音乐的盗版侵权之风在短视频领域卷土重来。10位权利代表人介绍了版权作品被短视频平台侵权的情况，提出共同建设短视频平台合法使用音乐录制品的行业经营环境。面对短视频音乐侵权乱象，央视发表评论认为：短视频音乐侵权泛滥，一个重要原因是侵权成本低、利润空间大，而相应的维权成本却很高。治理乱象，应多管齐下，集中整治短视频平台方、拍摄剪辑软件与 App 的开发运营方，呼吁社会形成维护知识产权的共识，监管与执法部门要积极履职。② 另据中国互联网络信息中心发布的《中国互联网络发展状况统计报告》，截至2021年6月，国内网络直播用户达6.38亿人，占网民整体规模的63.1%。同时，根据《2020年中国网络表演（直播）行业发展报告》，截至2020年底，国

---

① 刘彬：《"剑网2021"专项行动查办网络侵权案件445件》，《光明日报》2021年9月29日。

② 岳山山：《热评丨你的短视频音乐侵权了吗？别抱着"先用了再说"的心态》，央视网，2020年11月12日，https://m.news.cctv.com/2020/11/12/ARTIKcFWBviXANpSVYF6SRZe201112.shtml。

内网络直播主播账号已超 1. 3 亿个。BGM 无论在短视频还是网络直播中都不可或缺。而大多数短视频使用的 BGM、网络音乐主播直播播放的音乐或演唱的歌曲，都并未取得权利人的授权，因此短视频、网络直播侵犯网络音乐版权的问题还需要引起进一步重视并加以整治。

三　中国网络音乐版权保护工作发展趋势分析

（一）版权授权模式需要进一步完善，营造网络音乐版权保护市场生态

国家版权管理机关高度重视网络音乐的版权保护工作，早在 2015 年，国家版权局就确立了数字音乐正版化以及优化生态"三步走"工作思路。但直到目前，网络音乐版权授权模式仍尚未成熟。在日常生活中，人们为视频、电子相册配乐的现象司空见惯，配乐可以烘托氛围、渲染情感，为视听作品增色。但未经许可将尚在保护期的音乐使用于短视频配乐，并发布到网上，就有可能构成网络音乐侵权。因此，进一步完善版权授权模式，营造网络音乐版权保护市场生态还需要持续发力。

（二）网络版权产业进入"万亿时代"，网络音乐版权投资被看好

2021 年 6 月 1 日，国家版权局举办 2021 中国网络版权保护与发展大会。大会发布的《中国网络版权产业发展报告（2020）》显示，2020 年中国网络版权产业市场规模首次突破万亿元大关，达到 11847. 3 亿元，同比增长 23. 6%。① 该报告认为网络音乐用户付费率攀升是我国网络版权细分产业发展的新亮点。该报告提供的数据显示：2020 年，中国网络音乐用户规模达 6. 58 亿人；中国网络音乐市场规模达 333 亿元，同比增长 18. 5%；"十三

---

① 《2021 中国网络版权保护与发展大会：网络版权产业进入"万亿时代"，拼多多将继续践行知识普惠战略》，央广网，2021 年 6 月 3 日，http：//www. cnr. cn/tech/techph/20210603/t20210603_ 525503329. shtml。

五"期间网络音乐版权市场日趋规范化，音乐平台朝多业态融合方向升级，推动网络音乐市场规模增长 132.0%；用户付费意愿增强，付费率和月均消费金额攀升，2020 年中国网络音乐付费用户规模突破 7000 万人，同比增长 6.1%；"十三五"期间用户付费率连年上升，2020 年付费率达到 10.9%。网络音乐版权市场的规范化发展，以及由此带来的连年的高增长率，让网络音乐版权投资日渐被看好。界面官方财经号"音乐先声"曾发布《2021 年，中国音乐产业十大趋势预测》，其中有一条就是"版税征收真不易，商用音乐、公播音乐或爆发"。该文章认为，商用音乐对应的场景极为丰富，新《著作权法》施行后，可能会发生一批侵权诉讼案，进而加强公众、品牌对于商用音乐版权的认知。而商用音乐授权领域目前已有包括腾讯系的爱听卓乐、腾讯正版曲库直通车和 V. Fine，HIFIVE 嗨翻屋音乐旗下的曲多多、100Audio 等，这些垂直赛道的公司大多拿到了资本投资，未来前景值得看好。[①] 目前，国外音乐版权投资渠道主要包括为音乐人量身定做的融资工具"收益回报型风险投资"、音乐版税基金和面向散户的在线版税交易平台等，相信类似的网络音乐版权投资产品也会在我国被开发并发展起来。

（三）音频版权保护技术进一步发展，网络音乐维权进入技防时代

随着网络音乐版权交易平台日益成熟，音频作品的版权保护技术也得到了长足的发展，网络音乐维权进入技防时代。如为了保护版权和维权，100Audio 独立研发了一种对音频文件进行追踪的技术——数字水印技术，俗称"数字音频签名"技术，100Audio 可以为授权的每一首音乐加上独一无二的数字标识。"数字音频签名"并不是在试听过程中所接触到的音频水印，它只存在于音频文件中，但人耳是听不到的。音乐被加上数字标识后，剪切音频或进行音频转码、视频转码、音频重采样等操作，都不会使数字标识消失。音乐作品在被出售时，系统会将唯一的"数字音频签名"

---

① 范志辉：《2021 年，中国音乐产业十大趋势预测》，界面新闻网站，2021 年 1 月 30 日，https：//www.jiemian.com/article/5623905.html。

注入其中，作品一旦售出，"数字音频签名"将作为唯一标识跟随每一个购买订单、每一位音频购买者。同时这个"数字音频签名"可精确锁定并全网追踪已售出音乐作品的使用情况，最大限度地保护创作者和购买者双方的合法权益。① 同样地，V. Fine 也研发了行业领先的音频加密技术V. Fine Tech，通过对版权音乐的检索、监控和保护，进一步帮助原创音乐人维权。

与音频加密技术相比，目前人们更为看好的网络音乐版权保护技术是区块链技术。从本质上来说，区块链是共享数据库，它具有不可篡改、不可伪造、公开透明、可溯源等特点。区块链技术的取证、存证流程成本低、效率高，为版权保护提供了新的思路。2020 年 11 月，最高人民法院出台《关于加强著作权和与著作权有关的权利保护的意见》，明确允许当事人利用区块链技术来保存、固定和提交证据，解决举证难的问题。2021 年 6 月，最高人民法院发布《人民法院在线诉讼规则》，首次对应用区块链技术存储数据的真实性进行法律认定作出了规则指引，提升了法院对电子数据证据的认定效率。2021 年 4 月，成都一家文化传播公司起诉广州某科技公司在其运营的音乐平台上，未经许可向社会公众提供涉案歌曲的在线播放和下载服务，提交的证据就是"区块链存证证书"，该证据由音乐版权确权、交易"一站式"服务平台——音乐蜜蜂提供。法院审理认为，原告方运用区块链技术取证、存证的电子证据，具有可信、不可篡改等特征，应予确认其真实性并采信。最后经成都市中院终审判决，认定被告方侵犯了原告的信息网络传播权，责令其停止侵权并赔偿损失。② 因此，区块链技术的出现以及在版权领域的合理有效运用，将在构建和打造版权行业的良性生态环境、赋能音乐作品版权保护、推动音乐产业整体发展方面起到积极的作用。

---

① 《100Audio：维护音乐版权我们用这项黑科技》，比乐族网站，2019 年 10 月 30 日，https://www.bilezu.com/html/189422644.html。

② 单鹏：《区块链技术赋能版权保护：突破"最难环节"提高维权效率》，中国新闻网，2021年 10 月 1 日，http：//www.sc.chinanews.com.cn/zxjzzsc/2021-10-01/156312.html。

B.13
2021年中国网络音乐用户收听分析报告

张帅 孙杨*

摘 要: 由于互联网持续渗入网民日常生活,在线音乐平台体系亦日趋完善,中国网络音乐行业近年来呈现出稳中有进的发展态势。2021年,网络音乐用户规模攀升,其中,男性比例持续升高,年轻群体不断涌现,城市分布相对平均,中高消费水平用户占比较高,付费模式日渐凸显。网络音乐的收听场景愈加丰富,网络音乐渗入用户工作和生活的各个时段。线上演唱会等新兴形式的推广为网络音乐市场带来不同以往的发展机遇。网络音乐不断开拓收听渠道,努力实现与短视频、阅读、广播等的联动发展。互联网音乐收听生态日趋系统化。

关键词: 网络音乐 用户画像 音乐传播

网络音乐向来是众多网民不可或缺的生活方式。《第49次〈中国互联网络发展状况统计报告〉》[①] 显示,截至2021年12月,中国网民规模达到10.32亿人,网络视频(含短视频)用户规模达到9.75亿人,网民使用率94.5%;网络音乐用户规模达到7.29亿人,网民使用率70.7%,同比增长10.8%。网络音乐的用户规模仅次于短视频和新闻,增长率仅次于网络直

---

* 张帅,北京外国语大学国际新闻与传播学院博士研究生;孙杨,河南工业大学新闻与传播学院本科毕业生。

① 《第49次〈中国互联网络发展状况统计报告〉》,中国互联网络信息中心网站,2022年2月25日,http://www.cnnic.cn/hlwfzyj/hlwxzbg/hlwtjbg/202202/t20220225_71727.htm。

播。在网民整体规模增速缓慢的前提下，网络音乐用户仍能取得相对较高的增长率，表明2021年网络音乐产业进一步释放出了自身潜力。并且，相对于2020年网络音乐的网民使用率下降、用户规模增速放缓的情况，2021年网络音乐用户规模增速的提升更加值得解析。

本报告通过对易观分析《2022年中国在线音乐市场年度综合分析》[①]、QuestMobile《2021声音经济洞察报告》[②]、艾媒咨询《2021—2022年中国车载音乐市场发展趋势研究报告》[③]、艾瑞咨询《2021年中国场景音乐用户洞察白皮书》[④]、电台工厂《2021年音乐类广播频率收听状况大盘点》[⑤]、腾讯《2021腾讯娱乐白皮书》[⑥]、腾讯网《腾讯音乐发布2021年度财报，在线音乐付费用户7620万再创新高》[⑦]、未来网《网易云音乐2021年财报发布：社区生态日益繁荣　用户歌单超31亿》[⑧] 等各类网络平台发布的相关数据进行收集、整理和分析，对2021年全国网络音乐用户的特点进行了归纳分析。

一　全国网络音乐用户画像描述

通过聚焦2021年全国网络音乐用户的年龄、性别、收入、城市线级分

---

① 《2022年中国在线音乐市场年度综合分析》，易观分析网，2022年3月17日，https：//www.analysys.cn/article/detail/20020398。

② 《2021声音经济洞察报告》，"圣香大数据"微信公众号，2022年1月12日，https：//mp.weixin.qq.com/s/wg-1R4-7cYJNbuKatW7zfA。

③ 《2021—2022年中国车载音乐市场发展趋势研究报告》，艾媒网，2022年3月7日，https：//www.iimedia.cn/c400/83823.html。

④ 《2021年中国场景音乐用户洞察白皮书》，三个皮匠报告网，2022年1月4日，https：//www.sgpjbg.com/baogao/58620.html。

⑤ 《2021年音乐类广播频率收听状况大盘点》，"电台工厂"微信公众号，2022年3月16日，https：//mp.weixin.qq.com/s/O5SZOkuYOxPvS86YkgHcag。

⑥ 《2021腾讯娱乐白皮书》，腾讯网，2022年1月29日，https：//new.qq.com/omn/20220129/20220129A07CN900.html。

⑦ 《腾讯音乐发布2021年度财报，在线音乐付费用户7620万再创新高》，腾讯网，2022年3月22日，https：//new.qq.com/rain/a/20220322A028KC00。

⑧ 《网易云音乐2021年财报发布：社区生态日益繁荣　用户歌单超31亿》，腾讯网，2022年3月24日，https：//xw.qq.com/cmsid/20220324A0C5P100。

布等社会属性的梳理，一方面可以助力网络音乐行业在巩固原有用户的基础上发掘潜在用户，从而制定行之有效的产品策略，并以此构建更为完善的产品生态；另一方面可为网络音乐用户自身提供参考，使其能够在一定程度上洞悉自身所处的整体音乐环境。

（一）用户规模增速提升

近年来全国网络音乐用户规模攀升，2021年的增速较之以往更为显著。综合易观分析相关数据和《第49次〈中国互联网络发展状况统计报告〉》，全国网络音乐用户规模从2016年的4.60亿人逐年攀升至2021年的7.29亿人，尤为引人注意的是，继2020年网络音乐用户规模增速放缓后（增长率3.8%），2021年网络音乐用户规模增速明显提升，增长率达到10.8%。同时，在全国网民整体规模增速趋缓的背景下，网络音乐用户规模增长率能实现提升，说明网络音乐的市场潜力得到了进一步释放。

（二）男性用户比例持续提高，年轻用户不断涌现

2021年，全国网络音乐用户性别比例差距持续扩大，年龄结构同比发生较大变化。易观分析和中科网联数据科技有限公司[①]调查数据显示，2021年全国网络音乐用户中，男性用户占比持续上升，达到56.9%，[②] 同比上升4个百分点；在年龄分布方面，62.9%的用户集中在34岁及以下，24岁及以下和25~34岁的用户占比相较于2020年均有上升，分别上升8.6个和8.4个百分点；相比之下，35~44岁用户占比下降了2.9个百分点，45岁及以上中老年用户占比下降了14.1个百分点，降幅达到48%（见图1）。年轻用户已然成为网络音乐用户群体中不可忽视的力量，客户群体年轻化是2021年网络音乐用户年龄结构变化的主要特点。

---

① 下文均简称为CCData。
② 《2022年中国在线音乐市场年度综合分析》，易观分析网，2022年3月17日，https://www.analysys.cn/article/detail/20020398。

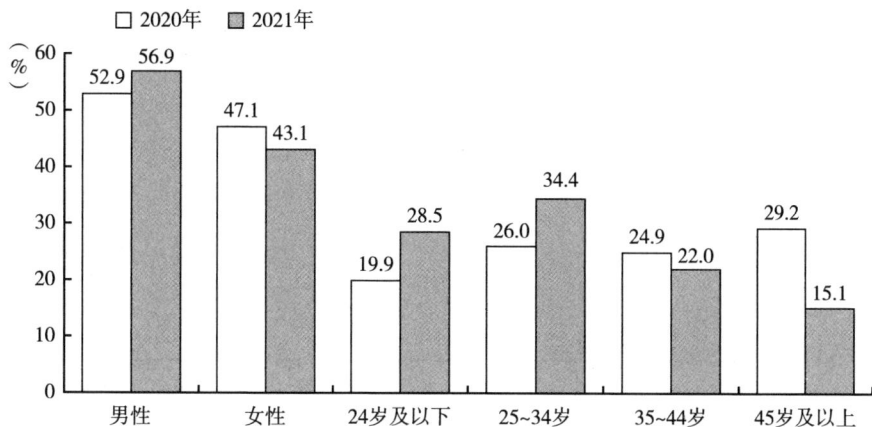

图1　2020年和2021年全国网络音乐用户收听轮廓（性别及年龄）

资料来源：CCData《2020年中国网络音乐用户收听分析报告》、易观分析《2022年中国在线音乐市场年度综合分析》。

（三）用户城市线级分布均衡，消费人群结构集中

2021年，从全国网络音乐用户所处城市的情况来看，整体城市线级分布相对平均。不同线级城市的用户规模占比相差不大，多在10%~20%浮动，其中一线和五线城市用户规模占比略低，分别占比12.3%和10.4%（见图2）。相对于下沉市场的庞大人口基数，四、五线城市用户规模则仍有较大提升空间。未来行业在制定市场开拓战略时，可以适度照顾四、五线城市等下沉市场的用户需求，进一步细分用户定位，以贴合相应用户偏好的音乐战略进行产品开发与传播。

2021年，全国网络音乐（消费人群）分布较为集中，中等消费人群和中高消费人群占比较高，分别达到35.3%和32.5%（见图3）。消费人群结构向中等及中高消费人群倾斜的态势展现出了全国网络音乐市场的盈利潜力。以腾讯音乐为例，其2021年全年总营收达312.4亿元，同比增长7.2%，在线音乐付费用户超7620万人，同比增长36.1%，在线音乐付费率达12.4%。[①] 同

---

① 《腾讯音乐发布2021年度财报，在线音乐付费用户7620万再创新高》，腾讯网，2022年3月22日，https：//new.qq.com/rain/a/20220322A028KC00。

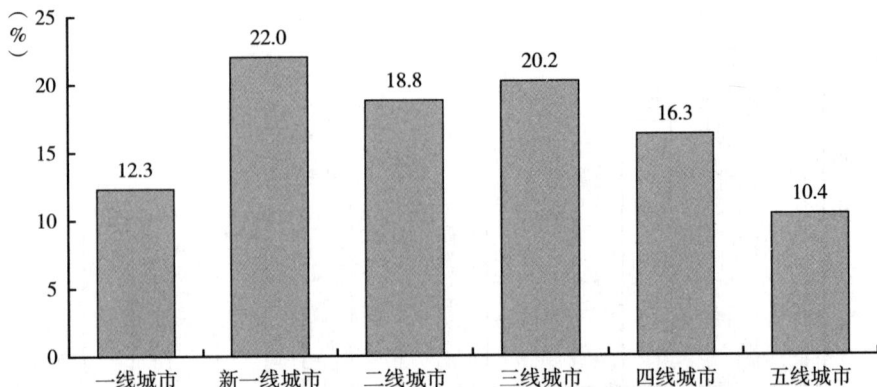

图2 2021年全国网络音乐用户收听轮廓（城市线级分布）

资料来源：易观分析《2022年中国在线音乐市场年度综合分析》。

样，网易云音乐2021年在线音乐服务月付费用户数达2890万人，同比增长超80.0%，在线音乐服务付费率进一步提升至15.8%。[①]

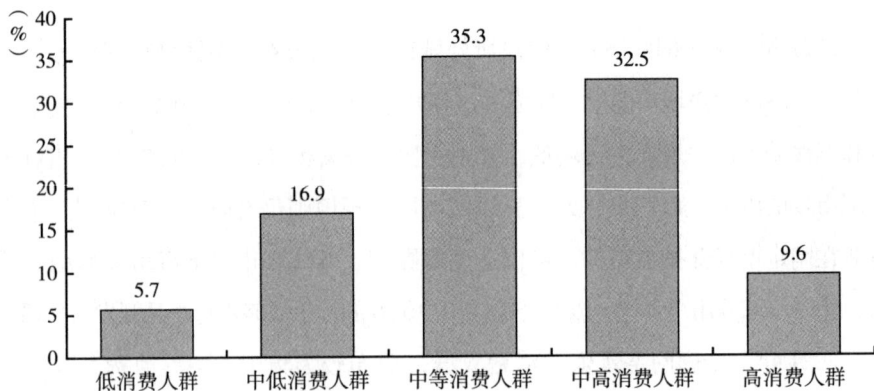

图3 2021年全国网络音乐用户收听轮廓（消费水平结构）

资料来源：易观分析《2022年中国在线音乐市场年度综合分析》。

---

① 《网易云音乐2021年财报发布：社区生态日益繁荣 用户歌单超31亿》，腾讯网，2022年3月24日，https://xw.qq.com/cmsid/20220324A0C5P100。

二　中国网络音乐用户的收听偏好与特点

对全国网络音乐用户的画像分析，是从性别、年龄、消费水平等人口统计学信息处入手。若要进一步把握用户行为趋向，还须对收听时段、收听场景、付费意愿、选择偏好等进行细致挖掘，精准把握用户收听行为特征，总结出不同用户群体的特征标识。网络音乐行业亦可基于用户的基础行为特征，推出更为贴合用户需求的产品。

（一）网络音乐收听时段全天化，渗入各类使用场景

网络音乐用户在线活跃度呈现出全天化趋势，音乐收听逐步渗入用户生活中的各个场景。根据易观分析调查，用户在白天属于活跃状态，7：00～21：00活跃度较为平稳，17：00～20：00达到活跃度高峰，此后开始下降。[①]较为持续的活跃度曲线表明了网络音乐的收听渗入用户使用的各个时段，渐渐无缝衔接生活、通勤、工作等各类场景。在现代人作息时间后移的背景下，网络音乐用户活跃度从20：00开始下降的节点就略微显得早了一些。而且，网络音乐用户晚间活跃度开始下降的时段恰好是移动电台用户活跃度的攀升期，收听网络音乐的用户从20：00开始减少，同为声音产品，移动电台的用户活跃度却在此时段开始大幅上升。这或许意味着，未来网络音乐市场若要拓展产品使用场景，把握睡前经济的场景化营销或是突破之处。

（二）场景音乐用户画像洞悉

在特定场景下选择收听有特定氛围的音乐，是当下许多用户选择网络音乐的主要因素之一，这种被赋予了不同场景使用功能的音乐便是"场景音

---

① 《2022年中国在线音乐市场年度综合分析》，易观分析网，2022年3月17日，https：//www.analysys.cn/article/detail/20020398。

乐"。场景音乐通过对音乐品种的细分和推荐,用以满足不同用户群体的差异化需求。对场景音乐用户画像的研究有助于平台方、产品方、技术方更好地了解用户需求,完善音乐内容与推荐方式。

2021 年,艾瑞咨询数据显示,运动场景下收听音乐的用户占比最高,达到 84.9%。① 睡眠场景、工作学习场景、车载场景和疗愈场景下,用户选择收听音乐的比例也均超过 50.0%(见图 4)。

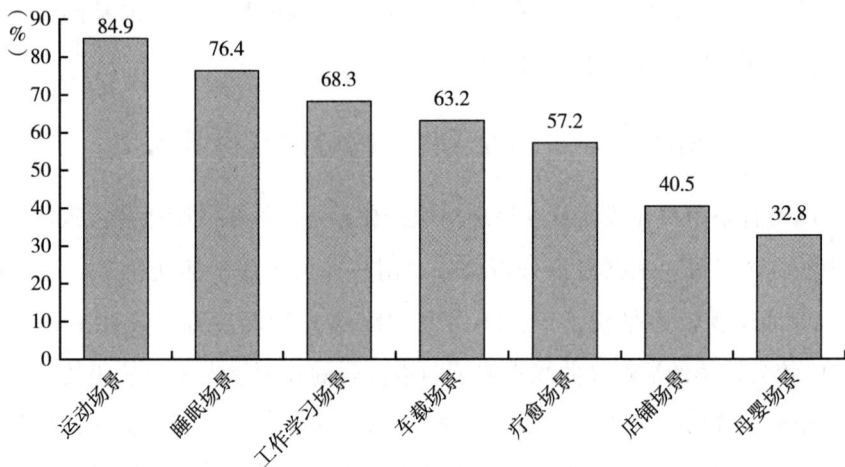

图 4 2021 年音乐用户在不同场景下选择收听音乐的比例

资料来源:艾瑞咨询《2021 年中国场景音乐用户洞察白皮书》。

1. 运动场景音乐用户收听行为分析

跑步和健身场景是运动场景音乐用户的主流选择,不同运动偏好用户的收听时长有所不同。根据艾瑞咨询数据,在 2021 年中国运动场景音乐用户收听歌单情况中,健身歌单和跑步歌单的收听比例远高于瑜伽歌单,分别达到了 43.0% 和 49.9%,瑜伽歌单仅占 7.1%(见图 5)。通过分析用户收听习惯可发现,健身歌单单次收听在 3 小时以上的人数远超其他两个歌单的人数,占比达到 38.8%。超过半数的音乐用户收听跑步歌单的时长在 1~2 小时(见图 6)。

---

① 《2021 年中国场景音乐用户洞察白皮书》,三个皮匠报告网,2022 年 1 月 4 日,https://www.sgpjbg.com/baogao/58620.html。

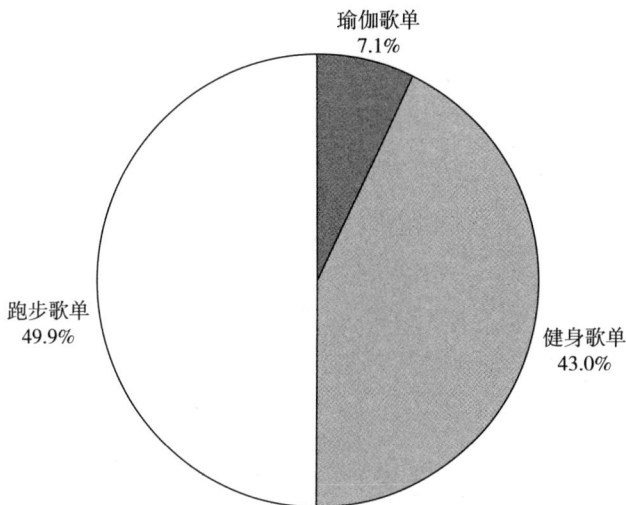

图5 2021年运动场景音乐用户收听歌单情况

资料来源：艾瑞咨询《2021年中国场景音乐用户洞察白皮书》。

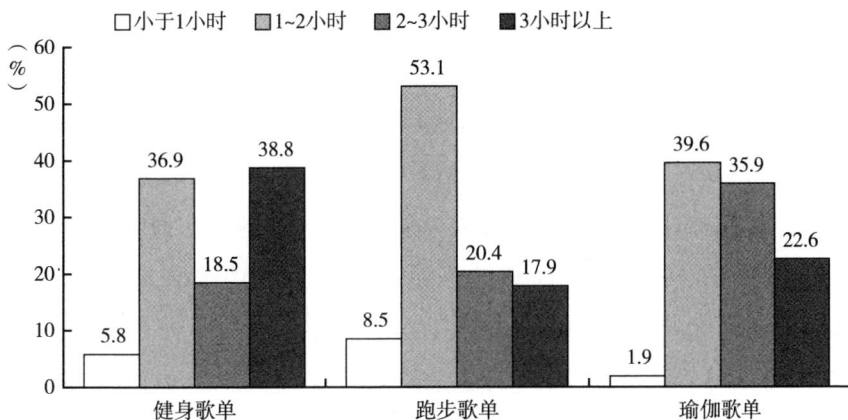

图6 2021年运动场景音乐用户单次收听时长

资料来源：艾瑞咨询《2021年中国场景音乐用户洞察白皮书》。

运动场景下用户黏性较高的直观体现是听歌频率较高。2021年，在运动场景下，27.7%的用户收听频率为平均每周4~5次，每天多次收听的用户占比最高，达到32.7%（见图7）。

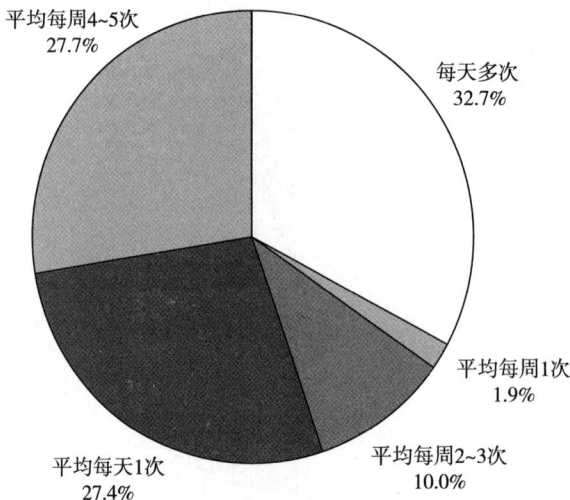

图 7　2021 年运动场景音乐用户收听频率

资料来源：艾瑞咨询《2021 年中国场景音乐用户洞察白皮书》。

2. 睡眠场景音乐用户收听行为分析

2021 年，睡眠场景音乐的陪伴属性突出，用户收听时段相对集中。睡眠场景下，收听频率为平均每天 1 次用户占比最高，达到 47.9%。用户整体黏性较高，收听频率在平均每周 4~5 次及以上的用户占比高达 78.3%（见图 8），通过对睡眠场景音乐用户收听时段的分析，可以明显看出用户收听时段较为集中，在工作日，21：00~24：00 收听睡眠场景音乐的用户占比高达 59.3%。在节假日，0：00~6：00 的用户收听占比明显提高，共计提升 6.4 个百分点，这或许从侧面说明了节假日用户入睡晚的现象显著（见图 9）。

3. 疗愈场景音乐用户收听行为分析

舒缓解压是疗愈场景音乐用户的主要诉求。从疗愈场景音乐用户收听类型偏好分析上来看，83.7% 的用户中意舒缓解压音乐（见图 10）。曲风轻松、温暖，能起到解压和舒缓情绪作用的音乐成为疗愈场景下用户主要考虑的择曲方向。该场景下，每天多次收听疗愈场景音乐的用户占比最高，达到 30.2%，每天平均收听疗愈场景音乐 1 次及以上的用户高达 57.5%（见图

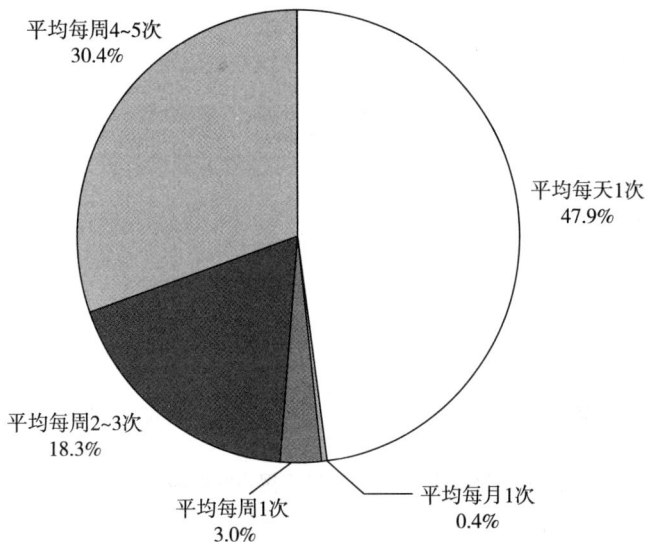

图8 2021年睡眠场景音乐用户收听频率

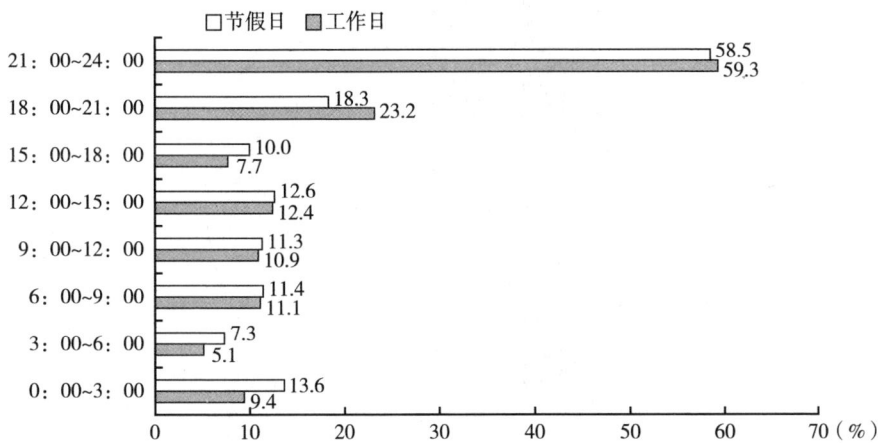

图9 2021年睡眠场景音乐用户收听占比及时段

资料来源：艾瑞咨询《2021年中国场景音乐用户洞察白皮书》。

11），且用户收听时长主要集中在1~2小时（见图12），可见用户黏性较高。

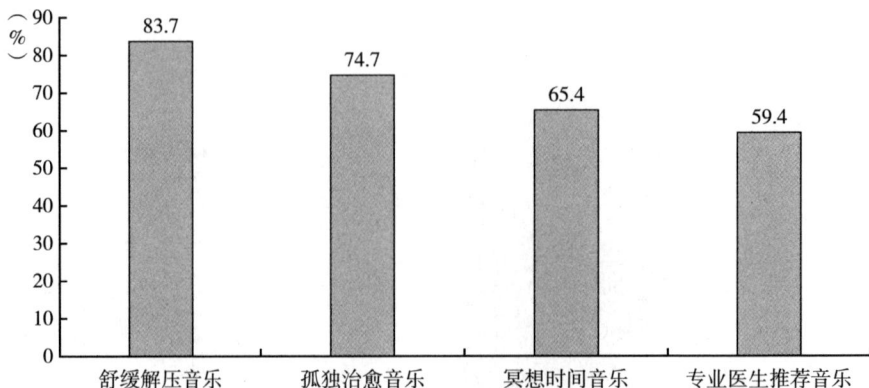

图10　2021年疗愈场景音乐用户收听类型偏好

资料来源：艾瑞咨询《2021年中国场景音乐用户洞察白皮书》。

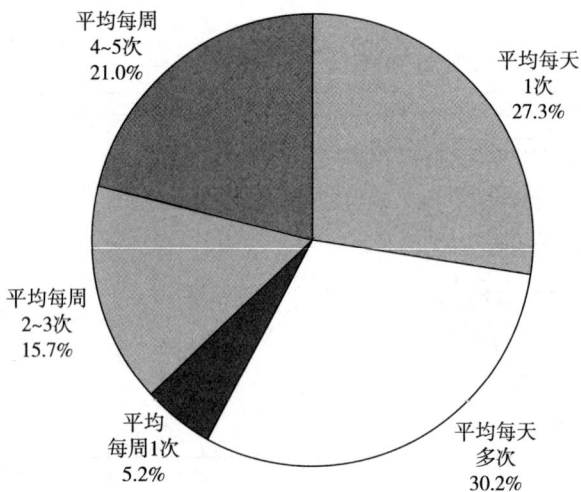

图11　2021年中国疗愈场景音乐用户收听频率

资料来源：艾瑞咨询《2021年中国场景音乐用户洞察白皮书》。

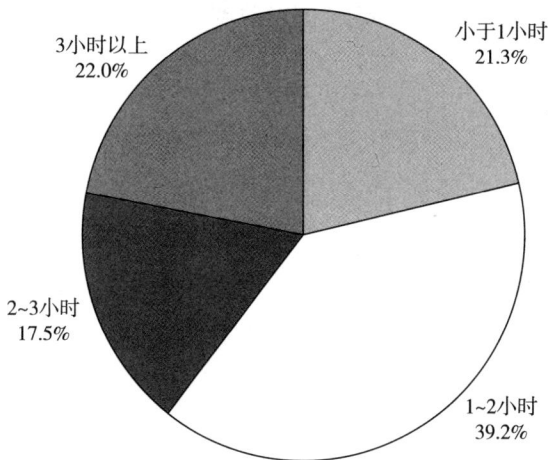

图12 2021年中国疗愈场景音乐用户单次收听时长占比

（三）内容联动，扩展音乐收听边界是新潮流

2021年，中国网络音乐用户在视频、短视频、综合阅读等领域的表现同样活跃。实现不同领域的联动或许是网络音乐行业的未来发展之道。在各大音乐平台上，短视频平台带动的热门歌曲也成为用户收听的主要选择之一。在QQ音乐上，歌单"（持续更新）抖音最全BGM"的播放量达到15.1亿次。短视频正在成为部分用户选择音乐曲目的影响因素。

不少网络音乐用户在阅读文字时有听音乐的习惯。根据易观分析数据，在2021年移动音乐用户行业偏好中，有声阅读和综合阅读的TGI[①]指数分别达到184.9和125.8，[②]这意味着网络音乐用户对阅读兴趣浓厚，且对阅读关注较多（见图13）。从综合阅读角度而言，看书的同时听音乐可为用户营造良好阅读氛围，带来更佳的阅读体验。除了用户主动寻找相应的阅读歌单，网络音乐平台也可尝试为用户提供更为精准的音乐，如

---

① Target Group Index，即目标群体指数。TGI指数等于100表示平均水平，指数越高则代表该类用户对某类问题的关注程度越高。

② 《2022年中国在线音乐市场年度综合分析》，易观分析网，2022年3月17日，https：//www.analysys.cn/article/detail/20020398。

通过大数据和算法综合个人喜好和当前阅读内容，为用户推送与之匹配的背景音乐。

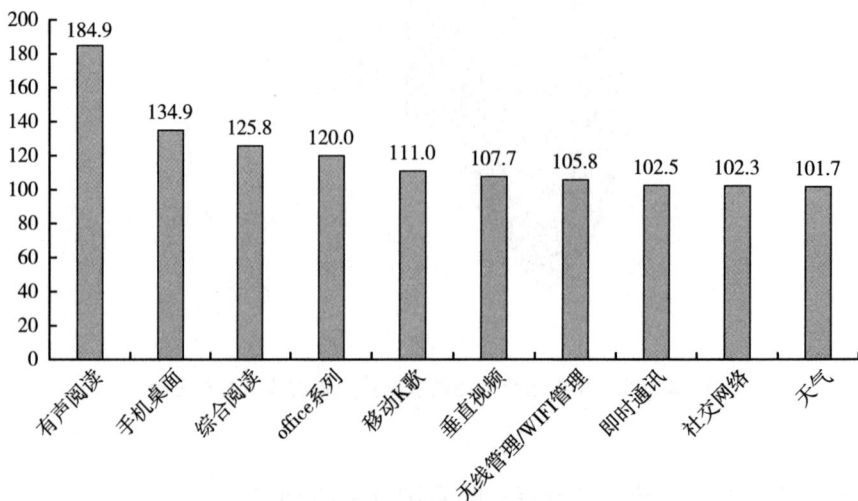

图 13   2021 年移动音乐用户行业偏好 TGI 指数

资料来源：易观分析《2022 年中国在线音乐市场年度综合分析》。

（四）用户规模优势明显，黏性略低于其他声音行业

根据 QuestMobile 数据，在典型的声音细分行业中，网络音乐因发展较早，故现有用户规模庞大，相较有声听书、网络音频和网络 K 歌等其他声音行业优势明显（见图 14）。从用户黏性角度来看，网络音乐则存在提升空间。

在用户日均使用时长上，网络音乐用户日均收听 47.6 分钟，高于 4 个典型声音细分行业 33.9 分钟的平均值（见图 15）。网络音乐用户日均使用次数为 7.9 次，与有声听书用户日均使用次数持平，略低于网络音频用户日均使用次数（见图 16）。目前，相较于中国网民总基数而言，中国网络音乐用户规模已相当可观。未来网络音乐市场的拓展除须关注用户规模扩张，更应注重提升用户黏性，并进一步挖掘既有用户的消费潜力。

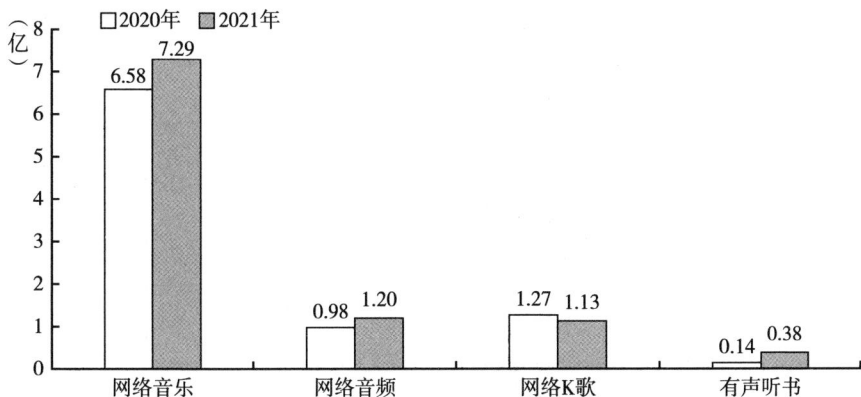

图14 2020年和2021年典型声音细分行业用户规模

资料来源：QuestMobile《2021声音经济洞察报告》。

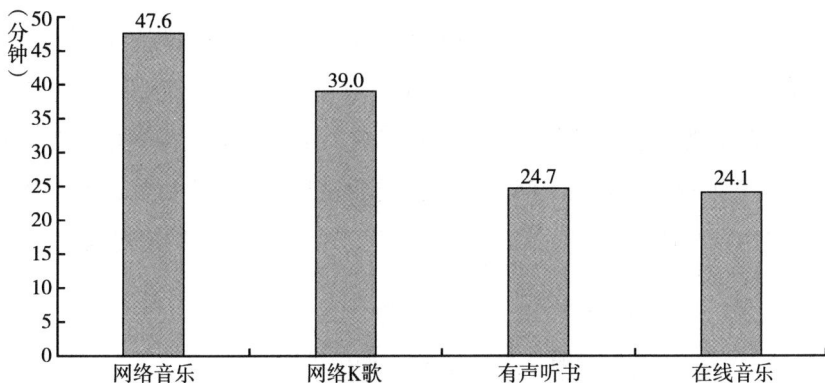

图15 2021年典型声音细分行业用户日均使用时长

资料来源：QuestMobile《2021声音经济洞察报告》。

（五）疫情防控常态化时期，线上演唱会成为行业新机遇

疫情防控常态化时期，线上演唱会成为网络音乐市场的新兴发展机遇。《2021腾讯娱乐白皮书》数据显示，线上演唱会的用户性别比例较为均衡，线下演唱会则显然更受女性用户欢迎。[①] 从用户年龄分布来看，不同年龄段

———————————

[①] 《2021腾讯娱乐白皮书》，腾讯网，2022年1月29日，https://new.qq.com/omn/20220129/20220129A07CN900.html。

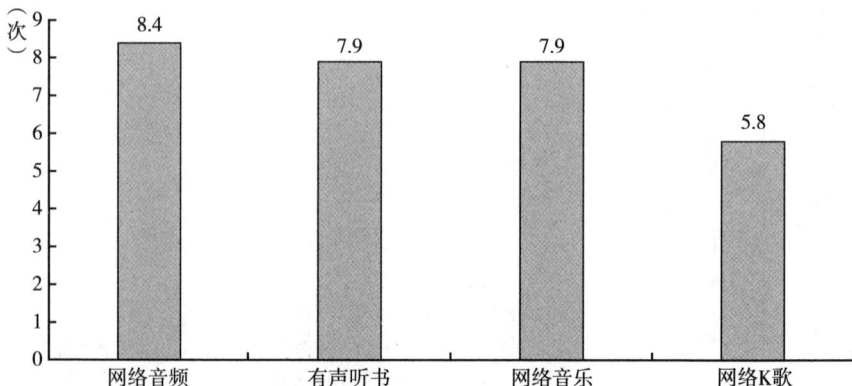

图16 2021年典型声音细分行业用户日均使用次数

资料来源：QuestMobile《2021声音经济洞察报告》。

的用户对线上和线下演唱会的接受程度差别明显。对线下演唱会接受程度较高的用户主要集中在25~35岁，其余年龄段的用户对线下演唱会接受程度普遍较低；反观线上演唱会，其在不同年龄段用户中的接受程度较为均衡，24岁及以下年轻用户对线上演唱会的接受程度最高，TGI指数达到119.43，41~50岁用户群体接受程度次之（见图17）。综合来看，用户对线上演唱会

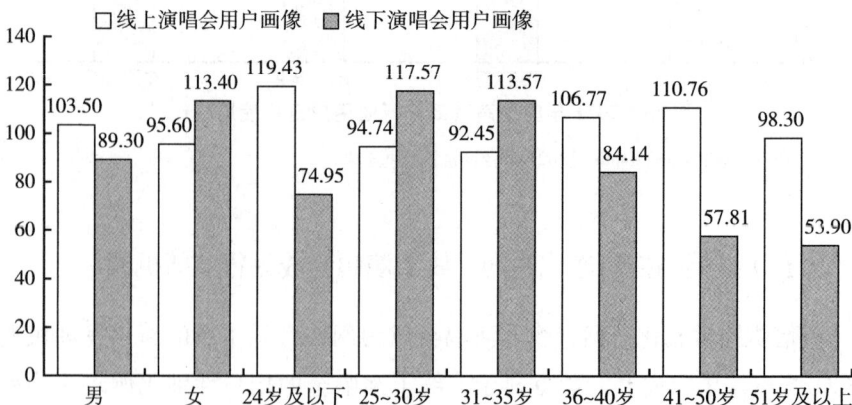

图17 2021年中国演唱会用户收听轮廓（性别及年龄TGI指数）

资料来源：《2021腾讯娱乐白皮书》。

的接受程度平均值高于线下演唱会，这一现象或是由于线上收听成本较低，且收听方式较为便捷。

从城市线级分布上来看，线上演唱会在各级城市用户中接受程度较为均衡，各级城市用户对线上演唱会的接受程度都比较高，其中，四线城市及以下的下沉市场用户接受程度最高，相较而言，四线城市及以下用户对线下演唱会的接受程度不高。

（六）车载音乐用户画像分析

近年来，日益增多的汽车品牌方与在线音乐平台展开密切合作。例如，酷我音乐作为最早一批进入车载音乐市场的网络音乐平台，目前，其前置智能车机渗透率已超过80%，[①] 与超过60个汽车品牌方存在合作关系。除此之外，QQ音乐、网易云音乐、酷狗音乐等头部网络音乐App也在不断开拓车载音乐市场。随着5G技术和车载OS系统的升级和普及，车载音乐与车联网系统全方位融合，车载端已成为许多用户收听网络音乐的主要渠道之一。

1. 机动车高保有量和智能汽车渗透率带动车载音乐前装市场发展

中国网相关数据显示，中国汽车保有量逐年稳步增长，2021年达到3.02亿辆。[②] 与此同时，中国智能汽车销量和保有量也在攀升。随着汽车市场的更新迭代，旧式非联网汽车不断被淘汰，联网智能汽车的占比将逐步走高，车载网络音乐市场会持续扩大，音乐平台渗透率随之日渐提升。

2. 性别比例均衡，用户主要为高线级城市青年群体

根据艾媒咨询相关数据，全国车载音乐用户中，女性用户的比例略高于男性用户的比例，占比达到53.8%；26~40岁的青年群体是车载音乐主要用户，占比超过八成（见图18）。用户主要集中在二线城市及以上，一线、

---

① 《2021—2022年中国车载音乐市场发展趋势研究报告》，艾媒网，2022年3月7日，https：//www.iimedia.cn/c400/83823.html。

② 《2021年全国机动车保有量情况是怎样的?》，中国网，2022年3月22日，http：//guoqing.china.com.cn/zhuanti/2022-03/22/content_ 78122038.htm。

新一线、二线城市用户分布比例相差不大，分别为 25.6%、28.8%、25.6%，三线及以下城市机动车保有量较低，因此用户分布比例相应较低（见图 19）。①

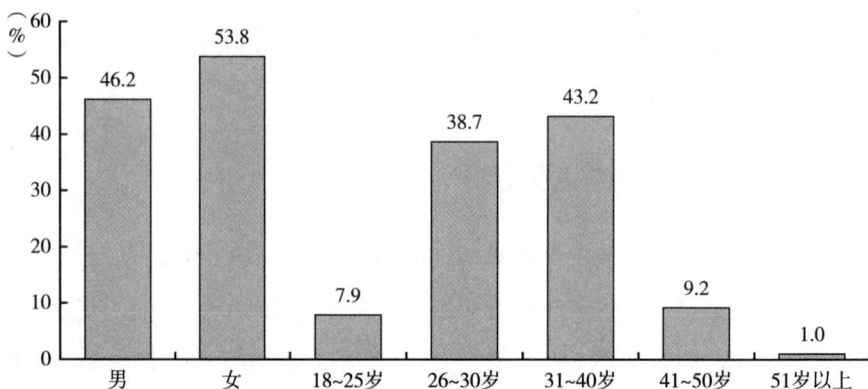

图 18　2021 年全国车载音乐用户收听轮廓（性别和年龄）

资料来源：艾媒咨询《2021—2022 年中国车载音乐市场发展趋势研究报告》。

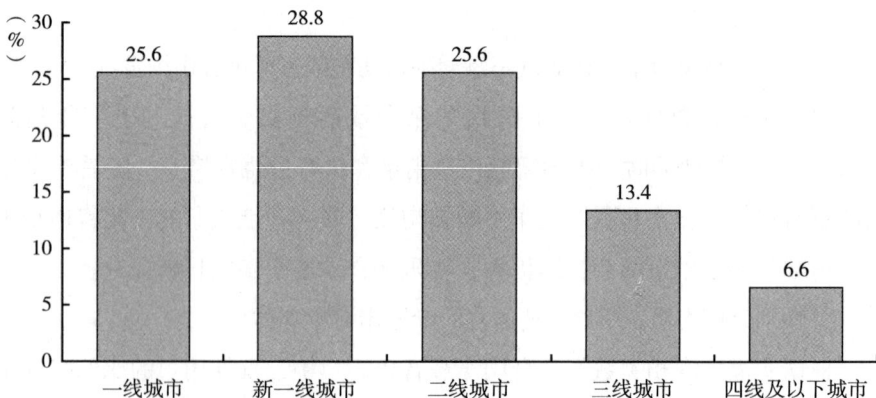

图 19　2021 年全国车载音乐用户收听轮廓（城市分布）

资料来源：艾媒咨询《2021—2022 年中国车载音乐市场发展趋势研究报告》。

---

① 《2021—2022 年中国车载音乐市场发展趋势研究报告》，艾媒网，2022 年 3 月 7 日，https：//www.iimedia.cn/c400/83823.html。

3.车载音乐使用场景集中，收听渠道多元

外出休闲旅游和工作通勤等日常驾驶场景是车载音乐的主要收听场景，占比均超过70.0%，相比之下，全职司机、兼职驾驶网约车或巡游车占比较低（见图20）。用户收听车载音乐的渠道较为多元，选择车载无线电台的用户比例最高，达到54.2%；使用车载预装软件、自己下载的车载软件和连接手机蓝牙播放的用户也不在少数，使用比例均超过40.0%。车载无线电台由于出现时间较早，因此使用比例略高。随着联网车型使用率不断提高，网络音乐平台与汽车生产商的合作不断加深，未来车载音乐软件的使用比例会不断上升。相较于无线电台，车载音乐软件资源丰富、分类细致、音质与收听效果好的优点较为突出，未来优势将会进一步显现。

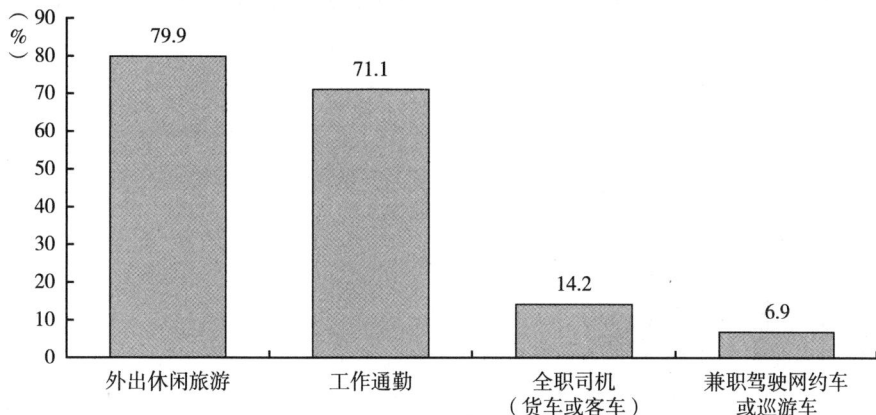

图20　2021年全国车载音乐用户收听场景调查

资料来源：艾媒咨询《2021—2022年中国车载音乐市场发展趋势研究报告》。

三　音乐广播频率走向线上，为网络音乐收听打开新渠道

随着媒体深度融合进程不断加快，传统音乐广播与网络音乐的界限开始消失，日益增多的音乐广播频率可在线上收听。在音频平台上收听广播音乐

已经成为用户收听音乐的渠道之一。音乐广播频率走向线上主要分为两种情况：一是与第三方平台合作，将自身产品内容投放至蜻蜓FM等第三方平台上；二是打造自有平台，如上海东方广播旗下的阿基米德、北京广播电视台推出的听听FM等。

（一）与第三方平台合作是主流，自有平台同样具备发展前景

根据电台工厂相关数据，从使用平台来看，在10个头部音乐类频率的收听平台中，蜻蜓FM稳居榜首，2021年市场份额相较于2020年略有上升，达到18.8%。市场份额占比排名前三的App（蜻蜓FM、微信、喜马拉雅）均为第三方音频平台。在电台频率自有App中，阿基米德市场份额最高，占比为3.4%；大蓝鲸占比为2.7%。阿基米德市场份额增速明显，拥有一定的发展前景。[①]

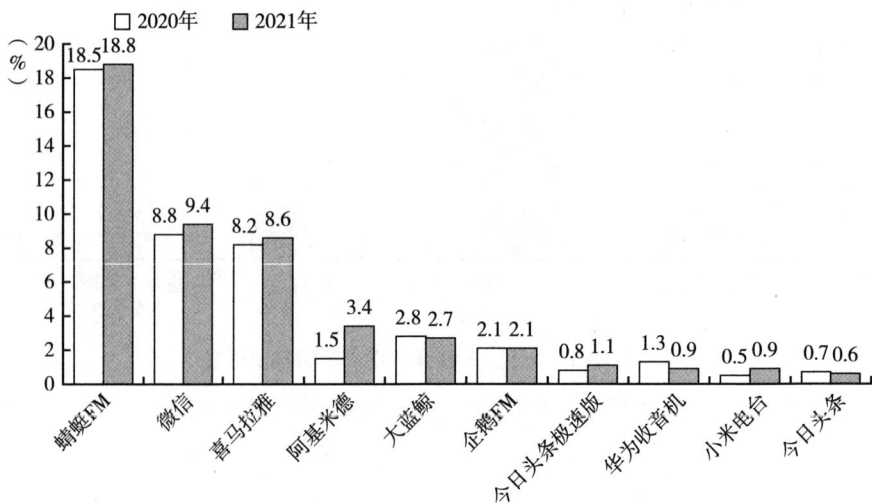

图21 2021年10个头部音乐类频率收听平台市场份额

资料来源：电台工厂《2021年音乐类广播频率收听状况大盘点》。

[①] 《2021年音乐类广播频率收听状况大盘点》，"电台工厂"微信公众号，2022年3月16日，https：//mp.weixin.qq.com/s/O5SZOkuYOxPvS86YkgHcag。

（二）听音乐是广播自有平台用户的主要选择之一

在广播自有平台上，音乐成为用户收听的主要内容之一。以北京广播电视台听听FM为例，音乐类内容是网络用户在听听FM上浏览或收听最多的选项，用户收听比例高达42.02%（见图22），无形中，听听FM等广播自有平台也成为用户收听网络音乐的渠道。以往广播音乐节目的强互动性、陪伴性是其优势，这一优势在广播自有平台上被再次发挥，直播流节目可以被进一步拆分为多种单元节目，线上聊天室使得你来我往的互动可视化，听众参与互动的热情有了被激发的新可能。

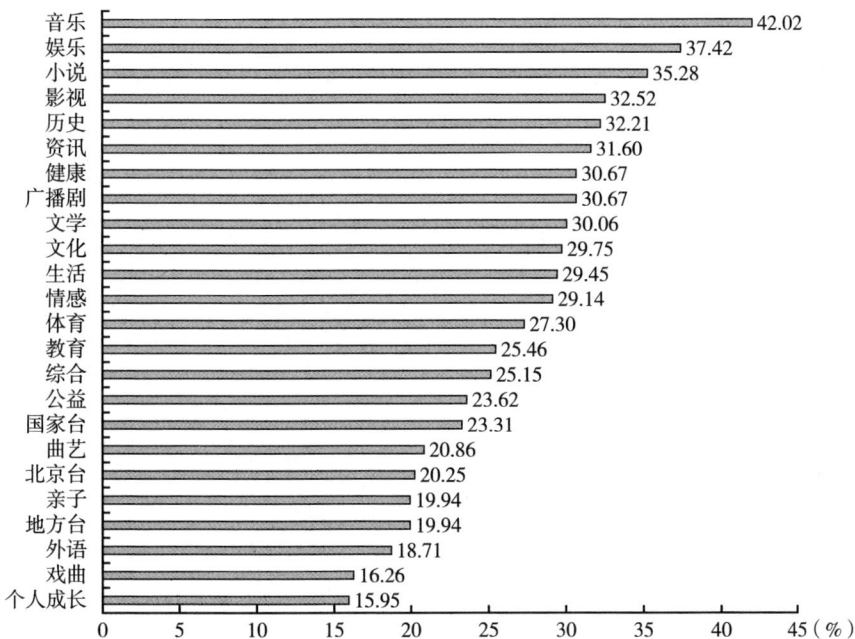

图22 2021年用户在听听FM上经常浏览或收听的内容

资料来源：CCData《2021中国音频用户全景调研白皮书》。

四 结语

综观2021年全国网络音乐用户的画像分析，用户规模不断扩大，付费意识不断加强，这反映出未来网络音乐市场具备可持续的发展潜力。不断迭代的网络技术叠加着变动不居的现实生活，催生线上演唱会火热、传统音乐广播转型和车载音乐市场规模扩大等趋势，这对于网络音乐行业来说挑战与机遇并存。在行业竞争与合作日益加剧的背景下，各类网络音乐平台理应推出更为优质的内容、拓展更为多元的收听渠道、打造更为完善的服务体系，以此进一步营造风清气正的网络音乐收听环境。

网络听书篇
Audio Books Online

B.14
2021年中国有声书市场发展报告

王 宇 李丹丹*

摘　要： 随着互联网数字技术的发展、人们阅读习惯的改变、政策的推动以及社会经济的发展，有声书在我国成为越来越受欢迎的音频内容产品。目前我国是全球第二大有声书市场，有声书产业不断快速发展，市场体系也逐渐成熟。有声书产业链的上游主要是文字制作版权商；中游主要是内容制作方，"喜马拉雅""蜻蜓FM""荔枝"三家平台形成头部效应，有声书的生产模式有UGC、PGC和PUGC三种；下游用户呈现年轻化特征，对有声书的收听出于多种目的且应用场景广泛，年轻及新一线城市用户付费意愿更强烈。在未来，有声书的应用场景将会更广泛、盈利模式将会更丰富，更多玩家加入赛道激发商业潜力，同时也需要产业的变革和创新，突破瓶颈，以实现高质量发展。

关键词： 有声书　数字阅读　用户付费

---

* 王宇，中国传媒大学文化产业管理学院教授；李丹丹，中国传媒大学文化产业管理学院硕士研究生。

有声书即有声读物，最初源于美国，早期较为权威的定义为美国音频出版商协会（APA）的认定："包含不低于51%的文字内容，复制和包装成盒装磁带、高密度光盘或单纯数字文件等形式进行销售的录音产品。"①随着声音出版行业的发展和数字技术的进步，有声书逐渐发展出新的含义。目前的有声书主要是指通过图书等文字内容的有声化，以数字媒介为载体在网络平台传播的音频产品。其属于网络音频的一种，是数字阅读的延伸。

有声书以声音的形式传播，具有伴随性和渗透性的特征，用户可以在做家务、通勤、排队时等多种场景收听，充分利用碎片化时间。同时相较于纯文字阅读，有声书的朗读、音效等使用户更有在场感，能带来不一样的用户体验。有声书给用户提供了新的阅读方式，更进一步推动了数字阅读的发展和全民阅读生态的构建。听有声书无须认字，极大地降低了阅读门槛，使得听众范围上至老人下至学龄前儿童，有广泛的市场受众。有声书本身的知识性也使其承担了文化教育、知识科普等功能，体现出经济价值以外的社会文化价值。

2019年，全球有声书市场规模就已经达到了26.7亿美元，Grand View Research 预测有声书市场将在2020～2027年保持24.4%的复合增长率，2027年市场规模将达150亿美元。②目前，我国是仅次于美国的全球第二大有声书市场，拥有巨大的市场发展潜力。据美国琳达·李（Linda Lee）在全球有声书市场报告《席卷世界的有声书》（Audiobooks：Taking the World by Storm）中的预测，按照目前发展速度，中国将在2022年成为全球第一大有声书市场。③

---

① 童云、周荣庭：《有声读物传播形态与模式研究》，《出版发行研究》2018年第7期。

② 《规模将超百亿美金的有声书市场，正有出海厂商尝试突围》，"澎湃新闻网"百家号，2022年3月23日，https：//m. thepaper. cn/baijiahao_ 17244578。

③ Linda Lee, "Audiobooks：Taking the World by Storm," 2021年5月15日，https：//www. dosdoce. com/wp-content/uploads/2020/09/Audiobooks-Taking-theWorld-by-Storm。

一 中国有声书行业发展背景

本报告以 PEST 模型为基础，从政策、经济、社会和技术四个层面对当前中国有声书行业发展背景进行梳理。

（一）政策层面

中国政府非常重视文化产业的发展，一直努力推进全民阅读工作。随着数字技术的进步，政府鼓励将传统与现代结合，与时俱进地发展数字阅读，从基础设施建设到版权保护等方面的各种政策都有利于促进有声书行业的发展。

2011 年 4 月，新闻出版总署发布《新闻出版业"十二五"时期发展规划》，鼓励发展电子阅读及有声阅读。2016 年 3 月，国务院发布《中华人民共和国国民经济和社会发展第十三个五年规划纲要》，提到加快网络视听、移动多媒体、数字出版等新兴产业的发展。同年 12 月，国家新闻出版广电总局发布的《全民阅读"十三五"时期发展规划》中提出：加强对数字化阅读的规范和引导，推动传统阅读和数字阅读相融合，支持有声读物开发，扩大有声出版物邮寄借阅平台；加快推进传统出版单位数字化转型升级，推动出版与科技融合发展；深入探索读者阅读行为和阅读习惯的数字化转型，提供更便捷、更人性化的数字化阅读技术服务，全面推进全民阅读的多媒体、多平台融合。[①] 2017 年 1 月，国家版权局发布《版权工作"十三五"规划》，提出实施版权严格保护、推动版权产业发展、健全版权工作体系三大基本原则。

2020 年 10 月，中宣部发布《关于促进全民阅读工作的意见》，提出提高数字化阅读质量和水平。2021 年 3 月，国家新闻出版署发布《关于申报

---

① 《盘点｜"十三五"时期全民阅读十大任务》，人民号，2022 年 5 月 27 日，https：//rmh. pdnews. cn/Pc/ArtInfoApi/article? id＝13596086。

2021年全国有声读物精品出版工程项目的通知》，再次组织实施有声读物精品出版工程。2021年3月，中宣部发布《关于做好2021年全民阅读工作的通知》，强调在建党百年之际推进全民阅读的进一步发展，主动适应信息技术条件下数字阅读方式更便捷、更广泛的特点，积极推动全民阅读工作与新媒体技术紧密结合。近10年来相关政策的出台推动我国有声书行业进一步发展。

（二）经济层面

在"十三五"规划的带领下，我国完成了主要的发展目标要求，到2020年国内生产总值和城乡居民人均收入大幅提升，产业迈向中高端水平，消费对经济增长贡献明显加大，农业现代化取得明显进展，人民生活水平和质量普遍提高，我国现行标准下农村贫困人口实现脱贫，贫困县全部摘帽，区域性整体贫困问题得到解决，国民素质和社会文明程度显著提高。在这样的经济环境背景下，我国有声书行业需要透视现状、面向未来，寻求产业突破创新，为新一轮的发展提供动能。据2022年2月28日国家统计局发布的《中华人民共和国2021年国民经济和社会发展统计公报》，2021年我国居民人均可支配收入为35128元，同比实际增长8.1%。同时，统计显示2021年我国人均教育文化娱乐消费支出为2599元，同比增长27.9%，占人均消费支出的比重为10.8%，数据表明居民在精神消费上的意愿不断增强。[①] 随着国民经济收入的不断增加，居民消费水平逐步提高，为有声书市场的发展提供了坚实的经济基础。同时下游交易行业不断发展，为有声书行业提供了源源不断的发展动力。有声书市场需求的持续增长吸引资本不断投入，长期预测，有声书行业将持续向好发展。

（三）社会层面

随着居民碎片化时间的增加，有声阅读应用率逐渐提高。碎片化时间指

---

① 《中华人民共和国2021年国民经济和社会发展统计公报》，中国政府网，2022年2月28日，http://www.gov.cn/xinwen/2022-02/28/content_5676015.htm。

没有工作安排、未被计划的零散、无规律的时间。随着城市化进程的不断加快，城市规模扩大，人们的通勤时间变长了，相比于图文视频，有声书音频的形式更适于公共交通环境。同时，城市人口密度的提升使得公共设施使用等待时间变长，人们在堵车、等红绿灯、排队等候时的碎片化时间增加，这些都推动了有声书平台软件的进一步应用。与其说数字阅读媒介造成了当前碎片化阅读行为，不如说碎片化的现实环境催生了数字阅读媒介。①

同时，推动全民阅读的发展一直是中国政府所重视的一项工作。中国新闻出版研究院发布的第十九次全国国民阅读调查成果显示，2021年我国成年国民各媒介综合阅读率持续稳定提升且数字化阅读倾向明显，中青年人成为数字化阅读的主体。② 以手机阅读、网络在线阅读、电子阅读器阅读等为代表的数字化阅读方式接触率为79.6%，有三成以上（32.7%）的成年国民养成了听书的习惯，较2020年平均水平（31.6%）提高1.1个百分点。③ 由此看出，数字阅读作为新时代的阅读方式得到市场的欢迎，而有声书作为数字阅读方式的一种得到了广泛的应用。全民阅读的发展使得有声阅读软件的用户量和使用时长增加，体现出较广阔的发展前景。

（四）技术层面

"我们所确信的是，相关的设备和空间正变得越来越主流，并且在新的环境中有了新的倾听机会。随着最近智能手表、智能家用扬声器和其他联网设备的应用，有声读物比以往任何时候都能更好地融入人们的生活方式。"④

① 周枣：《媒介进化论视角下有声书的成长机制探析》，《编辑之友》2020年第3期。
② 《报告：2021年我国成年国民人均纸质图书阅读量为4.76本》，"中国青年报"百家号，2022年4月23日，https：//baijiahao. baidu. com/s? id=1730890141781554519&wfr=spider&for=pc。
③ 《第十九次全国国民阅读调查成果发布》，澎湃新闻网，2022年4月23日，https：//www. thepaper. cn/newsDetail_ forward_ 17765207。
④ Linda Lee, "Audiobooks：Taking the World by Storm," 2021年5月15日，https：//www. dosdoce. com/wp-content/uploads/2020/09/Audiobooks-Taking-theWorld-by-Storm。

随着互联网数字技术的不断发展，有声书等音频内容市场也逐渐进入快车道。云计算、5G、大数据、人工智能等互联网技术必将应用在有声音频制作、传输等产业的各个生产流程中。智能语音技术正在打破壁垒，使有声书的制作更具成本效益，尤其对中小型出版商和独立作者而言，这是有声书的一种民主化。[①] 录音、音频传输技术的发展使得音频内容在音质层面有了很大提升，增强了用户的听觉体验。人工智能语音合成、算法推荐使得音频制作途径更加丰富，用户在平台的选择上更加个性化。手机、电脑、智能音箱、智能汽车、智能家居、可穿戴设备等终端的不断丰富拓展了音频内容的应用场景。这些技术层面的发展都给有声书行业的兴起带来新的契机。

二 有声书行业发展现状分析

（一）有声书市场规模

《2021年度中国数字阅读报告》显示，2021年中国数字阅读产业总体规模达415.70亿元，同比增长18.23%。在用户规模层面，2021年数字阅读用户规模达5.06亿人，增长率为2.43%；人均电子书阅读量为11.58本。[②] 有声书作为数字阅读的延伸，正在成为国民阅读新的增长点，总体呈现向好发展态势。易观分析认为，中国在线"耳朵经济"市场经过近20年的孕育，已经具备庞大的受众基础，拥有十分广阔的市场空间和极大的商业潜力。[③] 据艾瑞市场咨询公司的调查报告，2021年中国的有声书市场规模已达60.9亿元，且仍将快速增长，增长率维持在20%左右，

---

① T. Mcilroy, "Al Comes to Audiobooks," 2021年10月29日, https：//www.publishersweekly. com/pw/by-topiclindustry-news/publisher-news/article/87762-ai-comes-to-audiobooks. html。

② 《2021年度中国数字阅读报告》，"人民日报数字传播"百家号，2022年4月25日，https：//baijiahao. baidu. com/s? id＝1731047335417994465&wfr＝spider&for＝pc。

③ 《2022年中国在线音频内容消费市场分析》，"澎湃新闻网"百家号，2022年1月24日，https：//m. thepaper. cn/baijiahao_ 16425037。

预计在2023年中国有声书市场规模将超过80亿元。[①]

1. 市场格局

平台是"一种引发或促成双方或多方客户交易的虚拟或是现实的空间及场所"。[②] 平台本身就是一种市场的具象化，数字经济时代背景下产生了新型商业模式平台经济，平台经济逻辑是促进我国有声书产业发展的一大重要因素。

中国有声阅读平台可分为综合类和内容垂直类两种。综合类又分为以"喜马拉雅""酷我畅听"为代表的点播类和以"蜻蜓FM""荔枝"为代表的直播类。点播类的音频内容可让用户根据喜好挑选、随时收听，非实时播放，但内容会有持续更新；直播类主要采用原始收音机模式，实时播放，听众可以与主播互动。内容垂直类以"懒人畅听""知乎"为代表，只针对已出版的文字作品进行有声化。综合类平台内容丰富、资源整合能力强、吸引用户广泛，而垂直类平台在版权拥有上更具优势。

目前，我国音频平台分布格局是由"喜马拉雅""蜻蜓FM""荔枝"三家头部综合音频平台领跑，三者合计拥有75%～85%的市场份额。[③] 其中"喜马拉雅"稳居第一位，总用户数超过4.8亿人，月活用户2.5亿人，日活用户收听时长达135分钟，行业占有率超过七成。"蜻蜓FM""荔枝""懒人畅听""番茄畅听"处于第二梯队，成为平台格局的中坚力量（见图1）。"酷我畅听"尝试音频可视化和弹幕功能，处于成长阶段且具有较大发展潜力。儿童有声阅读平台"凯叔讲故事"和自我定位为知识服务商的"得到"在细分领域优势明显。

本报告对目前国内5个主要应用商店（苹果App Store、华为应用市场、腾讯应用宝、360手机助手、小米应用商店）的有声书相关移动音频

① 《2021年中国网络音频产业研究报告》，"艾瑞"百家号，2022年2月16日，https://baijiahao. baidu. com/s？id=1720728146012185870&wfr=spider&for=pc。

② 徐晋：《平台经济学：平台竞争的理论与实践》，上海交通大学出版社，2007。

③ 《2021年中国网络音频产业研究报告》，"艾瑞"百家号，2022年2月16日，https://baijiahao. baidu. com/s？id=1720728146012185870&wfr=spider&for=pc。

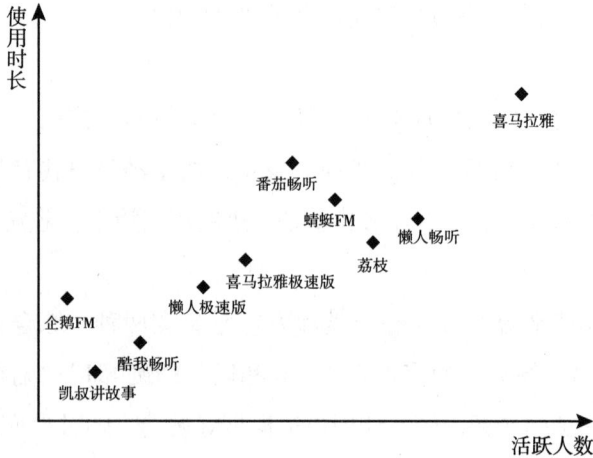

图 1　2021 年在线音频行业 TOP10 App

说明：数据统计时间为 2021 年 1 月 1 日至 11 月 30 日，具体数据指标根据监测移动电台、有声阅读行业的 70 个音频娱乐软件得出。

资料来源：易观分析。

软件下载量进行了粗略统计（见表 1），作为中国有声书平台格局分布的参照。

表 1　有声书相关移动音频软件下载量统计

单位：次

华为应用市场	小米应用商店	腾讯应用宝	360 手机助手	苹果 App Store
喜马拉雅（72 亿）	多看阅读（50 亿）	喜马拉雅（4.1 亿）	掌阅（1.78 亿）	喜马拉雅（346 万）
番茄免费小说（24 亿）	喜马拉雅（26 亿）	QQ 阅读（4.1 亿）	咪咕阅读（1.56 亿）	番茄免费小说（178 万）
七猫免费小说（20 亿）	番茄免费小说（7.1 亿）	多看阅读（2.4 亿）	喜马拉雅（9952 万）	微信读书（108 万）
QQ 阅读（7 亿）	七猫免费小说（4.4 亿）	掌阅（2 亿）	蜻蜓 FM（9464 万）	百度阅读（108 万）
微信阅读（7 亿）	全民小说（2.95 亿）	书旗小说（1.8 亿）	懒人听书（8733 万）	蜻蜓 FM（74 万）

华为应用市场	小米应用商店	腾讯应用宝	360 手机助手	苹果 App Store
书旗小说 （6 亿）	书旗小说 （2.34 亿）	追书神器 （1.4 亿）	宜搜小说 （4701 万）	七猫小说 （27 万）
疯读小说 （6 亿）	QQ 阅读 （2.01 亿）	蜻蜓 FM （1.3 亿）	网易云阅读 （4363 万）	懒人畅听 （17 万）
蜻蜓 FM （5 亿）	微信读书 （1.95 亿）	咪咕阅读 （1.1 亿）	追书神器 （3208 万）	书旗小说 （14 万）
番茄畅听 （5 亿）	追书神器 （1.64 亿）	荔枝 （1 亿）	荔枝 （2734 万）	荔枝 （11 万）
米读极速版 （5 亿）	掌阅 （1.61 亿）	懒人听书 （1 亿）	天翼阅读 （2260 万）	企鹅 FM （6.8 万）
起点读书 （4 亿）	懒人听书 （1.42 亿）	微信读书 （6618.8 万）	熊猫看书 （1878 万）	掌阅 （4.7 万）
懒人听书 （4 亿）	起点读书 （1.42 亿）	起点读书 （6361 万）	爱奇艺小说 （1213 万）	猫耳 FM （3.8 万）
掌阅 （3 亿）	番茄畅听 （1.33 亿）	免费小说大全 （4190 万）	搜狗阅读 （1065 万）	得到 （3 万）
荔枝 （2 亿）	咪咕阅读 （1.21 亿）	搜狗阅读 （4049.2 万）	免费追书 （838 万）	樊登读书 （1.6 万）
得到 （2 亿）	米读极速版 （1.1 亿）	七猫免费小说 （3982 万）	七猫免费小说 （691 万）	氧气听书 （9466）
咪咕阅读 （2 亿）	疯读小说 （1.1 亿）	番茄免费小说 （3902 万）	当当云阅读 （632 万）	云听 （2046）
米读小说 （2 亿）	宜搜小说 （1.01 亿）	企鹅 FM （2903 万）	番茄免费小说 （550 万）	酷我畅听 （1669）
得间小说 （1 亿）	樊登读书 （7777.9 万）	酷我畅听 （2728.8 万）	米读小说 （470 万）	全民听书 （460）
快点阅读 （1 亿）	搜狗阅读 （6103.2 万）	爱看书免费小说 （2478.7 万）	微信读书 （337 万）	凤凰 FM （315）

注：数据统计截止时间为 2021 年 12 月 31 日。

除了专门的音频平台，各行业机构也纷纷入局有声书市场成为运营主体。有以字节跳动（番茄畅听）、腾讯（番茄听书）为代表的互联网巨头，还有"知乎""得到""樊登读书"等知识付费平台，京东图书、当当网等电商平台也加入有声书运营行列，三大电信运营商上线了各自的有声阅读产品，即中国移动的"咪咕阅读"、中国联通的"沃阅读"和中国电信的"天翼阅读"有声版。随着有声书行业的不断发展，多方主体参与竞争、优势互补，激发市场活力。

2. 产业链

我国有声书产业链的上游主要是文字制作版权商，是产业链的核心源头，包括中信出版集团、新华出版社等传统图书出版机构和起点中文网、阅文集团等网文企业。上游主要是通过资源、版权出售和合作授权与有声书平台合作，有声书平台拥有的优质版权成为其参与竞争的一个重要因素。有声书头部平台"喜马拉雅"拥有目前市面上70%畅销书的版权、85%网络文学的有声改编权、超过6600本英文原版畅销有声书版权，[1] 形成极强的竞争力。除了版权交易，上游出版方还逐渐参与研发有声产品，打造自身听书品牌，向中游发展。如白马时光建立有声阅读平台"白马时光"，阅文集团搭建自有有声阅读平台"阅文听书"，上海译文推出有声阅读子品牌"译文有声"等。

中游的内容制作方，包括在线音频平台、音像出版机构和文化传媒公司，主要从事有声书音频内容的编辑制作和生产。有声书最终产品形态有四种：第一种是TTS，即用语音合成技术的方式实现语音的朗读；第二种是单人录播的有声书；第三种是双人录播的有声书；第四种是多人录播的有声书。[2] 一部有声书的制作主要经历有声版权签约、文本校对、有声化制作三个流程。有声书的生产模式主要有UGC（User Generated Content，用户生产内容）、PGC（Professional Generated Content，专业生产内容）和PUGC（Professional User Generated Content，专业用户生产内容）三种。UGC、PGC由专业的生产团队，如出版社和网文平台等版权方及音频制作机构、平台签约演播者等，利用专业设备、技能并通过前期市场调研选择生产优质且受市

---

① 《2018—2019中国有声书市场专题研究报告》，艾媒网，2019年1月23日，https：//www.iimedia.cn/c400/63471.html。

② 董晓宁：《有声书给传统出版业带来新"玩法"》，《文化产业》2021年第26期。

场欢迎的作品。PGC 模式下生产的作品具有较强的专业性，水准高，内容、音质好，用户体验感佳，是平台内的用户自发选取作品阅读后制作成有声书并上传。该类用户主要以主播的身份出现，有自媒体主播，也有平台签约主播。该模式可以调动用户生产热情、提升平台用户活跃度、为平台积累更多原创作品，同时也可以为平台发掘和培养一批优质主播，走向 PGC 生产。但是 UGC 生产模式同样存在内容生产质量参差不齐、侵权行为泛滥等问题。

PUGC 是 UGC 和 PGC 相结合的内容生产模式。主播以 UGC 模式生产，但是生产出接近 PGC 的专业制作水准的内容。平台通过激励机制鼓励用户生产，发掘优质主播进行培养孵化，提高了内容的生产效率和专业性，同时能更好地吸引和沉淀用户。该模式最先由"蜻蜓 FM"在行业中提出，目前国内主要的综合音频平台均已应用。

以"喜马拉雅"为例，其以"PGC+UGC+PUGC"三层金字塔模型实现较为高质的内容供给。PGC 模式主要吸引一些行业知名人士的入驻，与平台进行合作生产，如主持人王刚、作家韩寒和郭德纲、罗振宇、王自健等。UGC 模式鼓励普通用户的制作，这些创作者来自各行各业各种背景，有医生、律师、电台 DJ、农民等，也有老年人、残疾人等群体。目前"喜马拉雅"上的残疾人主播有 8000 多名，专辑产生最大播放量超 8 亿次。"喜马拉雅"完善的平台机制助力 PUGC 模式的发展，为平台中的优质主播提供资金扶持、培训服务、节目包装等一系列支撑，该模式成为平台内容增长的新风口。招股书显示，2018～2020 年，"喜马拉雅"的 PUGC 创作者由 1.39 万人增加至 3.44 万人，PUGC 收听时长占平台收听总时长比重从 29.8%上升至 33.1%。

我国有声书行业产业链完整，上中游相互渗透发展。有声书产业链下游主要是用户听众，呈现年轻化、高文化水平、强消费意愿的特征。随着用户特征的多元化和消费偏好的不断改变，各大音频平台不再拘泥于单一的生产模式，而是将 PGC、UGC、PUGC 模式有机结合，同时上游出版方也积极加入中游生产环节，有声书生产不断向着精品化、个性化、定制化发展（见图 2）。

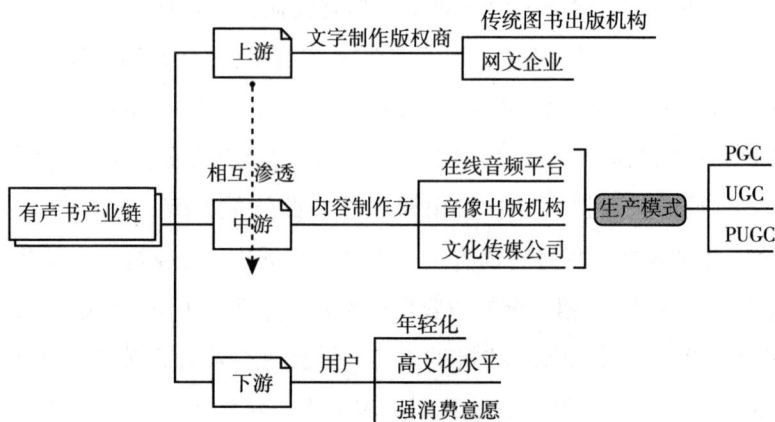

图 2　有声书产业链示意

（二）有声书消费者洞察

据易观分析数据，2021 年中国声音行业月活跃人数突破 8 亿人，并自年初就持续上升。[①] QuestMobile 研究院报告数据显示，有声书月活用户为 0.38 亿人，作为新兴行业在声音市场中的占比不断上升，体现出强劲的增长势头。[②]

头豹研究院报告显示，有声书消费者在性别上分布较为平均，在年龄、教育背景、城市分布上则存在差异。新一线城市的有声书用户群体最大，随后则是一线城市和二线城市。有声书用户群体表现出年轻化的特征，青年用户占比近 70%，多为学历水平较高的年轻人士，而近年来儿童有声书用户数量不断上升，中老年也将成为未来较有潜力的用户群体。[③]

---

① 《2022 年中国在线音频内容消费市场分析》，"澎湃新闻网"百家号，2022 年 1 月 24 日，https：//m. thepaper. cn/baijiahao_ 16425037。

② 《QuestMobile 2021 声音经济洞察报告》，"澎湃新闻网"百家号，2021 年 11 月 30 日，https：//m. thepaper. cn/baijiahao_ 15618654。

③ 《2021 年中国有声阅读行业概览》，头豹研究院网站，2021 年 1 月 7 日，http：//www. doc88. com/p-97216060511465. html。

1. 用户使用场景

"移动新媒体有声书应用具备移动性、社交性、人工智能等多种智能媒介属性，用户的有声书使用行为达成了人与人、人与事物、人与环境的交互。"① 有声书以音频形式传播，适用于丰富的使用场景。相比于公园、商场等公共场所，有声书更高频的使用场景是家庭、宿舍等私密且安静的空间。家庭作为人们日常生活娱乐与休息的空间，成为用户收听有声书的重要场所。尤其是自新冠肺炎疫情发生以来，为配合疫情防控管理要求，人们需要偶尔开启居家模式，家中的有声书使用场景也变得更广泛。人们主要在闲暇放松和家务劳动时收听有声书，睡前也是听有声书的一个主要时段，同时在照顾老人、孩子的时候也可以收听有声书。另一个有声书收听频率较高的场景是上班族的通勤路上，上班族可以在地铁、公交上利用通勤时间来获取新的知识。运动健身、排队时、吃饭等都是有声书的使用场景。有声书"伴随式"的特点使得其应用场景多元丰富。

用户收听有声书最主要的目的是满足娱乐需求，在休闲时间排忧解闷、消解压力。有声书丰富的内容类型，从历史人文到知识科普，从经典名著到网络小说，可以为用户提供较大的娱乐价值。另外，相对于音乐、电台节目等其他音频类型，有声书的知识特性可以满足用户的知识需求，用以广泛或有针对性地学习新的知识，提高自身文化水平、开阔视野、增长见识、实现自我提升。有声书主要以身体的耳朵器官进行收听，没有特定的姿势限制，可以满足用户放松身心、缓解眼部疲劳、睡前助眠等的健康需求。一些用户收听有声书不仅是为了增长知识，也是为了满足社交层面的需求，能在社交场合、交友聊天中有更多的话题谈资，用以显示自己独特的品位与见解，构建起自身独特的社交形象。有声书收听的便捷性和本身的知识性可以满足用户对于时间管理的需求，用户利用碎片化时间，在多场景收听有声书，学习

① 姜泽玮：《内容、形态、场景与满足：移动新媒体有声书的用户使用研究——以移动应用"微信读书"与"微信听书"为中心》，《出版科学》2021年第5期。

新知识，提高了时间的利用率。

2.用户付费意愿

随着社会经济的发展与国民经济收入的增加，人们的消费观念也发生转变，精神消费在消费支出中不断升级。据易观分析报告，60%以上的在线用户有过对音频进行付费的经历，45.1%的用户平均每年花费50~500元，占所有用户的将近一半，有9.2%的用户平均每年消费2000元以上。[①] QuestMobile 研究院调查报告显示，更多年轻用户愿意为音频内容付费（见图3）。[②]

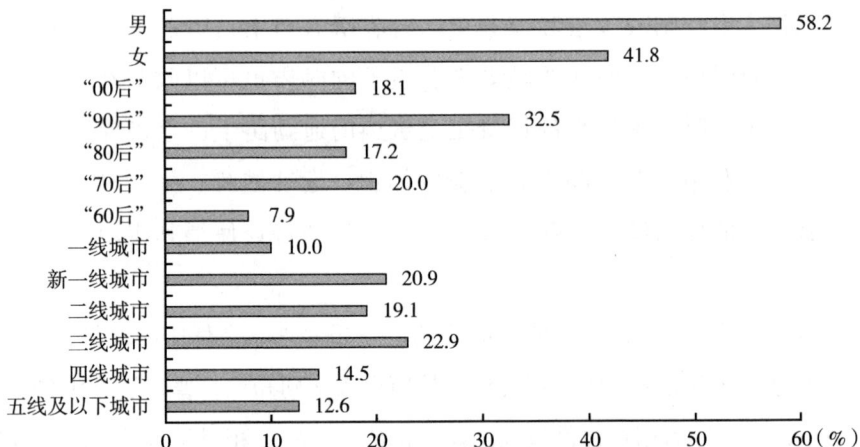

图3　2021年10月声音人群付费用户画像

资料来源：QuestMobile GROWTH 用户画像标签数据库。

根据艾媒数据中心报告，2021年中国在线音频用户付费产品考虑购买因素主要有内容、界面设计、价格、操作、主播专业度5个方面，其中内容是最重要的考虑因素，占65.7%，价格排在考虑购买因素第3位。用户的主要付费购买行为有购买会员，全站免费听，以及比对价格再决定和购买单个

① 《2022年中国在线音频内容消费市场分析》，"澎湃新闻网"百家号，2022年1月24日，https://m.thepaper.cn/baijiahao_16425037。

② 《QuestMobile 2021 声音经济洞察报告》，"澎湃新闻网"百家号，2021年11月30日，https://m.thepaper.cn/baijiahao_15618654。

节目单，其中超过 5 成的用户选择购买会员来收听全站内更丰富的内容及享受其他权益。[①] 用户对有声书知识经济的付费意愿良好，体现出较强的用户黏性。但是有声书付费内容只有具备较高品质，并附赠其他相应权益，体现出付费的性价比，才更能得到市场的接纳。

三　有声书发展前景探析

目前，有声书行业仍处于快速发展阶段，随着新媒体数字技术的更新和市场环境的变化，未来有声书行业的发展将呈现新的特征。

（一）有声书应用场景更加广泛

随着音频技术的不断完善，目前我国有声阅读技术已经相对成熟，可以与交通、金融、民生等其他领域进行融合，延伸出增值服务和产品。同时随着工业化、信息技术的发展和城市化进程的加快，有声书将会有更广泛的应用场景。我国汽车保有量的增加使得车载音响的市场前景更加广阔。在航空服务上，我国民航客机数量不断增加，飞行时的信息网络限制为有声书的随机应用提供新的机遇，有声书可以安插在机组配件中为旅客提供休闲娱乐服务。另外智能家居、可穿戴设备的使用率逐年上升，其所包含的语音功能也为有声书的应用提供新的窗口。有声书应用场景的不断丰富和用户收听习惯的养成将使有声书的市场规模持续扩大。

（二）盈利模式更加丰富

据头豹研究院调查数据，有超过一半的用户希望平台减少广告推广，体现了用户对于广告的敏感性，过多的广告容易导致用户的流失，平台

---

① 《2021 年中国在线音频行业用户洞察：地域分布、内容偏好》，艾媒网，2021 年 1 月 25 日，https://www.iimedia.cn/c1020/82095.html。

需要培育新的盈利模式，如周边衍生品的出售、线下阅读活动的开展、播音教学、知识分享等都是值得开拓的模式。"喜马拉雅"推出了衍生产品小雅 AI 音箱，专注于有声阅读领域，让用户有更好的听书体验，并设立有声书屋、有声图书馆、24 小时城市书房等线下听书空间。同时，近期非常火热的电商直播带货也为音频平台商业模式带来机遇。在 2021 年"双十一"期间，"喜马拉雅"试水音频电商模式，平台中有近 3000 名主播参与带货，以直播、口播、线上开店等方式推荐商品。有声书产品更注重私人化的阅读，收听行为不利于商业化变现，电商的引入给有声书行业盈利模式带来了新思路。

（三）更多新玩家加入竞争格局

在音频市场，头部平台"喜马拉雅""蜻蜓 FM""荔枝"等已经占据了较稳固的市场地位，但有声书赛道依旧火热，不断有新玩家参与进来。2020 年 6 月，字节跳动推出"番茄畅听"，主要以音频形式收听番茄小说中的正版小说。2020 年 9 月，网易在"网易云音乐"上线全新内容板块"声之剧场"，主打由年轻 IP 改编的广播剧与有声书。2020 年 12 月，腾讯"微信听书"独立 App 正式推出。2020 年 11 月，快手推出"皮艇"App，以博客形式和 UGC 模式生产内容。2021 年 3 月，百度上线播客平台"随声"。2021 年初，"懒人听书"被腾讯收购，并在 4 月与"酷我畅听"合并成立了新品牌"懒人畅听"。新老玩家的加入使有声书行业更加多元化，同时激发更大的商业潜力。未来有声书将可能成为一个功能板块或插件，存在于各大软件之中。

（四）有声书需要突破行业发展瓶颈

从需求端考虑，用户对内容质量的要求越来越高，对服务需求也更多元化。头豹研究院有声阅读用户需求调查结果显示，58.0%的用户期望提高音频质量，51.1%的用户希望平台减少广告推广，49.5%的用户期待有声阅读平台能丰富音频的种类和内容，43.6%的用户期望优化操作界面，增强用户体验（见图4）。① 未来的有声书发展依旧是坚持"内容为王"，开发具有深度和广度的内容资源才是吸引用户、留住用户的关键，同时平台的服务体验也应不断增强。另外随着用户个性化、多元化需求的增长，细分化产品将是未来有声书行业需要继续开拓并深耕的领域。

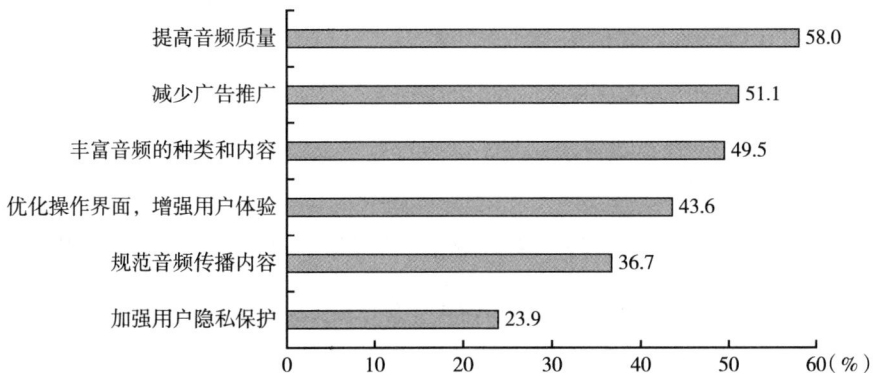

图4 2021年有声阅读用户需求调查

资料来源：头豹研究院。

除了平台方，从整个行业管理上看，有声书的行业规范、管理机制也要有新的突破。投资者对于产业的期望值也不断升高，需要产业的升级来提高产品价值。新的问题和需求的出现都需要有声书行业实现变革与创新，突破发展瓶颈，走向高质量发展。

四 结语

目前我国的有声书行业处于快速发展阶段，具有相当可观的市场前景，但是行业发展机制尚未成熟，行业中仍存在一些问题，如：侵权问题泛滥，盗版活动猖獗；生产流程不规范，优质精品产能不足；产品同质化严重，缺

---

① 《2021年中国有声阅读行业概览》，头豹研究院网站，2021年1月7日，http：//www.doc88.com/p-97216060511465.html。

乏辨识度；盈利模式单一，内容付费率低；等等。为促进有声书行业的进一步发展，必须完善相关规章制度，加大版权保护的力度，以技术革新推动内容创新，加强内容监管，坚持"内容为王"，深挖用户需求，创新营销方式，打造品牌化产品。在行业发展前期，发展动能强劲的同时必然伴随着一系列问题，未来有声书行业的向好发展需要更多有突破性的解决方案。

参考文献

童云、周荣庭：《有声读物传播形态与模式研究》，《出版发行研究》2018年第7期。

周枣：《媒介进化论视角下有声书的成长机制探析》，《编辑之友》2020年第3期。

徐晋：《平台经济学：平台竞争的理论与实践》，上海交通大学出版社，2007。

董晓宁：《有声书给传统出版业带来新"玩法"》，《文化产业》2021年第26期。

姜泽玮：《内容、形态、场景与满足：移动新媒体有声书的用户使用研究——以移动应用"微信读书"与"微信听书"为中心》，《出版科学》2021年第5期。

B.15

2021年中国有声读物市场盈利模式研究

童云　李若镁*

摘　要： 2021年，我国有声读物市场蓬勃发展，一系列新政策出台，为文化产业发展保驾护航；建党百年主题有声读物热播；教育健康类、传统文化类有声读物以及IP创作成为市场热点。有声读物市场形成了五种具有代表性的盈利模式，即网络平台代理模式、会员订阅模式、广告盈利模式、社群交易模式和IP价值衍生模式。云听的融合创新盈利模式具有代表性。然而，我国数字有声读物产业发展历史较短，尚存在许多不足，应完善有声读物知识产权监管机制，建立行业标准，从法律、环境、平台等诸多方面加强市场监管，形成良性有序的竞争氛围，激发市场创新活力，发挥有声读物的社会价值。

关键词： 有声读物　数字有声出版　IP价值衍生　云听

有声读物，又称有声书（Audio Books）、说话书（Talking Books）、有声出版物（Spoken Books）、有声故事（Narrated Books）、电子音像出版物（Electronic Audio/Video Publications）。美国音频出版商协会（Audio Publishers Association，APA）将有声读物定义为包含不低于51%的文字内容，复制和包装成盒装磁带、高密度光盘或单纯数字文件等形式进行销售的录音产品，并根据有声读物是否依附于某种载体，将其分为实体有声书

---

* 童云，安徽大学新闻传播学院副教授、硕士生导师；李若镁，安徽大学新闻传播学院2021级硕士研究生。

（Physical Audiobooks）与数字有声书（Digital Audiobooks）。伴随数字媒体技术的日新月异，有声读物的内涵发生了新的变化，从一种录音产品、语音类图书延伸成为"以有声语言为主要传播符号，以音乐、音响、影像、图文等为辅创作形成的，具有一定知识信息含量的媒体产品和服务"。①

2021年，我国有声读物市场持续发展，市场需求旺盛，呈现新的传播特点，听书逐渐成为一种居家学习和休闲的方式。在媒体深度融合和数字出版国家战略的推动下，有声读物市场规模持续扩大，市场盈利模式呈现多元化特点，突破传统纸质出版的桎梏，凸显融合创新的发展潜力。在繁荣兴盛的市场环境中，有声读物主要依靠哪些典型的盈利模式，以实现多方共赢的产业运营效果？这是本报告关注的焦点，对于观察我国有声读物产业发展具有现实意义。

一　中国有声读物市场新特征

据CNNIC发布的第49次《中国互联网络发展状况统计报告》，截至2021年12月，我国网民规模达10.32亿人，较2020年12月增长4296万人，互联网普及率达73.0%，农村及老年群体加速融入网络社会。音频用户规模也相应增长，听众数量增加，音频收听订阅的频次增加，有声读物传播格局呈现新的变化。

（一）新政策：为文化产业发展保驾护航

2021年是中国共产党成立100周年，也是"十四五"规划开局之年。《"十四五"国家信息化规划》《广播电视和网络视听"十四五"发展规划》《出版业"十四五"时期发展规划》等一系列国家规划实施，为数字文化产业的高质量发展指明目标和任务。2014~2021年，"全民阅读"连续8年被写入政府工作报告。有声读物作为一种文化媒介，对促进社会知识传播起到

① 童云、周荣庭：《有声读物传播形态与模式研究》，《出版发行研究》2018年第7期。

积极作用。有声读物是数字出版产业的组成部分，加快推动出版业深度融合发展，推动数字出版的精品化、优质化发展，构建数字时代新型出版传播体系，是未来的发展趋势。

2021年，我国进一步健全法律法规，完善网络视听管理制度，优化数字出版管理机制，要求文化产业坚持正确的政治方向、价值取向、审美导向。《互联网平台落实主体责任指南（征求意见稿）》《网络短视频内容审核标准细则（2021）》等相关规定出台，意味着我国加大对网络文化产业侵权行为的打击力度，坚决整治短视频平台、自媒体账号等传播主体未经授权复制、表演、传播他人作品的侵权行为。有声读物市场从过去"跑马圈地"的粗放式经营，转变为提质增效的精细化市场运营。打击有声读物网络侵权行为、保护知识产权越来越受到关注。

制度是有声读物健康生长的土壤。国家新闻出版署推出全国有声读物精品出版工程项目，对专业、优质的有声读物进行扶持与奖励，可提升有声读物创作的品质，扩大有声读物的社会影响力，激发从业人员的创作热情，也可引导广大听众用户提高对有声读物的审美品位，进而引导有声读物产业的高质量发展。

（二）新知识：有声读物热点题材丰富

针对2021年市场需求变化，各大网络平台和出版机构适时调整市场战略，策划热点内容，丰富有声读物品类，以满足人们的收听需求。

1. 党建题材有声读物热播

为进一步推动我国有声读物的精品创作，以优质内容向建党百年献礼，国家新闻出版署实施2021年全国有声读物精品出版工程，将"讲述中国共产党百年光辉历程与伟大业绩"作为申报重点。入选的项目中有37部有声读物，其中，《中国共产党简史（有声版）》《新中国口述史（1949—1978）（有声版）》《写给青少年的党史（有声书）》《红色往事：镌刻在党旗上的保密故事》等作品围绕爱党、爱国、爱社会主义的主题，讲述中国共产党成立100周年以来取得的伟大成果与宝贵经验。《中国共产党简史

（有声版）》在共产党员网上线，成为面向全社会开展"四史"宣传教育的重要有声读物。

全国各地的党建学习有声图书馆陆续上线。以建党百年为主题的有声读物的创作热情不断高涨，人们对红色有声读物的收听需求也不断增加。全国各企事业单位，以及地铁站、学校、图书馆等公共空间设立"有声读物墙"，人们用手机在墙上扫描二维码，就可以选择收听自己喜欢的有声读物。在强国论坛学习平台，反映中国共产党精神谱系的有声读物用丰富的有声语言将历史讲述成"有温度的故事"，受到用户欢迎，掀起全社会收听的热潮，全面发挥了有声读物的宣传教育功能，提升了有声读物的社会影响力。

2. 教育健康内容是"硬核需求"

教育平台加快探索教育与数字出版融合的新模式、新业态，为用户提供适合且有需要的数字教育产品。新冠肺炎疫情导致一些地方的学校教学由线下改为线上。免费开放的教育资源为在线教育平台积累了大量用户，线上教育扩容加速了有声读物市场的优胜劣汰，市场日益凸显"马太效应"。新兴信息技术深度融合，促进有声读物呈现形式和服务模式的革新。2021 年，全国凝心聚力抗击新冠肺炎疫情，各行各业自发组织线上有声阅读、朗诵等公益活动，提高了有声读物的社会认知度和影响力。科普健康类有声读物传播量大增，以新冠肺炎防护方法、病毒知识、卫生习惯、健康歌谣等为主。

3. 传统文化类有声读物持续热播

我国传统文化类有声读物市场活力进一步增强，该类有声读物在各大平台的播放量攀升。少年儿童和青年人群是该类有声读物的主要传播对象，该类有声读物内容包括国学启蒙、诗词文学、古典小说、节庆文化、民风民俗等。网络音频平台积极回应市场需求，开辟"经典"分区，引入有声小说、诗歌朗诵、评书、广播剧等节目，吸引大量粉丝。中国优秀的传统文化依托现代视听技术，焕发出新的生命活力，有声读物以规范、优美、清晰、富有感染力的汉语语言吸引许多外国听众，传播中国文化，讲好中国故事。

4. 网络 IP 创作迎来热潮

由网络文学衍生的有声读物与广播剧成为有声读物市场新的增长点，"网络文学+音频"成为 IP 开发创作的重要内容，网络文学平台与音频平台之间的合作关系得到强化，"爆款"网络小说孵化有声读物的进程加快，市场增速呈现较大提升。言情、悬疑、都市、武侠等有声读物，类型多元、内容广泛，依托粉丝效应，借助原著小说作者和强大制作团队的影响力，吸引越来越多的听众。

（三）新需求：有声读物用户精准细分

疫情防控期间，有声读物收听环境以居家场景为主。根据中科网联数据科技有限公司①的调查数据分析，受减少聚集、控制出行要求的影响，用户更加倾向于在较为稳定、私密的个人空间中收听有声读物。调查问卷的多项选择统计结果显示，45.8%的用户喜欢在居家休闲时收听有声读物；45.1%的用户喜欢在散步途中收听；44.6%的用户倾向于在公共交通上收听；超过40.0%的用户会在开车时收听；接近40.0%的用户则选择在运动/健身时收听。

用户对有声读物的娱乐性、知识性与实用性功能较为重视。有声读物的用户差异还体现在年龄、性别、兴趣、收入上等。需通过算法对用户行为进行数据分析，给用户群体画像，以实现内容与服务的精准推送。CCData 对用户有声阅读偏向的调查数据表明，40.0%和38.1%的用户分别对历史与文学较为青睐；37.1%的用户愿意收听生活类有声读物；超过30.0%的用户乐于收听都市、言情、悬疑类有声读物；27.7%的用户会通过有声读物获取财经资讯。所有类型当中，喜爱健康类有声读物的用户明显增多，占总体的30.5%（见图 1），这也体现出疫情防控期间人们对健康知识的重视。

此外，有声读物用户在年龄、性别方面的分布呈现较为平均、稳定的态势，这表明有声读物的普适性较高，能够较好地满足不同类型用户的需求。CCData 的调查数据显示，有声读物用户的男女性别比为 1∶0.92，较为均衡。

---

① 下文均简称为 CCData。

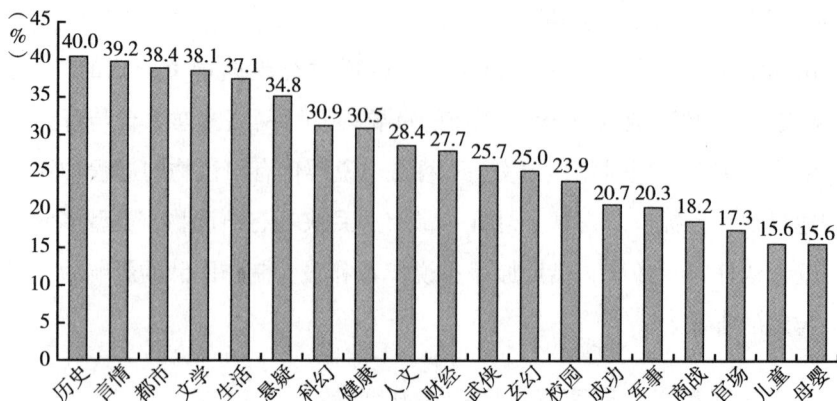

图1 2021年有声读物用户阅读偏向情况

资料来源：CCData全国音频用户专项调查，2021；重庆师范大学广播（CCData音频传媒）研究院。

经常收听有声读物的用户中，25~44岁的占53.14%，19.04%的用户年龄在24岁及以下，11.41%的用户年龄在55岁及以上（见图2）。这表明，有声读物用户以25~44岁的青壮年人群为主力，但同时也能兼顾少年儿童与老年群体的需求。

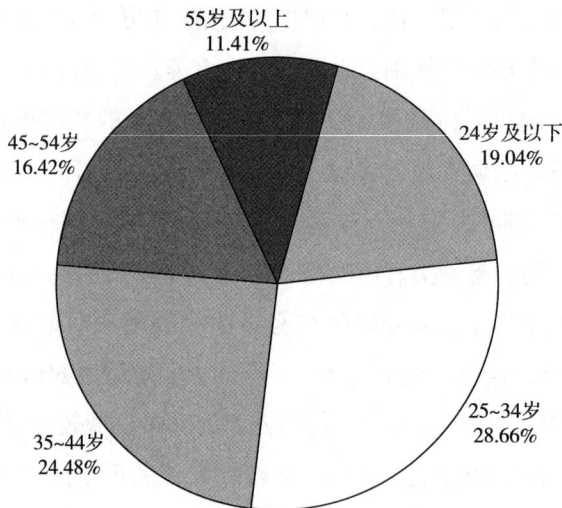

图2 2021年有声读物用户年龄分布

资料来源：CCData全国音频用户专项调查，2021；重庆师范大学广播（CCData音频传媒）研究院。

各大有声读物平台皆根据用户的不同需求，开辟不同种类的有声读物栏目和频道。如根据性别创建的"男频""女频"；根据兴趣创建的"历史""人文""外语""旅游"频道等；根据年龄创建的"老年""儿童"频道等；根据不同方言区创建的"粤语""闽南语"频道等。

二　中国有声读物市场盈利模式

疫情考验下的有声读物市场呈现"逆势上扬"的格局。我国有声读物市场经过一段时间发展，已形成具有代表性的盈利模式。有声读物的盈利模式主要有网络平台代理模式、会员订阅模式、广告盈利模式、社群交易模式、IP价值衍生模式等五种。

（一）网络平台代理模式

网络平台代理模式，即有声读物出版商、商业网络平台和传播机构（以下统称"平台代理方"）将需要交易的双方聚合在一起，以推动双方交易行为的盈利模式（见图3）。平台代理方申请并获批有声出版和视听传播资质，承担着类似中介代理的责任，为客户解决交易问题，提供第三方监督平台，以"众包"理念为用户提供创意与知识的贸易市场，从中获得相关

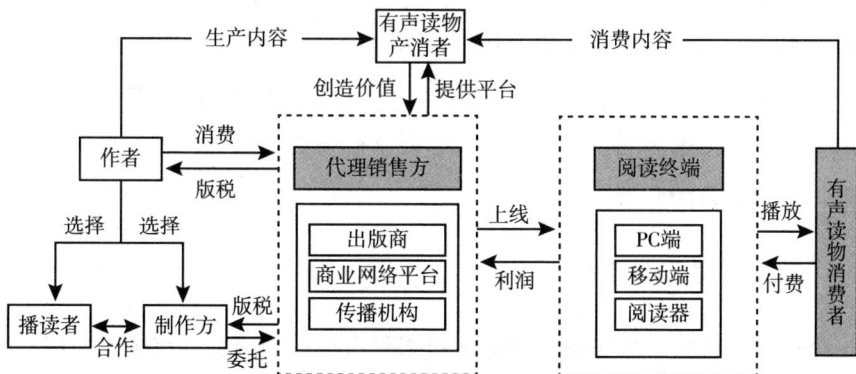

图3　有声读物的网络平台代理模式

管理或代理利润。网络平台代理模式作为有声读物最基本的盈利模式之一，对我国有声读物市场的形成及规模化发展起到了重要作用。

由于网络平台属性不同，网络平台代理模式也具有不同特征。第一，主流媒体自建的有声读物网络平台，以专业团队生产 PGC（Professional Generated Content）内容为主，其核心优势是音频产品的质量整体较高，知名专家、主播等自带流量，IP 内容的转化效益可期。第二，出版机构自建的传播平台具有成熟的传统出版模式，对于内容的来源、策划、审核、制作、校对、发行等整个传播过程有规范的程序。第三，商业网络平台在有声读物规模化发展中功不可没，其核心优势是大量用户生产的 UGC（User Generated Content）给平台带来可观的内容资源和流量，用户数量多，市场规模大。然而，有声读物的版权管理机制不够完善，知识产权保护问题较为突出。

前文图 3 模拟了有声读物的网络平台代理模式。有声读物的作者通过选择播读者、制作方并与之进行合作，制作出有声读物，并委托代理销售方进行出版与发售。代理销售方会评估该作品的价值，据此向制作方与作者支付版税，并将成品上线至自己的销售渠道，如 PC 端、移动端、阅读器等，面向广大用户进行宣传与发售。用户向代理销售方购买有声读物后，其所支付的费用也会以版税的形式返还给制作方与作者。

有声读物的网络平台代理模式中还存在一个特殊的角色，即有声读物产消者。多数有声读物平台采用"PGC+UGC"的生产模式，促使越来越多的消费者转变为业余或专业的内容生产者。一方面，他们不断消费平台的生产内容，为平台提供利润；另一方面，他们又作为平台的生产者，为平台创造价值，享受平台的利益分配。

（二）会员订阅模式

会员订阅模式主要指数字媒体通过提供有声读物内容和服务，向用户收取订阅费用的电子商务模式。美国有声读物会员订阅模式可分为精准订阅（有限订阅）与无限订阅两种。精准订阅模式指用户支付相应费用，对有声读物的完整版本或部分章节进行购买；无限订阅模式指平台收取固定会员费用后，在一定时间内向用户开放平台所提供的所有有声读物资源。目前，亚马逊 Audible 平台、Kindle Unlimited、苹果 iTunes 等皆普遍使用会员订阅模式盈利，并将精准订阅模式与无限订阅模式相结合。

我国有声读物会员订阅模式分为内容订阅模式与服务订阅模式（见图4）。内容订阅模式指用户可以对收听的内容进行一次性付费，也可以永久买断收听内容。内容订阅模式适用于有声读物平台使用频率较低的用户与篇幅较小的有声读物，具有灵活性强的优势，但对于系列作品，单集订阅的付费总和往往大于服务订阅模式的付费。服务订阅模式指用户通过开通一定时间段的会员服务（如月度、季度、年度等），以获得会员权利进行消费活动的模式。服务一般包括优化用户体验、给予消费优惠等，可以提升用户对平台的使用感受，增强用户的使用黏性。服务订阅相对于单集内容付费具有性价比高、体验感强的优点，能在一定程度上变相延长用户使用时长。与之相比，内容订阅模式可以满足用户对单一内容的需求。目前，有声读物平台一般以会员订阅模式作为盈利的主要策略。

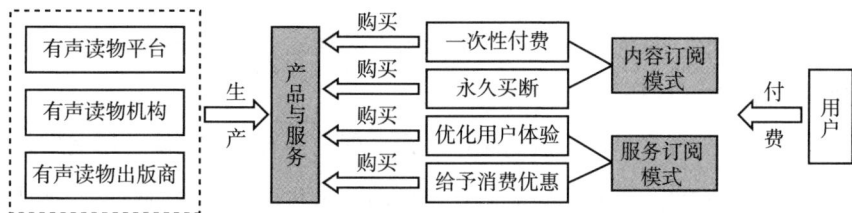

图4　有声读物的会员订阅模式

（三）广告盈利模式

广告盈利模式指有声读物网络平台免费向用户提供产品与服务，其间的商务活动由广告主提供费用支持。随着用户消费向移动端转移，广告商对于移动广告的投入逐年增加，这成为平台重要经济来源之一。2021年喜马拉雅招股书显示，2019年、2020年及2021年，广告收入占总收入的比例分别为 22.8%、26.3% 及 25.4%，广告收入主要来自展示广告、音频广告以及品牌推广活动。有声读物的网络广告形式多样，如开屏界面、首页焦点图、音频前或音频中插入的广告播送等。近年来，网络电商崛起，如天猫"双 11""618"、京东"狂欢节"、喜马拉雅"123 知识狂欢节"等，都通过广告吸引流量，进而获取利润。许多有声读物平台从中寻找盈利契机，与电商平台联动，在赚取电商平台广告费用的同时吸引了更多用户。有声读物平台也从"造节营销"中汲取经验、获得利润，为企业文化造势。

（四）社群交易模式

社群经济依托数字虚拟社群成员的趋同性与凝聚力，发现消费者需求，在满足消费者需求的同时为网络社区创造收益。有声读物的社群交易模式，指有声读物平台通过构建网络虚拟社群，鼓励用户参与内容生产与消费。网络虚拟社群之所以能够形成经济效应，是因为受到利益、关系、文化三个层面的驱动。[①] 用户在从建立社群到形成社群共同利益诉求的过程当中，会自然地在内部形成一定的分工合作，用户之间的关系也就更加紧密，提供更多创造收益的可能。目前，有声读物的社群交易模式主要体现在任务社群与粉丝社群两方面。

任务社群的特点是基于协同生产理念，聚合内容生产主体，以完成任务为目标，鼓励创意，设置奖励机制。一些网络平台举办各类比赛，征集优质内容与产品，为用户提供展示自我的机会，也借此孵化了一批业务能力较强的新人主播，拓展了优质内容来源，丰富了内容和人才的储备。例如，喜马拉雅举办的"校园播客大赛"、荔枝推出的"年度最强播客赛"、云听举办的"小小朗读者"全国选拔活动等。

粉丝社群主要围绕知名主播形成，鼓励用户打赏、冲榜、消费等行为。"带货王""播主""Vlogger"等"网红"身份在某种程度上成为消费者的

---

① 彭兰：《如何在网络社群中培育"社群经济"》，《江淮论坛》2020 年第 3 期。

"意见领袖"。① 用户通过充值虚拟货币以购买礼物赠送、打赏给主播，提升自身的贡献值与主播的人气值。在此过程中，主播会与贡献值高的粉丝进行互动，甚至为其量身定制播送内容。用户为主播打赏的礼物，会通过分成的方式转化为平台和主播收益。

粉丝消费不同于日常生活中的消费行为，它依托于虚拟社群之间的情感纽带，具有非理性的消费特征，容易诱发冲动消费，甚至可以使消费者蒙受巨大的经济损失。有观点认为，消费有狂热消费、热诚消费、理性上瘾消费3个层面，粉丝经济的消费行为是由内在兴趣激发产生的，其消费本身便是目的，具有一定的强迫性与成瘾性。② 为进一步净化网络消费环境、规范粉丝消费模式，2021年6月15日，中央网信办在全国范围内开展"清朗·'饭圈'乱象整治"专项行动，重点打击5类"饭圈"乱象，严格处理非理性的诱导集资现象；8月27日，中央网信办秘书局发布《关于进一步加强"饭圈"乱象治理的通知》，要求取消明星艺人榜单，规范粉丝群体账号，不得诱导粉丝消费，规范应援集资行为。

（五）IP 价值衍生模式

IP 价值衍生模式通常指网络平台（机构）以提高经济效益为目的，采取超媒介生产策略，形成有声读物全媒体产业价值链的盈利模式。例如，一些网络平台（机构）将网络热门 IP 小说改编成有声读物、动漫、广播剧以及其他周边衍生产品，以提升平台经济效益。网络平台（机构）运用 IP 价值衍生模式，不断打破行业壁垒、拓宽经营视野，形成品牌影响力。目前，IP 价值衍生模式主要有以下 3 种类型。

第一，网络热门文学 IP 改编。将网络热门文学 IP 制作成有声读物，改编成影视剧、广播剧、动漫、游戏等作品，不同形态的作品既源于同一故

---

① 刘志文：《社交媒体时代粉丝经济对品牌传播的影响——基于〈解密社群粉丝经济学〉思考》，《新闻爱好者》2021 年第 10 期。

② 刘伟、王新新：《粉丝作为超常消费者的消费行为、社群文化与心理特征研究前沿探析》，《外国经济与管理》2011 年第 7 期。

事，又具有相对独立性，能够建构出多元立体的产品形态，吸引听众和用户参与到产品内容的创作中，源源不断地为其注入新的生命力，使得产品形式不断地丰富与拓展。

第二，有声读物捆绑销售。网络平台（机构）将纸质读物、电子读物、有声读物与其他关联产品结合起来销售，让用户以更低廉的价格购买有声版本或纸质版本，享受有声阅读服务，减少边际成本，增强用户黏性。比如，喜马拉雅会将自己的会员与优酷、腾讯等视频平台会员一起以折扣方式提供给用户。

第三，有声读物反向出版。伴随播客的增多，一些有声读物的生产链条由"文字—音频"转变为"音频—文字"，即先有口语传播的音频，再出版发行纸质图书。有声版本在音视频网站获得大量的粉丝关注，具有良好的口碑效应，为后期纸质图书的畅销打下基础。反向出版流程促进了有声读物的融合创新，打破有声阅读与纸质阅读的屏障，形成视听结合的数字出版新业态。

三 云听的融合创新盈利模式

在实践中，有声读物媒体运营模式并非单一的，而是多渠道、跨平台的融合创新模式。云听音频客户端于2020年3月4日正式上线，是国内具有代表性的移动音频平台，其运营主体是中央广播电视总台央广传媒集团旗下公司。截至2021年底，云听手机端和车载端累计用户量突破1亿人。云听坚持守正创新，强化舆论引导能力，以"内容先导、技术驱动"推进媒体融合，加强内容资源建设，优化终端服务，创新盈利模式，构建"内容生产+版权保护+商业化运营"的产业生态链。[①]

（一）盘活优质内容资源

云听加强内容资源建设，实行台网联动，充分利用好、开发好、运营好

---

① 根据云听总编室提供资料整理。

总台媒体资源，使版权保护与媒体运营有机结合，提升影响力、传播力和市场价值。面对庞大的音频内容付费市场，云听不断强化优质内容的生产能力，提升 IP 衍生价值，形成自给自足、良性循环的平台市场化模式。同时，优化移动端的收听体验，为用户提供差异化服务。云听以"声音国家队"的定位，探索主流声音的社会效益与经济效益"双丰收"。

（二）提升广告营销收益

云听提升新媒体整合营销能力，探索更加精准化、数字化、多元化的广告营销模式。以"云听中国"等产品为抓手，打造集主流声音、地方文化、实时资讯、生活服务于一体的地方音频传播资源，为客户提供精准垂直、多地分发、直达用户的广告传播渠道。云听不断强化大数据服务能力，为客户提供多维、多元的品牌传播营销方案，助力中央广播电视总台"品牌强国工程"建设，引导优质企业走向更高平台。

（三）打造音频产业生态链

云听研发自主可控的技术，不断探索新模式、新业态。云听拥有中央广播电视总台广播频率直播流在车联网系统的经营权，在手机、平板电脑、智能穿戴等多终端上，为用户提供全场景、高质量的技术服务。截至 2021 年底，云听已上线 66 个主流汽车品牌，与 70 余个后装方案商开展深度合作，适配苹果、华为等手机，为广播电台合作伙伴提供智能联网的车内空间覆盖服务。截至 2021 年底，云听 95% 以上的音频快讯内容使用 AI 主播智能化生产技术，日产量超千条。云听充分发挥平台、技术、内容、团队价值，结合教育、培训、文娱、文创、电商等产业，开拓"音频+"商业空间。

综上所述，云听独特的盈利模式有以下特征：第一，依托于主流媒体强大的内容资源和媒体影响力，形成独特的产业链；第二，重视知识产权，拥有丰富的版权资源，这是可持续发展的基础保障；第三，以中央级主流电台的行业标准来规范产品，优化音频产品布局；第四，具有成熟的媒体运营管理机制。以上特征对于今天主流媒体的转型和融合创新具有示范作用和启发意义。

四　中国有声读物市场的展望与思考

通过以上分析可见，在数字经济环境中，有声读物产业具有巨大的市场潜力，但同时也暴露出许多值得深思的问题，尤以版权、行业标准、伦理与监管等问题最为突出。关注这些问题，有利于完善有声读物生产与传播机制，推动市场盈利模式的优化与创新。

有声读物知识产权监管机制有待健全。由于我国有声数字出版起步较晚，版权管理不够完善、从业者版权意识不强、授权机制复杂，很大程度上影响着市场健康有序发展；由于利益来源方式与结构的不同，权益主体之间的关系不够清晰；由于版权方没有明确授予使用方复制权或改编权，授权关系不清，极易产生纠纷。有声读物市场中频发的版权纠纷，使著作方与制作方的创作热情减退。大量盗版和侵权现象的频繁出现，也在侵吞正版有声读物的发展空间与经济价值，不利于有声读物产业的良性发展。相关部门应遵循法律法规，优化知识产权管理机制，规范授权程序，平衡市场中各主体的利益需求，为有声读物发展提供坚实的保障。

目前，我国有声读物市场的行业标准尚未建立。主要问题集中在有声读物行业标准化整体水平偏低，一些平台与制作方缺乏标准化意识，主要表现为音频编辑技术较为落后、普通话播读不规范、音乐音响使用不和谐、内容浮浅低俗、用户服务意识低下等。相关部门需制定行业标准，激发企业之间的良性竞争，促使商业盈利模式更加合理公平。

数字媒体伦理方面的问题主要有技术层面的伦理问题、内容层面的伦理问题，以及商业层面的伦理问题。例如，侵犯用户隐私、播放虚假广告、传播带有色情暴力内容的产品、引发平台之间不正当竞争等。在网络环境的虚拟性与隐蔽性之下，网络平台如何能够以不侵犯用户隐私为前提，核实用户身份进行有效"分级"，提供经过审核的优质有声读物，保护用户尤其是儿童、青少年和老年人群的身心健康，仍有待长期探索与实践。针对以上问题，相关部门应从法律、环境和平台等诸多方面加强市场监管，形成良性有序竞争的市场氛围，保护各方传播主体的合法权益。

综上所述，我国数字音频产业整体上蓬勃发展。有声读物打破传播符号、形态、地域、人群之间的障碍，以语声的形式传播知识信息，推动传媒生态的变革。除促进文化产业发展外，有声读物的重要价值还在于消弭社会知识鸿沟，弘扬人文与科学精神，促进社会文化建设。

B.16
2021年中国有声书市场的用户
画像及触媒分析

赖黎捷　方龙　邱鑫*

摘　要：　近年来，随着移动互联网与可穿戴技术的更新迭代，音频产品内容、形态、场景不断丰富，以有声书为代表的音频产品正在崛起。有声书的用户以中青年为主，特别是收入相对可观的"有车一族"。在媒介接触方面，有声书的用户偏好社交，利用智能手机等设备进入不同场景表达自我、互动社交；在收听行为方面，有声书的用户偏好在地性强、生活性强的音乐、新闻频率，以及知识、都市言情类精选内容，并呈现规律性收听的特点，多集中在早、中、晚三个时段；在消费行为方面，有声书的用户追求更多的内容需求，单一的付费模式与更多的内容需求存在矛盾，进一步挖掘用户需求、找准用户痛点、匹配多样化的付费模式是有声书可持续发展的关键。

关键词：　有声书　用户画像　收听行为　内容付费

　　新冠肺炎疫情发生以来，有声书市场需求迅猛增长，有声书市场不断扩容。以喜马拉雅为代表的综合型平台、以懒人听书为代表的垂类平台、以云听为代表的聚合型平台与以网易云为代表的音乐类平台持续形成差异化竞争

---

* 赖黎捷，重庆师范大学新闻与传媒学院副院长、教授，广播（CCData音频传媒）研究院主任；方龙，重庆师范大学新闻与传媒学院副教授，广播（CCData音频传媒）研究院研究员；邱鑫，重庆师范大学新闻与传媒学院2020级硕士研究生。

态势。用户付费意愿增强倒逼有声书质量提升，不断拓展的音频场景为有声书市场探索多元化付费模式提供有益空间。本报告以中科网联数据科技有限公司①全国音频用户专项调查数据为基础，从整体状况、触媒习惯、收听行为等方面勾勒有声书市场的用户画像，概括其收听偏好和发展趋势，为有声书市场不断开拓与完善提供参考。

一　中国有声书市场的用户整体状况

2021年，随着有声书市场在内容、场景、服务等方面的丰富和完善，女性用户规模呈现较大的增长，用户性别占比渐趋平衡。有声书的用户群体来自建筑、教育、科研等各个行业，多具有良好教育背景与较好经济基础，习惯在上班路上收听广播、网络音乐等音频节目，是典型的"有车一族"。

（一）男女用户占比趋于平衡，25~44岁中青年占半壁江山

2021年，中国有声书市场中，男性用户占比为52.1%，女性用户占比为47.9%，用户的性别比渐趋平衡。从用户性别比的角度分析，有声书市场女性用户的占比呈上升趋势，由2020年的42.9%上升至2021年的47.9%，提升了5个百分点。相反，男性用户的占比呈下降趋势，由2020年的57.1%下降至2021年的52.1%。男女用户性别结构趋于平衡（见图1）。

25~34岁和35~44岁的中青年用户分别占全国有声书市场用户的28.7%和24.5%，合计占53.2%，占有声书市场用户的半壁江山。由此可见，"70后"、"80后"与"90后"是当前有声书市场用户的主体。比较有声书用户和移动电台用户在各个年龄段的分布可以发现，有声书用户整体上比移动电台用户更加年轻化：有声书用户在24岁及以下、25~34岁、35~44岁三个年龄段的占比分别为19.0%、28.7%、24.5%，总占比达72.2%，25~34岁之后的3个年龄段占比则呈明显下降态势；移动电台用户在35~44岁、45~54岁、55

---

① 下文均简称为CCData。

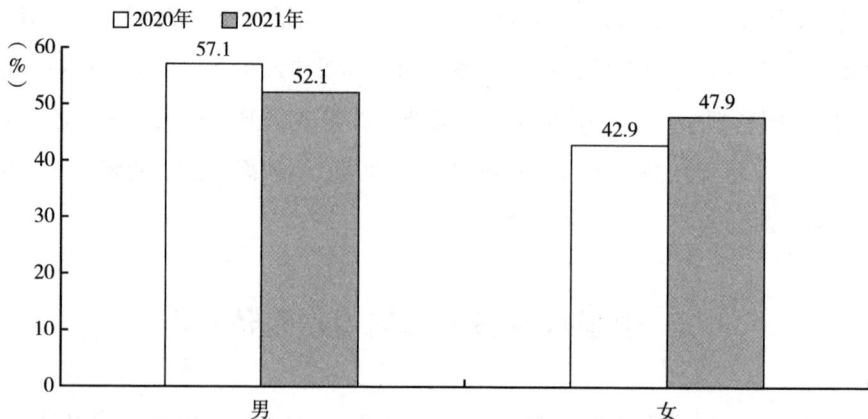

图1 2020年和2021年全国有声书市场用户收听轮廓（性别）

资料来源：CCData 全国音频用户专项调查，2020~2021；重庆师范大学广播（CCData 音频传媒）研究院。

岁及以上 3 个年龄段的占比分别为 27.4%、24.3%、13.1%，各年龄段用户占比明显高于有声书用户同期占比，总占比达 64.8%。45~54 岁、55 岁及以上的有声书用户占比共计 27.8%，表明有声书在 45 岁及以上的用户市场还有较大开拓空间（见图 2）。

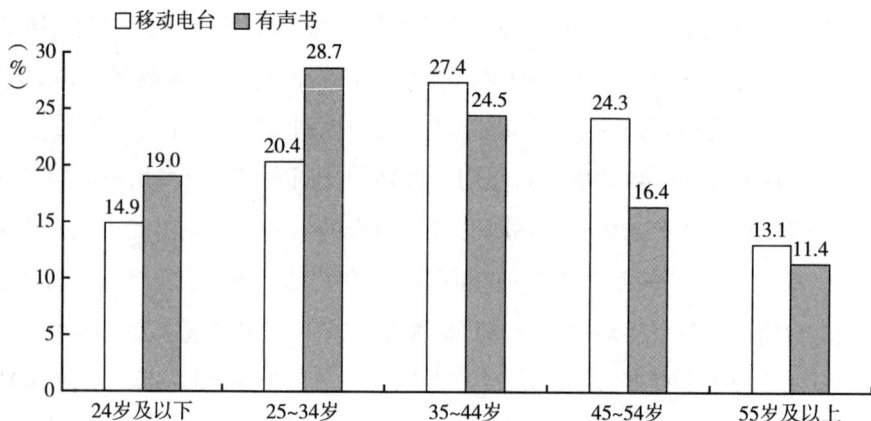

图2 2021年全国有声书市场用户收听轮廓（年龄）

资料来源：CCData 全国音频用户专项调查，2021；重庆师范大学广播（CCData 音频传媒）研究院。

（二）有良好教育背景和经济基础的中基层员工为收听主力军

在教育背景方面，有声书用户大多拥有良好教育背景，接受过大专、本科、研究生等高等教育。其中，接受过大专教育的用户占 36.3%，接受过本科教育的用户占 28.9%，接受过研究生教育的用户占 2.3%，总计 67.5%。有声书用户的教育结构更加偏向于接受过普通高等教育（本科、研究生）的高学历群体。具体而言，接受过本科、研究生教育的有声书用户占比均高于移动电台用户占比（移动电台用户接受过本科、研究生教育的占比分别为 26.8%、1.9%），移动电台用户中接受过高中及中专职高、大专教育的用户占比均高于有声书用户占比，两者分别为 25.5%、39.8% 和 20.3%、36.3%。也就是说，移动电台用户的教育结构更偏向于接受过应用型高等教育（大专教育）的学历群体（见图 3）。

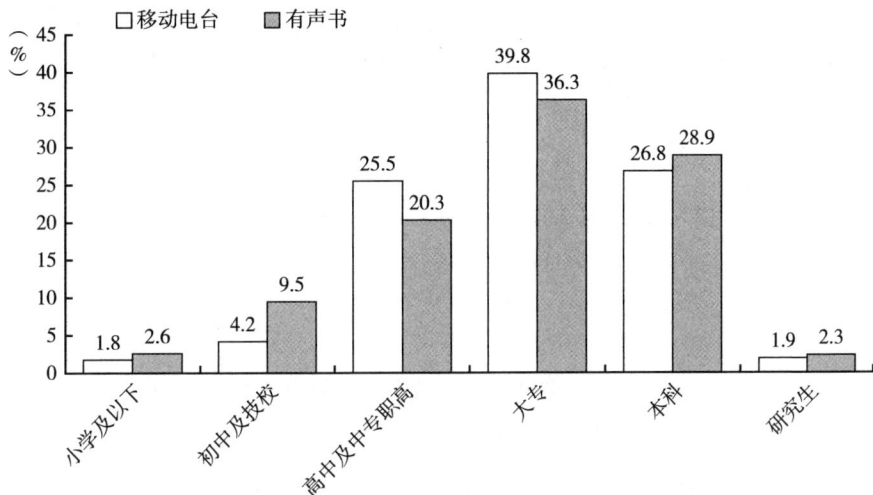

图 3　2021 年全国有声书市场用户收听轮廓（学历）

资料来源：CCData 全国音频用户专项调查，2021；重庆师范大学广播（CCData 音频传媒）研究院。

在经济基础方面，有声书用户的收入结构居于高等收入水平位置。月收入 10000~19999 元的用户占比最高，达 21.1%。其次是月收入 8000~9999

元的用户，占比达 18.5%，月收入 20000 元及以上的用户占比也达到了 8.4%，月收入 5000 元及以上的用户占比达 66.6%（见图 4）。2021 年与 2020 年相比，拥有较强消费能力的人群逐年增加，用户收入结构发生的巨大变化对有声书行业来说是机遇也是挑战。一方面，可抓住"音频付费"的机遇，开辟有声书行业发展新阶段；另一方面，必须提升质量、保障服务，破解有声书内容生产难题。

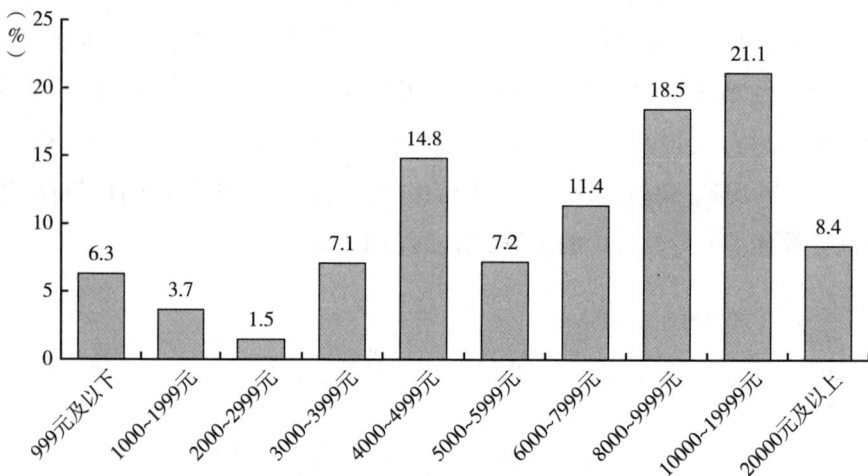

图 4　2021 年全国有声书市场用户收听轮廓（月收入）

资料来源：CCData 全国音频用户专项调查，2021；重庆师范大学广播（CCData 音频传媒）研究院。

在用户工作层级方面，有声书用户的主力军是中级管理层、基层员工。其中，中级管理层与基层员工的用户分别占 20.2%、61.6%，总占比达 81.8%。与移动电台用户相比，有声书用户更为多样，"其他"类占比达 11.4%，位于各类层级员工占比的第三，而移动电台用户中"其他"类仅占 5.5%。同时，自由职业者更关注有声书，用户占比为 1.6%，其在移动电台用户中的占比仅为 0.5%（见图 5）。有声书行业可在创新创业内容和用户开发方面适当拓展，以满足自由职业者的收听需求。

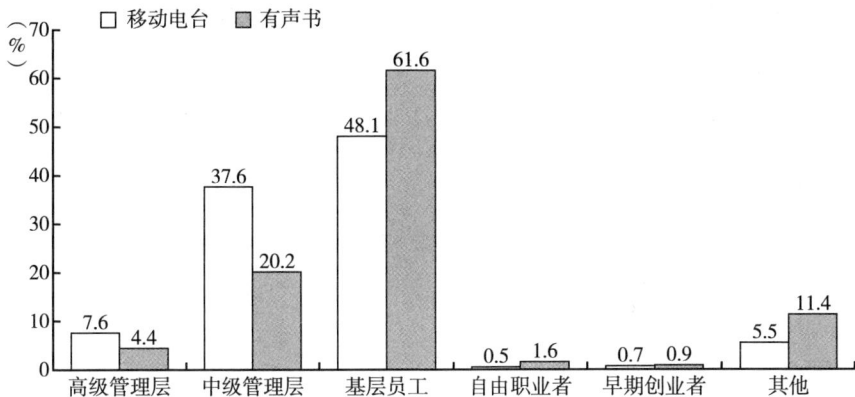

图5 **2021年全国有声书市场用户收听轮廓（工作层级）**

资料来源：CCData 全国音频用户专项调查，2021；重庆师范大学广播（CCData 音频传媒）研究院。

二　中国有声书市场的用户触媒习惯

有声书用户更乐于接触社交性强的媒体，无论是个人获取信息还是应用平台的选择，都能直接反映出用户的强社交需求。社交媒体上，用户通过点赞、转发、关注毫不吝啬地表达自己的认同。有声书用户在社交的同时，也酷爱收听音频节目，而音频节目的伴随性特质，保证了音频在工作、运动/健身、开车等多个场景中的连贯性与陪伴性。

（一）信息触达：社交媒体、短视频、搜索引擎为首选，官方媒体更受信赖

CCData 调查数据显示，社交媒体、短视频、搜索引擎为有声书用户获取信息的主导性渠道，其中，最常用的获取信息的渠道是微信，占比高达70.8%，其次是抖音、百度，占比分别为66.7%、53.3%。占比超过50.0%的渠道还包括今日头条、电视，分别为50.2%、50.1%。腾讯视频、微博、知乎、Bilibili 占比均超过40.0%，小红书、快手、QQ、政府网络平台、视频号、广播占比均超过30.0%。在重大突发事件发生后，选择今日头条、

电视的用户占比居前 2 位，分别为 15.3%、13.0%。在信任度上，居前 3 位的渠道分别为电视、政府网络平台、微信，占比分别为 33.4%、31.6%、30.7%，说明官方媒体在可信度上仍占优势，公信力仍是其核心竞争力（见图 6）。

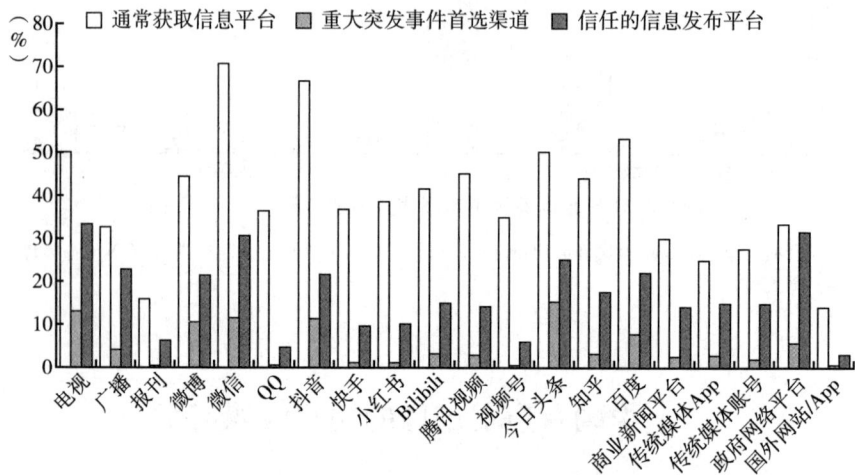

图 6 2021 年全国有声书用户获取信息的渠道选择

资料来源：CCData 全国音频用户专项调查，2021；重庆师范大学广播（CCData 音频传媒）研究院。

（二）应用选择：生活服务、娱乐、社交类应用受青睐，主动触媒与"熟人种草"并重，休闲、消费、资讯并行

1. 网络支付等生活服务类应用最受青睐，社交、娱乐类应用表现突出

CCData 调查数据显示，全国有声书用户使用最为频繁的应用是网络支付，高达 70.7% 的用户选择该应用；其次，网上外卖、网络购物、地图导航等生活服务类应用同样受到用户青睐，分别有 63.5%、62.9%、56.3% 的用户经常使用。有声书用户钟爱社交，有 67.7% 的用户选择功能强大兼具社交属性的短视频应用，有 58.5% 的用户经常使用社交应用。而音频类应用表现相对较弱，网络音频与网络音乐分别以 55.2%、54.1% 的选择率位居中列（见图 7）。

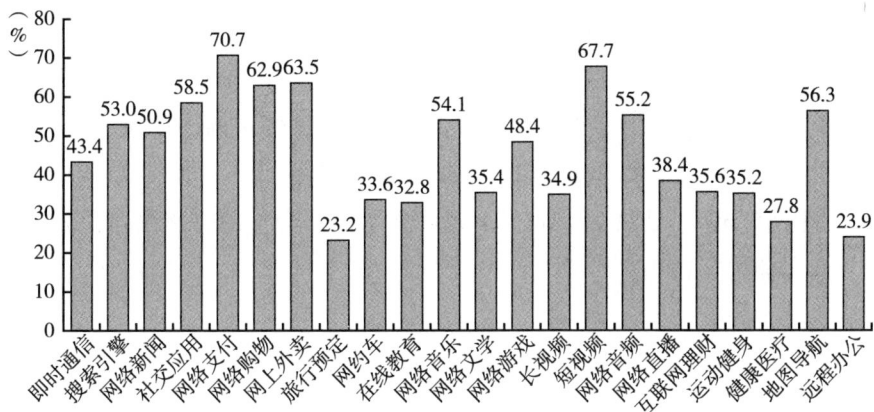

图7 2021 年全国有声书用户获取信息的应用选择

资料来源：CCData 全国音频用户专项调查，2021；重庆师范大学广播（CCData 音频传媒）研究院。

有声书用户经常使用的 App 中，社交、短视频类 App 占比最突出，微信、抖音分别以 78.3%、70.4% 的占比位居前二。在影视类的 App 中，腾讯视频、爱奇艺作为长视频、影视剧的头部 App，分别有 55.5%、50.7% 的用户为之"贡献流量"（见图8）。由此可见，有声书用户极为青睐社交性强的 App，也表现出了用户较为明显的娱乐、消遣特征。

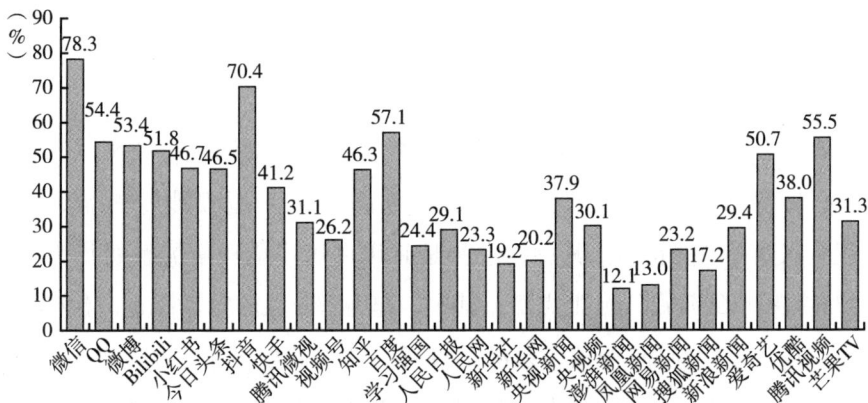

图8 2021 年全国有声书用户经常使用的 App 种类

资料来源：CCData 全国音频用户专项调查，2021；重庆师范大学广播（CCData 音频传媒）研究院。

2. 主动触媒与"熟人种草"并重，互动行为活跃，消费行为突出

有声书用户对 App 的使用呈现多样化特征，用户获取相关 App 的渠道同样多元。有声书用户触媒行为较为主动，用户自行发掘 App 是主要方式，在应用商店上自行下载 App 的用户占比较高，达 51.9%。朋友/熟人推荐次之，占比 45.6%（见图 9）。可见，以中青年群体为主的有声书用户较易接受"熟人种草"行为。

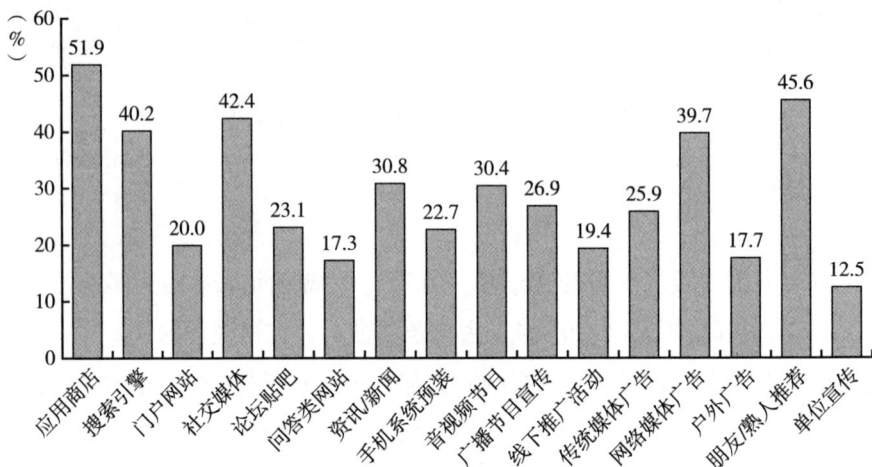

图 9　2021 年全国有声书用户发现 App 的渠道

资料来源：CCData 全国音频用户专项调查，2021；重庆师范大学广播（CCData 音频传媒）研究院。

有声书用户在微信、微博等社交平台上的行为活跃，包括浏览/阅读、发文、转发/分享、点赞、评论、收藏等互动行为，以及购物、打赏、在直播间买东西等消费行为。其中，点赞是有声书用户最经常的触媒行为，有72.3%的用户经常在 App 上点赞；其次，作为基础性的触媒行为，有68.2%的用户在 App 上浏览/阅读，以满足自身的信息获取需求；加关注、转发/分享、评论这类互动行为分别占64.7%、62.8%、61.8%，有声书用户喜欢与人分享自己的见闻。有声书用户在 App 上的消费行为同样值得关注，购物、在直播间买东西、打赏行为分别占50.6%、38.6%、26.4%（见图 10）。

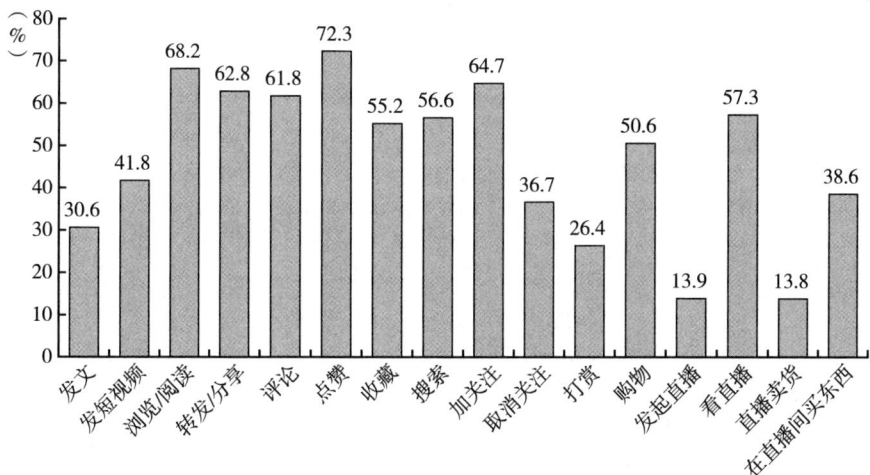

图10　2021年全国有声书用户在"两微一短"上的使用行为

资料来源：CCData全国音频用户专项调查，2021；重庆师范大学广播（CCData音频传媒）研究院。

3.美食类短视频最受追捧，搞笑、影视、音乐类短视频备受关注

短视频垂直细分市场，满足用户的多元化需求。60.2%的有声书用户钟爱美食类短视频。美食类短视频服务生活，以教授做菜、展示佳肴为主，这与用户喜爱生活服务类应用的特征不谋而合，可见有声书用户的"生活"气息浓厚。其次，以娱乐、休闲为主的搞笑类、影视类、音乐类、旅游类短视频同样受有声书用户的关注，占比分别为54.6%、51.5%、51.2%、45.4%。有声书用户对资讯、信息的需求同样显著，有42.7%的用户通常通过短视频看新闻资讯（见图11）。

（三）触媒场景："多任务并行"的收听与消费，泛在的社交媒体和短视频使用

1.全天候起居伴随、"多任务并行"的收听场景

有声书用户酷爱音频节目，最爱在睡前场景中收听音频节目用户占比为52.8%。其次，通勤也是用户收听音频节目的典型场景，有45.5%的用户选

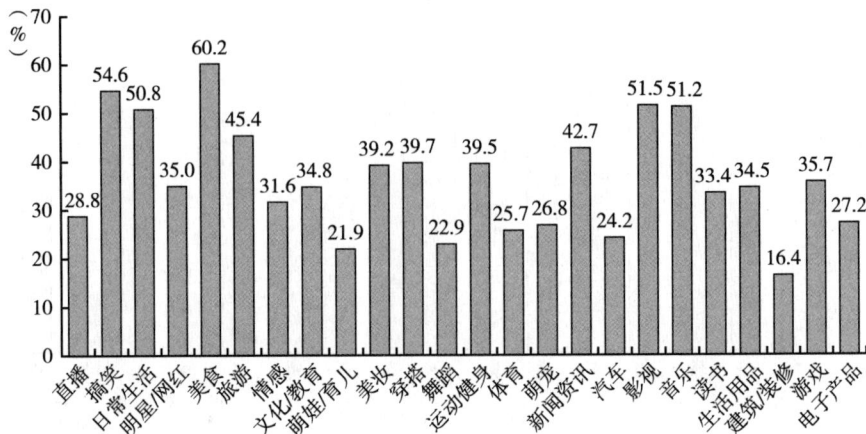

图 11 2021 年全国有声书用户喜欢的短视频类型

资料来源：CCData 全国音频用户专项调查，2021；重庆师范大学广播（CCData 音频传媒）研究院。

择在上下班（开/坐车）场景中收听音频节目，有 44.6%的用户选择在上下班（公共交通）场景中收听音频节目。居家场景中，选择居家休闲时收听音频节目的用户占 45.8%，做家务时收听音频节目的用户占 41.8%。外出场景中，有 43.2%的用户在长途外出路上收听音频节目，在散步时有 45.1%的用户收听音频节目。值得关注的是，运动/健身场景中有 39.4%的用户收听音频节目（见图 12）。收听音频节目解放了用户双手和双眼，满足用户多项任务同时进行的需求，同时音频节目能舒缓心情、放松身体，由此居家、外出、通勤等均属于符合音频收听特质的典型场景。

2.上下班、起居规律触达的新闻/资讯场景

有声书用户习惯在睡前了解新闻/资讯，在睡前刷新闻/资讯的用户占比为 51.5%。其次，上下班（公共交通）场景是用户获悉新闻/资讯的重要场景，早间新闻在上班通勤时刻——7：00~9：00 发布得最为密集，下班刷新闻/资讯用于打发下班的通勤时间。此外，用户多在居家休闲、午休、排队时等场景获悉新闻/资讯，在这几个场景中均出现收看新闻/资讯的峰值点，占比分别为 48.5%、38.8%、36.3%（见图 12）。

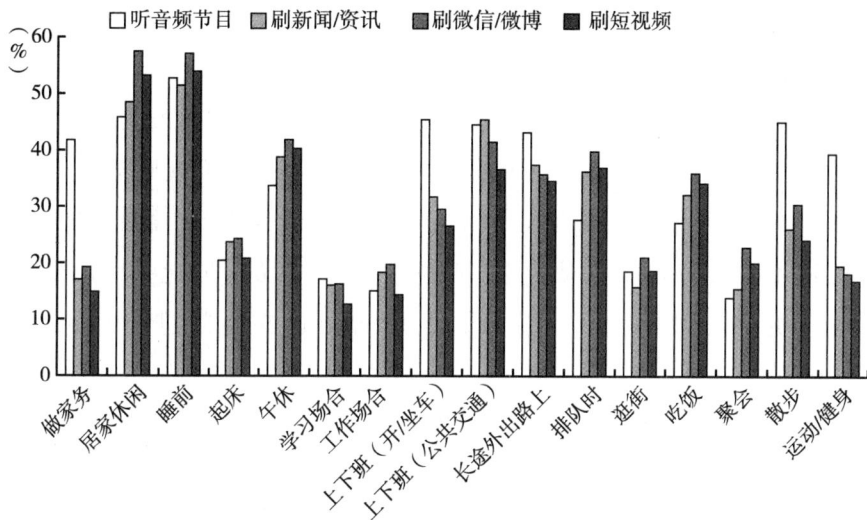

图12　2021年全国有声书用户获取新闻/资讯的场景

资料来源：CCData全国音频用户专项调查，2021；重庆师范大学广播（CCData音频传媒）研究院。

3. 泛在的微信、微博、Bilibili等社交媒体接触场景

CCData调查数据显示，微信、微博、Bilibili等社交媒体被有声书用户在几乎所有场景中广泛使用。可以说，有声书用户无时无刻不在社交。在做家务、居家休闲、睡前、起床、午休、学习场合、工作场合、上下班（开/坐车）、上下班（公共交通）、长途外出路上、排队时、逛街、吃饭、聚会、散步、运动/健身等场景中，有声书用户均有较高的占比。其中，有57.5%的用户在居家休闲场景中刷微信/微博。有声书用户钟爱在睡前、午休、排队时、吃饭、起床、逛街等日常起居场景中社交，用户占比分别为57.1%、41.9%、39.8%、36.0%、24.3%、21.0%（见图12）。

4. 偏好睡前消遣的短视频使用场景

有声书用户偏好在睡前、居家休闲、午休等场景中刷短视频，用户占比分别为54.0%、53.3%、40.3%，相比于其他场景，睡前是用户最偏爱的刷短视频的场景。短视频具有碎片化传播特性，适合用户在通勤、外出等场景中使用，如上下班（公共交通）、长途外出路上、排队时，分别占比

36.7%、34.6%、37.0%（见图12）。

5. 视听、社交、网购并行不悖的晚间消费

全国有声书用户在晚间（20：00～24：00）的首要行为是刷抖音/快手（62.3%）、刷微信/微博等社交媒体（60.2%）；收看视频节目与看电视的用户分别占比50.7%与47.1%，收听音频节目和听广播的用户分别占比49.6%、39.4%，整体上看，收看视频类节目的用户比关注音频广播的用户更多。同时可以关注到，大量的用户在晚间进行网上购物（45.1%）。

从不同触媒场景看，有声书用户偏爱在做家务、学习场合、上下班（开/坐车）、长途外出路上、散步、运动/健身等场景中收听节目；新闻/资讯在上下班（公共交通）的场景中表现亮眼；刷微信、微博、Bilibili等社交媒体则在睡前、起床、工作场合、排队时、逛街、吃饭、聚会等场景中深受用户青睐；用户更倾向于在午休和晚间场景中刷短视频。

（四）传统媒体："两微一抖"受青睐，客户端被冷落

全国有声书用户"关注并使用过"传统媒体平台/账号最多的是微信公众号，其次为微信小程序、抖音号，用户占比分别为76.1%、70.4%、66.6%，媒体App在有声书用户中普及率（"关注并使用过"）最低，占比为36.7%。

值得一提的是，微信视频号触达情况不容乐观。31.6%的用户"关注了，但没怎么使用"微信视频号。有24.6%的用户表示当前"没有，但可能会关注"媒体App，有13.0%的用户表示"不会关注与使用"传统媒体中的快手号。有声书用户对传统媒体的新媒体矩阵关注呈现集中与差异并存的特征，高度集中于微信和抖音两大核心平台，其内部的关注度差异只有3.8个百分点（70.4%和66.6%），而抖音与微博的关注度相比，差异高达17.2个百分点（66.6%和49.4%），两类平台的受关注度差异显著（见图13）。

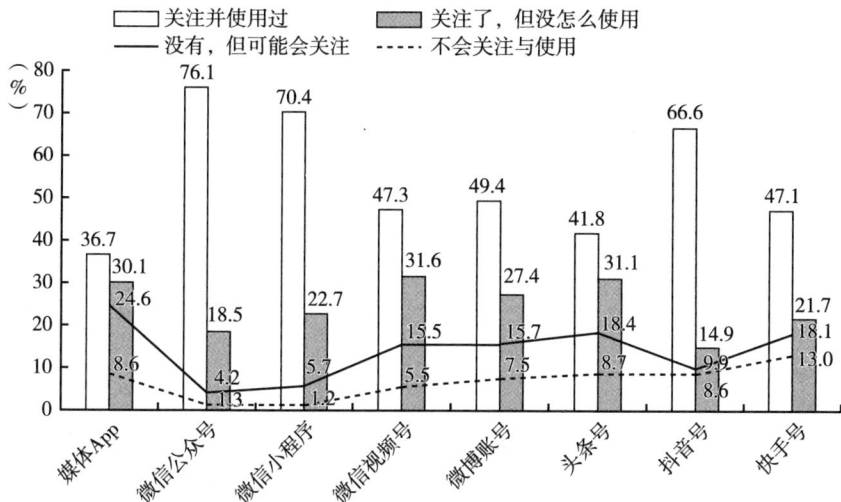

图 13　2021 年全国有声书用户对传统媒体平台/账号的关注、使用情况

资料来源：CCData 全国音频用户专项调查，2021；重庆师范大学广播（CCData 音频传媒）研究院。

三　中国有声书市场的用户收听行为

便捷化、实时化、场景化是音频收听设备的发展方向，随着收听设备的更新迭代，收听的时空局限被打破，形成了服务生活场景的特征，早、中、晚收听高峰反映了用户不同的收听需求，为有声书按不同时间点设置节目提供参考。此外，有声书用户更加关注在地性强、生活性强的本地市级电台的音乐、新闻频率，而知识、都市言情类的精选内容也不容忽视。

（一）收听设备：智能手机成为主导终端

移动互联网与移动智能设备的迭代，使音频用户收听音频节目的设备日新月异。智能手机成为新一代用户接收音频信息的主导终端。CCData 调查数据显示，91.50%的有声书用户使用智能手机收听音频节目，使用车载收音机、智能音箱收听音频节目的用户分别占 55.83%、40.32%（见图 14）。可见，随着智能设备接入生活场景，音频收听设备将更加丰富。

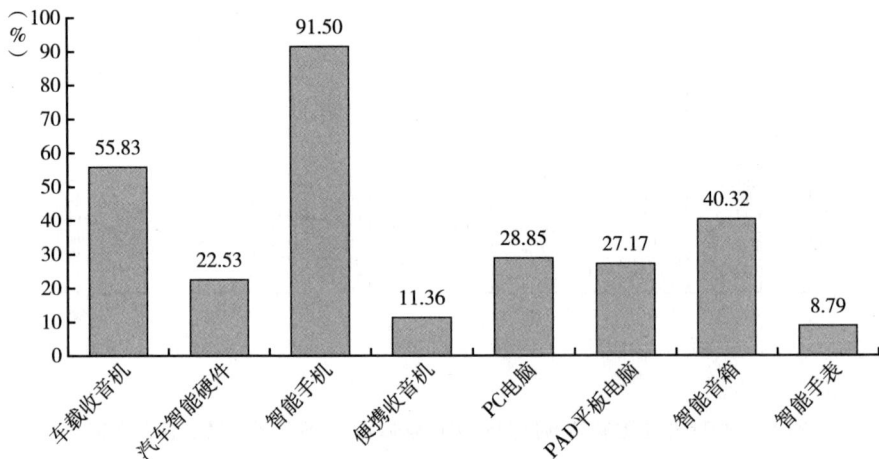

图 14　2021 年全国有声书用户音频节目接收设备

资料来源：CCData 全国音频用户专项调查，2021；重庆师范大学广播（CCData 音频传媒）研究院。

（二）收听时段：全天呈"波浪状"分布，整体峰值为21：00～21：59

有声书用户在全天的收听时段大致出现早、中、晚三个收听峰值，整体峰值出现在 21：00～21：59，周末整体收听时段较周一至周五后移，且收听人数相对减少。周一至周五的早间峰值出现在 7：00～7：59，有 29.6% 的用户选择在该时段收听有声书；午间峰值出现在 12：00～12：59，27.1% 的用户在该时段收听有声书；晚间峰值出现在 21：00～21：59，35.3% 的用户习惯在该时段收听有声书。周末的早间峰值较晚，在 9：00～9：59 出现，有 24.7% 的用户在该时段收听有声书；周末午间、晚间峰值与周一至周五的午间、晚间峰值出现时段吻合，但占比相对较小，分别为 23.7%、33.8%（见图 15）。可见，收听时段与上班时间呈现错峰特征，与前文的用户触媒行为结论相吻合。

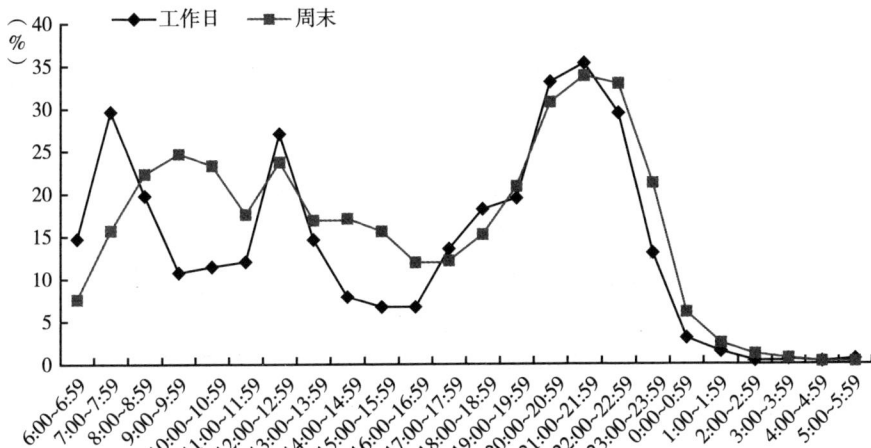

图15 2021年全国有声书用户收听时段分布

资料来源：CCData全国音频用户专项调查，2021；重庆师范大学广播（CCData音频传媒）研究院。

（三）收听频率：本地市级电台更具吸引力，收听习惯自主性强，偏好语音直播、社交、知识学习

本地市级电台与本地省级电台同属于本地电台，本地市级电台因在地性强、生活性突出，对有声书用户更有吸引力。80.77%的有声书用户更倾向于选择本地市级电台收听音频内容，70.51%的用户选择收听本地省级电台（见图16）。在众多的电台频率中，有69.9%的用户选择音乐电台，68.3%的用户喜爱收听新闻电台，生活电台、交通电台同样受到用户的喜爱，用户占比分别为59.3%、57.4%。在收听习惯调查中，随意搜索喜欢的内容来收听的用户占47.7%，居首位。在App上收听经精选的内容的用户占比次之，为47.5%。收听特定的类别/内容和节目的用户分别占44.6%、44.1%。选择收听语音直播（广播除外）的用户较少，占23.9%。上述数据表明，有声书用户的自主性较强，喜欢追求高品质产品，对特定的内容有偏好。

语音直播是以声音而非画面为媒介的直播形式，主播的形象、特征、气质全凭借声音呈现，可以说声音吸引用户成为语音直播成功的关键。有67.36%的用户收听直播节目的目的是聆听好声音。同时，在语音直播中唱

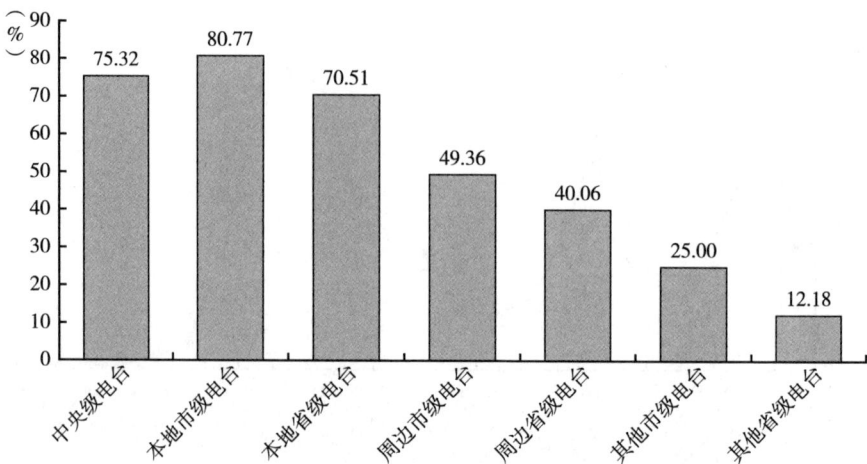

图16　2021年全国有声书用户对不同级别电台的选择

资料来源：CCData全国音频用户专项调查，2021；重庆师范大学广播（CCData音频传媒）研究院。

歌/音乐、说新闻也俘获了大批用户，以听主播唱歌/音乐、听主播说新闻为目的的用户占比均达61.98%。

20世纪40年代，赫卓格对广播的"使用与满足"进行了研究，发现通过广播获取知识是受众的需求之一。当下，59.92%的有声书用户收听直播节目是为了满足其学习知识的目的。值得关注的是，用户在收听直播节目时有大量满足社交的需求，包括交友（33.06%）、哄睡（30.99%）、陪玩（29.34%）等（见图17）。

（四）收听内容：文史类、都市言情类有声书更受欢迎，播讲质量、个人喜好、是否免费影响用户选择

在有声书内容方面，文史类和都市言情类内容更富吸引力，科幻悬疑类亦受青睐。用户钟爱以历史、文学为代表的知识类内容，占比分别为40.0%、38.1%；其次为都市言情类内容，有39.2%的用户表示对言情节目的偏爱，有38.4%的用户选择收听都市节目；生活服务类有声书也呈现较高热度，有37.1%的用户喜爱收听生活节目，30.5%的用户选择健康节目；

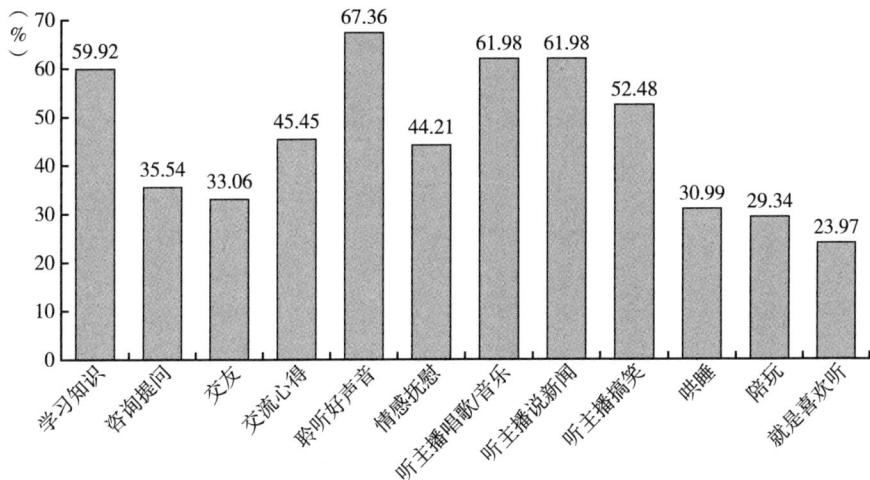

图17 2021年全国有声书用户收听直播节目的目的

资料来源：CCData全国音频用户专项调查，2021；重庆师范大学广播（CCData音频传媒）研究院。

科幻悬疑类有声书同样表现亮眼，有34.8%的用户偏爱悬疑有声书，有30.9%的用户钟爱科幻有声书（见图18）。上述数据提示，有声书行业除了在钟爱文史类、都市言情类产品的老用户上发力外，还可适当加大科幻悬疑类产品的研发力度，在巩固老用户的同时吸引更多潜在用户。

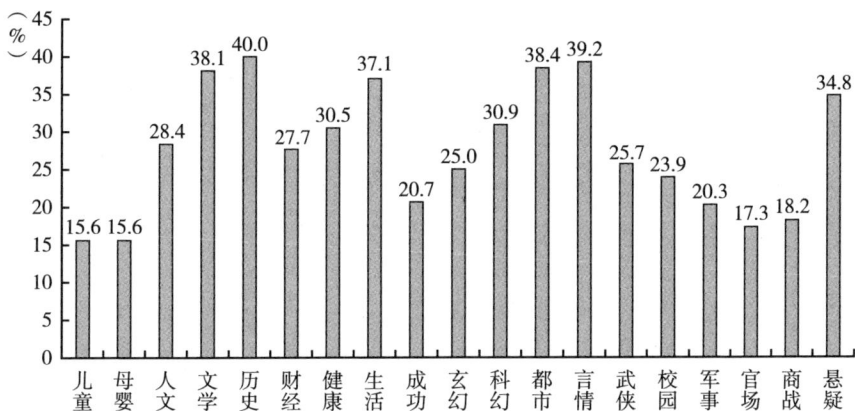

图18 2021年全国有声书用户喜爱收听的类型

资料来源：CCData全国音频用户专项调查，2021；重庆师范大学广播（CCData音频传媒）研究院。

CCData 调查数据显示，提升有声书播讲质量、提供用户喜爱的有声书内容和更多的免费内容将会更加吸引有声书用户。同时，有声书资源数量、内容分类以及平台知名度等因素也会影响用户对有声书平台的选择（见图 19）。

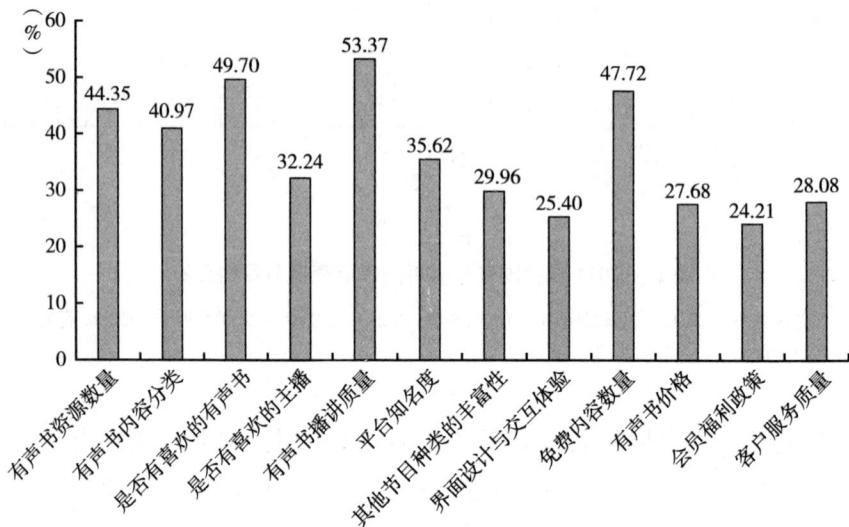

图 19 2021 年全国有声书用户选择平台的影响因素

资料来源：CCData 全国音频用户专项调查，2021；重庆师范大学广播（CCData 音频传媒）研究院。

附录：数据篇

Appendices：Data

B.17

2021年全国广播频率融媒传播效果
EMC融播指数 *

一 2021年全国广播频率融媒传播影响力榜单

（一）融媒传播影响力总榜

表1 2021年全国广播频率融媒传播效果评估——EMC融播指数榜（TOP100）

排名	频率名称	触达人数	EMC融播指数	社交指数	短视频指数	融听指数
1	央广中国之声	89734815	2164.70	1806.09	1748.30	2750.03
2	北京交通广播	10964189	1728.70	1286.95	1924.73	2229.89

---

* 此部分数据来源：中科网联数据科技有限公司全国245套广播频率融媒传播全网监测及效果
评估。城市范围：全国35个城市，包括所有直辖市、计划单列市和省会（首府）城市（除
拉萨）。频率层级：中央级、省级、市级。频率类型：新闻类、交通类、音乐类、经济类、
私家车类、文娱类、生活类。时间周期：2021年度（私家车类、文娱类、生活类频率数据时
间周期为2021年4~12月）。

排名	频率名称	触达人数	EMC 融播指数	社交指数	短视频指数	融听指数
3	江苏新闻广播	11709866	1692. 14	1417. 91	2280. 52	1839. 30
4	河南交通广播	12952355	1671. 64	1484. 06	2060. 55	1752. 28
5	浙江之声	9678994	1653. 89	1453. 63	1887. 44	1768. 40
6	广州交通广播	10394554	1634. 93	1346. 75	2445. 62	1771. 39
7	楚天交通广播	31699837	1630. 75	1335. 98	2388. 05	1786. 45
8	福建都市生活广播	3903187	1630. 52	1413. 47	2165. 19	1785. 24
9	广西私家车 930	2698495	1570. 11	1370. 33	2124. 88	1713. 87
10	浙江交通之声	8064982	1565. 94	1324. 68	1605. 73	1913. 66
11	安徽交通广播	3543838	1552. 28	1479. 11	1572. 24	1693. 14
12	河北交通广播	5680378	1527. 51	1063. 78	2025. 13	1823. 76
13	湖北之声	5568264	1522. 53	1280. 34	1974. 92	1667. 91
14	福建新闻综合广播	4630077	1512. 37	1201. 46	2065. 13	1726. 03
15	福建交通广播	3623344	1498. 37	1248. 10	1752. 06	1760. 84
16	杭州交通经济广播	6689627	1495. 89	1505. 62	746. 80	1910. 85
17	陕西都市广播	5690490	1451. 00	1177. 97	2017. 88	1650. 63
18	中国交通广播	8630044	1446. 73	1139. 92	860. 02	2012. 07
19	河北音乐广播	7407412	1424. 53	1299. 27	1257. 69	1738. 29
20	江苏交通广播	12674082	1419. 07	1225. 83	1045. 38	2022. 06
21	甘肃交通广播	2326991	1386. 37	1196. 02	1299. 35	1636. 95
22	石家庄新闻广播	2226307	1379. 75	1194. 46	1753. 25	1519. 31
23	上海流行音乐广播动感 101	11499324	1364. 02	986. 38	105. 46	2347. 06
24	浙江城市之声	8668021	1360. 08	1283. 87	2120. 57	1308. 07
25	陕西交通广播	3178214	1356. 34	1372. 40	608. 40	1761. 34
26	郑州新闻综合广播	3511248	1356. 01	1198. 55	1020. 58	1771. 11
27	河北新闻频率	9589709	1349. 18	1235. 00	914. 93	1741. 23
28	济南交通广播	2107339	1347. 67	1105. 87	1297. 64	1765. 37
29	贵州交通广播	1508811	1347. 35	1197. 97	1452. 95	1524. 33
30	石家庄交通广播	1565464	1338. 84	1076. 52	1375. 42	1735. 21
31	四川交通广播	2237107	1338. 32	1133. 86	937. 23	1809. 19
32	上海第一财经广播	7098477	1337. 15	826. 52	1880. 28	1864. 04
33	羊城交通广播	7226674	1327. 19	1018. 11	751. 70	2116. 74
34	珠江经济台	7335234	1320. 18	757. 52	1628. 56	1967. 04
35	武汉交通广播	1941054	1317. 17	1054. 43	1427. 26	1646. 94
36	山东交通广播	4273723	1312. 93	1222. 82	2105. 10	1178. 08

排名	频率名称	触达人数	EMC 融播指数	社交指数	短视频指数	融听指数
37	沈阳新闻广播	4460901	1312.90	943.39	1419.25	1840.54
38	楚天音乐广播	1342047	1299.43	1017.99	1330.34	1696.89
39	青岛交通广播	3680354	1287.17	927.08	1094.89	1750.69
40	广西经济广播(970 女主播)	1468921	1284.66	1049.68	1629.54	1615.25
41	辽宁交通广播	4828716	1264.37	856.80	1347.57	1804.23
42	南京交通广播	2764028	1263.83	862.81	810.73	1929.71
43	江苏音乐广播	2040555	1255.31	793.74	1793.11	1728.55
44	北京音乐广播	4328243	1249.56	790.41	771.49	1985.08
45	太原交通广播	3001091	1248.65	1205.93	645.41	1676.76
46	吉林交通广播	2862622	1248.65	1057.70	769.66	1805.36
47	北京新闻广播	8579904	1243.08	1180.82	125.27	2042.99
48	陕西新闻广播	1020812	1229.01	1178.03	574.21	1612.79
49	黑龙江交通广播	5659665	1228.18	536.96	1201.48	2094.49
50	广州新闻资讯广播	3875402	1225.08	921.07	628.07	2017.91
51	上海交通广播	4703389	1220.65	943.60	329.54	2089.13
52	杭州之声	4072492	1213.79	1052.01	819.99	1618.08
53	山东综合广播	4083221	1206.39	920.75	1810.85	1441.65
54	吉林新闻综合广播	3910262	1183.27	1062.03	864.99	1548.91
55	辽宁音乐广播(沈阳交通)	6066307	1175.88	1151.60	1039.72	1437.80
56	广东音乐之声	5049471	1172.35	784.29	649.59	1975.45
57	河南新闻广播	7010725	1156.67	1070.30	716.72	1339.61
58	青岛综合广播	1610487	1150.94	912.63	862.24	1593.96
59	福建经济广播	1098633	1149.76	953.94	807.12	1628.23
60	天津交通广播	8509290	1148.72	1401.82	499.94	1219.38
61	陕西戏曲广播	652513	1114.58	826.95	1383.22	1442.68
62	新疆交通广播	3130191	1107.56	798.15	711.95	1636.98
63	郑州交通广播	1753336	1094.67	1104.50	664.85	1336.56
64	甘肃新闻综合广播	645044	1089.67	817.73	1412.58	1342.26
65	湖南交通频道	1945567	1073.09	959.68	669.25	1305.73
66	郑州经济生活广播	1384017	1066.02	769.13	1064.89	1509.90
67	浙江经济广播	868611	1059.17	801.73	1386.63	1305.20
68	广西文艺广播	1374373	1053.27	942.67	342.17	1644.28
69	浙江音乐广播	1933511	1046.96	854.72	266.75	1733.84
70	贵阳交通广播	1096805	1044.67	934.56	513.05	1437.78

续表

排名	频率名称	触达人数	EMC 融播指数	社交指数	短视频指数	融听指数
71	内蒙古经济生活广播	418740	1043.55	673.21	1846.67	1283.60
72	安徽综合广播	1280350	1043.31	805.58	450.49	1646.89
73	河南经济广播	841657	1036.08	899.50	675.63	1366.93
74	合肥新闻综合广播	4886404	1023.33	760.88	754.85	1500.48
75	合肥交通广播	882394	1022.64	1141.79	89.00	1528.85
76	沈阳生活广播—幸福调频	955261	1021.92	736.84	1504.74	1271.07
77	山西综合广播	742915	1021.57	563.06	1196.84	1454.60
78	杭州西湖之声	4214030	1015.04	1086.32	0.00	1835.13
79	重庆之声	1963685	1011.66	704.91	214.94	1863.60
80	内蒙古交通之声	1424998	1003.83	466.21	1360.41	1519.23
81	河南影视广播	1694532	1003.44	995.36	443.00	1714.75
82	江西交通广播	1219013	994.84	1026.89	1098.54	941.47
83	河南音乐广播大象音乐台	1608176	992.51	574.31	708.92	1624.74
84	重庆交通广播	3739337	983.63	415.77	458.05	2048.40
85	广西交通广播	1042157	977.20	964.51	190.78	1493.72
86	厦门经济交通广播	901530	975.09	966.38	148.51	1556.36
87	黑龙江新闻广播	1797370	973.70	615.56	521.69	1658.17
88	宁夏新闻广播	308018	973.03	986.66	385.24	1345.66
89	广西综合广播	3246980	970.38	742.20	443.77	1530.65
90	广东新闻广播	3412488	966.95	788.20	45.31	1796.99
91	河南旅游广播	1174491	966.65	683.41	1254.13	1518.46
92	江西综合新闻广播	505426	966.17	755.41	1276.19	1083.68
93	中国国际广播电台劲曲调频	7260690	963.19	398.58	212.04	1951.20
94	News938 潇湘之声	2091598	952.12	640.50	694.39	1489.51
95	中国国际环球资讯广播	60069718	951.74	724.09	0.00	2139.08
96	山西交通广播	1957408	947.99	758.94	128.93	1618.77
97	秦腔广播西安乱弹	1172704	947.88	902.22	317.84	1443.33
98	太原综合广播	1182400	938.84	911.47	683.27	1181.64
99	武汉新闻综合广播	735147	936.70	1112.34	0.00	1597.38
100	山西音乐广播	1518274	933.36	711.75	373.59	1506.18

（二）融媒传播影响力平台榜

1. 社交平台榜 TOP50 榜单

表2　2021 年全国广播频率融媒传播效果评估——社交平台榜（TOP50）

排名	频率名称	社交指数
1	央广中国之声	1806.09
2	杭州交通经济广播	1505.62
3	河南交通广播	1484.06
4	安徽交通广播	1479.11
5	浙江之声	1453.63
6	江苏新闻广播	1417.91
7	福建都市生活广播	1413.47
8	天津交通广播	1401.82
9	陕西交通广播	1372.40
10	广西私家车 930	1370.33
11	广州交通广播	1346.75
12	楚天交通广播	1335.98
13	浙江交通之声	1324.68
14	河北音乐广播	1299.27
15	北京交通广播	1286.95
16	浙江城市之声	1283.87
17	湖北之声	1280.34
18	福建交通广播	1248.10
19	河北新闻频率	1235.00
20	江苏交通广播	1225.83
21	山东交通广播	1222.82
22	太原交通广播	1205.93
23	福建新闻综合广播	1201.46
24	郑州新闻综合广播	1198.55
25	贵州交通广播	1197.97
26	甘肃交通广播	1196.02
27	石家庄新闻广播	1194.46
28	北京新闻广播	1180.82
29	陕西新闻广播	1178.03

续表

排名	频率名称	社交指数
30	陕西都市广播	1177.97
31	辽宁音乐广播(沈阳交通)	1151.60
32	合肥交通广播	1141.79
33	中国交通广播	1139.92
34	四川交通广播	1133.86
35	武汉新闻综合广播	1112.34
36	济南交通广播	1105.87
37	郑州交通广播	1104.50
38	杭州西湖之声	1086.32
39	石家庄交通广播	1076.52
40	河南新闻广播	1070.30
41	河北交通广播	1063.78
42	吉林新闻综合广播	1062.03
43	吉林交通广播	1057.70
44	武汉交通广播	1054.43
45	杭州之声	1052.01
46	广西经济广播(970女主播)	1049.68
47	江西交通广播	1026.89
48	羊城交通广播	1018.11
49	楚天音乐广播	1017.99
50	河南影视广播	995.36

2. 短视频平台榜 TOP50 榜单

表3　2021年全国广播频率融媒传播效果评估——短视频平台榜（TOP50）

排名	频率名称	短视频指数
1	广州交通广播	2445.62
2	楚天交通广播	2388.05
3	江苏新闻广播	2280.52
4	福建都市生活广播	2165.19
5	广西私家车930	2124.88
6	浙江城市之声	2120.57

排名	频率名称	短视频指数
7	山东交通广播	2105.10
8	福建新闻综合广播	2065.13
9	河南交通广播	2060.55
10	河北交通广播	2025.13
11	陕西都市广播	2017.88
12	湖北之声	1974.92
13	北京交通广播	1924.73
14	浙江之声	1887.44
15	合肥故事广播	1884.46
16	上海第一财经广播	1880.28
17	内蒙古经济生活广播	1846.67
18	山东综合广播	1810.85
19	江苏音乐广播	1793.11
20	石家庄新闻广播	1753.25
21	福建交通广播	1752.06
22	江西民生广播	1751.40
23	央广中国之声	1748.30
24	广西经济广播(970 女主播)	1629.54
25	珠江经济台	1628.56
26	浙江交通之声	1605.73
27	甘肃都市调频快乐 1066	1595.53
28	安徽交通广播	1572.24
29	沈阳生活广播—幸福调频	1504.74
30	贵州综合广播	1474.39
31	贵州交通广播	1452.95
32	武汉交通广播	1427.26
33	石家庄经济广播	1420.47
34	沈阳新闻广播	1419.25
35	甘肃新闻综合广播	1412.58
36	河北文艺频率	1399.88
37	浙江经济广播	1386.63
38	陕西戏曲广播	1383.22
39	石家庄交通广播	1375.42
40	内蒙古交通之声	1360.41

续表

排名	频率名称	短视频指数
41	辽宁交通广播	1347.57
42	楚天音乐广播	1330.34
43	安徽戏曲广播	1319.21
44	甘肃交通广播	1299.35
45	济南交通广播	1297.64
46	江西综合新闻广播	1276.19
47	河北音乐广播	1257.69
48	河南旅游广播	1254.13
49	黑龙江交通广播	1201.48
50	山西综合广播	1196.84

3. 融合收听榜TOP50榜单

表4 2021年全国广播频率融媒传播效果评估——融合收听榜（TOP50）

排名	频率名称	融听指数
1	央广中国之声	2750.03
2	央广经济之声	2531.90
3	央广音乐之声	2433.73
4	上海流行音乐广播动感101	2347.06
5	上海经典金曲广播 Love Radio	2288.55
6	北京交通广播	2229.89
7	中国国际环球资讯广播	2139.08
8	上海新闻广播	2125.15
9	羊城交通广播	2116.74
10	黑龙江交通广播	2094.49
11	上海交通广播	2089.13
12	重庆交通广播	2048.40
13	北京新闻广播	2042.99
14	江苏经典流行音乐广播	2034.45
15	江苏交通广播	2022.06
16	广州新闻资讯广播	2017.91
17	中国交通广播	2012.07

排名	频率名称	融听指数
18	深圳新闻广播	1987.07
19	北京音乐广播	1985.08
20	广东音乐之声	1975.45
21	深圳交通广播	1969.18
22	珠江经济台	1967.04
23	重庆私家车广播	1959.93
24	哈尔滨文艺广播	1954.53
25	中国国际广播电台劲曲调频	1951.20
26	重庆音乐广播风尚 881	1933.89
27	北京文艺广播	1933.65
28	南京交通广播	1929.71
29	黑龙江广播 97 频道(爱家频道)FM97.0	1927.16
30	深圳音乐广播	1926.01
31	浙江交通之声	1913.66
32	杭州交通经济广播	1910.85
33	济南新闻广播	1898.30
34	上海第一财经广播	1864.04
35	重庆之声	1863.60
36	沈阳新闻广播	1840.54
37	江苏新闻广播	1839.30
38	广州汽车音乐电台	1835.87
39	杭州西湖之声	1835.13
40	黑龙江都市女性广播 FM102.1	1832.77
41	成都交通广播	1829.95
42	河北交通广播	1823.76
43	中国国际广播电台轻松调频	1822.75
44	四川交通广播	1809.19
45	吉林交通广播	1805.36
46	辽宁交通广播	1804.23
47	南京音乐广播	1799.34
48	广东新闻广播	1796.99
49	深圳电台生活 942	1791.64
50	四川城市之音	1791.53

B.18
2021年全国广播市场收听竞争格局基础数据[*]

一 北京广播市场收听竞争格局

表1 2021年北京地区广播频率收听竞争格局 TOP10

单位：%

排名	频率名称	收听率	收听份额
1	北京交通广播	0.54	21.6
2	北京音乐广播	0.25	10.2
3	北京新闻广播	0.24	9.6
4	中央中国之声	0.22	8.9
5	北京文艺广播	0.17	7.0
6	中国交通广播	0.13	5.0
7	中央经济之声	0.12	4.7
8	中央音乐之声	0.11	4.6
9	中央文艺之声	0.09	3.4
10	京津冀之声	0.08	3.1

---

[*] 此部分数据来源：中科网联数据科技有限公司全国41个城市RAM测量仪/日记卡收听率调查，2021。

二 上海广播市场收听竞争格局

表2 2021年上海地区广播频率收听竞争格局TOP10

单位：%

排名	频率名称	收听率	收听份额
1	上海流行音乐广播动感101	0.56	30.4
2	上海经典金曲广播 Love Radio	0.49	26.5
3	上海交通广播	0.30	16.2
4	中央音乐之声	0.12	6.7
5	上海新闻广播	0.12	6.4
6	上海第一财经广播	0.06	3.3
7	中央中国之声	0.05	2.9
8	中央经济之声	0.04	2.4
9	上海故事广播	0.03	1.7
10	上海长三角之声	0.02	1.3

三 广州广播市场收听竞争格局

表3 2021年广州地区广播频率收听竞争格局TOP10

单位：%

排名	频率名称	收听率	收听份额
1	广东交通之声	0.80	16.9
2	广州新闻资讯广播	0.66	13.9
3	广东音乐之声	0.46	9.8
4	广东珠江经济台	0.39	8.2
5	广州应急交通广播	0.36	7.5
6	广州汽车音乐广播	0.32	6.7
7	广东新闻广播	0.27	5.6
8	广东城市之声	0.23	4.8
9	广州青少年广播	0.21	4.4
10	中央中国之声	0.19	4.1

四 深圳广播市场收听竞争格局

表4 2021年深圳地区广播频率收听竞争格局 TOP10

单位：%

排名	频率名称	收听率	收听份额
1	深圳交通广播	0.62	13.9
2	深圳音乐广播	0.51	11.4
3	深圳生活广播	0.45	10.1
4	深圳新闻广播	0.43	9.6
5	广东南粤之声	0.34	7.6
6	中央中国之声	0.29	6.5
7	深圳湾区之声	0.24	5.4
8	大湾区之声	0.21	4.7
9	中央音乐之声	0.18	4.0
10	广州汽车音乐广播	0.16	3.6

五 天津广播市场收听竞争格局

表5 2021年天津地区广播频率收听竞争格局 TOP10

单位：%

排名	频率名称	收听率	收听份额
1	天津交通广播	0.73	29.6
2	天津音乐广播	0.42	17.1
3	天津相声广播	0.38	15.4
4	天津新闻广播	0.32	13.1
5	天津文艺广播	0.14	5.5
6	天津动听885	0.07	2.9
7	天津经济广播	0.06	2.6
8	中央经济之声	0.06	2.5
9	中央中国之声	0.05	2.2
10	天津生活广播	0.05	2.2

六　重庆广播市场收听竞争格局

表6　2021年重庆地区广播频率收听竞争格局TOP10

单位：%

排名	频率名称	收听率	收听份额
1	重庆交通广播	0.72	21.9
2	重庆音乐广播	0.63	18.9
3	重庆之声	0.42	12.8
4	重庆都市广播	0.34	10.1
5	中央经济之声	0.29	8.8
6	中央中国之声	0.25	7.7
7	重庆经济广播	0.23	7.0
8	中央音乐之声	0.13	4.0
9	中国国际广播电台轻松调频	0.10	3.1
10	重庆文艺广播	0.07	2.2

七　大连广播市场收听竞争格局

表7　2021年大连地区广播频率收听竞争格局TOP10

单位：%

排名	频率名称	收听率	收听份额
1	大连交通广播	0.72	27.5
2	大连综合广播	0.35	13.2
3	大连少儿广播	0.29	11.1
4	大连都市广播	0.19	7.3
5	大连新城乡广播	0.19	7.2
6	中央音乐之声	0.18	7.0
7	大连体育广播	0.17	6.3
8	大连财经广播	0.16	6.2
9	中央中国之声	0.12	4.7
10	辽宁资讯广播	0.07	2.8

八 青岛广播市场收听竞争格局

表8 2021年青岛地区广播频率收听竞争格局 TOP10

单位：%

排名	频率名称	收听率	收听份额
1	青岛交通广播	0.64	22.5
2	青岛音乐体育广播	0.43	15.1
3	青岛文艺广播	0.31	11.0
4	青岛新闻综合广播	0.28	9.9
5	山东音乐广播	0.23	8.2
6	青岛故事广播	0.21	7.6
7	山东经济广播	0.19	6.8
8	青岛经济广播	0.16	5.7
9	中央经济之声	0.11	3.9
10	山东经典音乐广播	0.07	2.6

九 宁波广播市场收听竞争格局

表9 2021年宁波地区广播频率收听竞争格局 TOP10

单位：%

排名	频率名称	收听率	收听份额
1	宁波交通广播	0.72	18.2
2	宁波音乐广播	0.68	17.2
3	宁波新闻综合广播	0.65	16.4
4	宁波经济广播	0.46	11.7
5	中央经济之声	0.25	6.3
6	中央中国之声	0.24	6.0
7	宁波老少广播	0.20	5.0
8	浙江之声	0.18	4.6
9	浙江旅游之声	0.17	4.2
10	浙江交通之声	0.13	3.3

十　厦门广播市场收听竞争格局

表10　2021年厦门地区广播频率收听竞争格局TOP10

单位：%

排名	频率名称	收听率	收听份额
1	厦门经济交通广播	0.49	18.2
2	厦门音乐广播	0.38	14.1
3	厦门综合广播	0.33	12.3
4	福建经济广播	0.31	11.6
5	厦门旅游广播	0.31	11.3
6	福建交通广播	0.22	8.0
7	厦门闽南之声	0.18	6.7
8	中央经济之声	0.13	4.8
9	中央中国之声	0.10	3.8
10	中央台海之声	0.07	2.6

十一　哈尔滨广播市场收听竞争格局

表11　2021年哈尔滨地区广播频率收听竞争格局TOP10

单位：%

排名	频率名称	收听率	收听份额
1	黑龙江交通广播	0.63	23.1
2	哈尔滨文艺广播	0.42	15.2
3	黑龙江老年少儿广播	0.39	14.3
4	黑龙江高校广播	0.24	8.7
5	黑龙江音乐广播	0.20	7.3
6	黑龙江都市女性广播	0.18	6.5
7	黑龙江生活广播	0.15	5.3
8	哈尔滨交通广播	0.14	5.2
9	哈尔滨音乐广播	0.10	3.8
10	黑龙江新闻广播	0.09	3.3

十二 长春广播市场收听竞争格局

表 12 2021 年长春地区广播频率收听竞争格局 TOP10

单位：%

排名	频率名称	收听率	收听份额
1	长春交通之声	0.48	34.7
2	吉林交通广播	0.19	13.8
3	长春音乐广播	0.15	10.5
4	吉林资讯广播	0.14	10.3
5	中央中国之声	0.06	4.5
6	吉林音乐广播	0.06	4.2
7	中央经济之声	0.05	3.9
8	长春都市音乐广播	0.05	3.5
9	吉林新闻综合广播	0.03	2.1
10	长春新闻综合广播	0.03	1.8

十三 沈阳广播市场收听竞争格局

表 13 2021 年沈阳地区广播频率收听竞争格局 TOP10

单位：%

排名	频率名称	收听率	收听份额
1	沈阳交通广播	0.68	19.3
2	辽宁都市广播	0.58	16.6
3	沈阳新闻广播	0.43	12.3
4	辽宁交通广播	0.39	11.1
5	中央中国之声	0.31	8.9
6	辽宁之声	0.26	7.3
7	辽宁生活广播	0.21	6.0
8	辽宁经典音乐广播	0.17	5.0
9	中央音乐之声	0.14	4.0
10	中央经济之声	0.13	3.8

十四　石家庄广播市场收听竞争格局

表 14　2021 年石家庄地区广播频率收听竞争格局 TOP10

单位：%

排名	频率名称	收听率	收听份额
1	石家庄交通广播	0.30	14.6
2	河北交通广播	0.25	12.5
3	石家庄音乐广播	0.23	11.2
4	中央中国之声	0.14	7.0
5	河北音乐广播	0.13	6.5
6	河北生活广播	0.11	5.3
7	中央音乐之声	0.09	4.3
8	河北经济广播	0.09	4.2
9	石家庄综合广播	0.09	4.2
10	河北综合广播	0.08	3.8

十五　太原广播市场收听竞争格局

表 15　2021 年太原地区广播频率收听竞争格局 TOP10

单位：%

排名	频率名称	收听率	收听份额
1	太原交通广播	0.53	15.5
2	山西交通广播	0.45	13.2
3	太原音乐广播	0.34	9.9
4	太原综合广播	0.32	9.4
5	山西音乐广播	0.27	7.9
6	山西综合广播	0.23	6.7
7	太原经济广播	0.19	5.4
8	中央中国之声	0.18	5.2
9	山西文艺广播	0.16	4.6
10	山西故事广播	0.14	4.1

十六　呼和浩特广播市场收听竞争格局

表16　2021年呼和浩特地区广播频率收听竞争格局 TOP10

单位：%

排名	频率名称	收听率	收听份额
1	内蒙古交通之声	0.56	15.1
2	中央音乐之声	0.44	10.3
3	内蒙古音乐之声	0.34	9.2
4	内蒙古经济生活广播	0.32	8.6
5	内蒙古新闻广播	0.29	8.1
6	呼和浩特交通广播	0.26	7.3
7	内蒙古评书曲艺广播	0.24	6.8
8	呼和浩特综合广播	0.22	6.2
9	呼和浩特城市生活广播	0.19	5.4
10	内蒙古新闻综合广播	0.16	4.6

十七　济南广播市场收听竞争格局

表17　2021年济南地区广播频率收听竞争格局 TOP10

单位：%

排名	频率名称	收听率	收听份额
1	济南新闻综合广播	0.92	23.5
2	济南交通广播	0.70	17.8
3	济南经济广播	0.56	14.2
4	济南音乐广播	0.54	13.8
5	济南故事广播	0.42	10.8
6	山东音乐广播	0.12	3.1
7	山东综合广播	0.11	2.8
8	山东交通广播	0.10	2.4
9	中央中国之声	0.08	2.1
10	山东经济广播	0.07	1.8

十八　郑州广播市场收听竞争格局

表18　2021年郑州地区广播频率收听竞争格局 TOP10

单位：%

排名	频率名称	收听率	收听份额
1	郑州交通广播	0.23	18.5
2	河南交通广播	0.18	14.3
3	河南影视广播	0.12	9.9
4	河南音乐广播	0.11	9.1
5	郑州汽车音乐广播	0.10	8.3
6	郑州音乐广播	0.08	6.9
7	郑州中牟电台	0.08	6.2
8	河南旅游广播	0.07	5.6
9	郑州经济广播	0.06	4.9
10	郑州新闻综合广播	0.05	4.0

十九　南京广播市场收听竞争格局

表19　2021年南京地区广播频率收听竞争格局 TOP10

单位：%

排名	频率名称	收听率	收听份额
1	南京交通广播	1.05	20.2
2	江苏交通广播	0.71	13.6
3	南京音乐广播	0.51	9.8
4	江苏经典流行音乐广播	0.42	8.0
5	南京体育广播	0.39	7.4
6	江苏音乐广播	0.31	6.0
7	中央中国之声	0.30	5.7
8	六合人民广播电台	0.28	5.4
9	江苏金陵之声	0.23	4.3
10	江苏新闻广播	0.22	4.2

二十　杭州广播市场收听竞争格局

表20　2021年杭州地区广播频率收听竞争格局TOP10

单位：%

排名	频率名称	收听率	收听份额
1	杭州交通经济广播	0.70	17.5
2	杭州西湖之声	0.45	11.2
3	浙江交通之声	0.43	10.8
4	浙江第一音乐广播	0.36	9.1
5	杭州之声	0.34	8.5
6	浙江之声	0.30	7.6
7	杭州流行音乐广播	0.27	6.8
8	中央中国之声	0.26	6.4
9	浙江经济广播	0.21	5.3
10	浙江城市之声	0.19	4.8

二十一　合肥广播市场收听竞争格局

表21　2021年合肥地区广播频率收听竞争格局TOP10

单位：%

排名	频率名称	收听率	收听份额
1	合肥交通信息广播	0.54	12.4
2	安徽交通广播	0.48	11.1
3	安徽音乐广播	0.43	9.9
4	安徽综合广播	0.37	8.6
5	合肥综合广播	0.25	5.8
6	合肥故事广播	0.24	5.6
7	合肥文艺广播	0.24	5.6
8	安徽经济广播	0.23	5.2
9	中央中国之声	0.21	4.9
10	安徽生活广播	0.19	4.5

二十二　武汉广播市场收听竞争格局

表22　2021年武汉地区广播频率收听竞争格局TOP10

单位：%

排名	频率名称	收听率	收听份额
1	楚天交通广播	0.52	13.8
2	楚天音乐广播	0.43	11.4
3	湖北经典音乐广播	0.38	10.1
4	武汉交通广播	0.31	8.2
5	武汉音乐广播	0.26	6.9
6	湖北之声	0.24	6.4
7	中央经济之声	0.22	5.9
8	湖北城市之声	0.20	5.3
9	湖北生活广播	0.17	4.5
10	武汉综合广播	0.16	4.3

二十三　长沙广播市场收听竞争格局

表23　2021年长沙地区广播频率收听竞争格局TOP10

单位：%

排名	频率名称	收听率	收听份额
1	湖南交通广播	0.60	16.0
2	湖南金鹰之声	0.42	11.3
3	长沙交通广播	0.35	9.4
4	湖南音乐之声	0.29	7.8
5	长沙新闻广播	0.26	7.1
6	长沙城市之声	0.23	6.2
7	湖南旅游广播	0.22	5.9
8	湖南综合广播	0.19	5.1
9	湖南潇湘之声	0.17	4.6
10	中央中国之声	0.14	3.7

二十四　南昌广播市场收听竞争格局

表24　2021年南昌地区广播频率收听竞争格局TOP10

排名	频率名称	收听率	收听份额
1	江西交通广播	0.29	20.4
2	南昌交通音乐广播	0.22	15.3
3	江西旅游广播	0.15	10.5
4	江西文艺音乐广播	0.15	10.4
5	南昌综合广播	0.13	9.4
6	江西综合新闻广播	0.10	6.9
7	江西故事广播	0.06	4.2
8	江西民生广播	0.06	4.2
9	中央中国之声	0.05	3.5
10	中央经济之声	0.05	3.2

二十五　福州广播市场收听竞争格局

表25　2021年福州地区广播频率收听竞争格局TOP10

单位：%

排名	频率名称	收听率	收听份额
1	福建都市生活广播	1.12	20.5
2	福建交通广播	0.74	13.6
3	福建音乐广播	0.72	13.2
4	福建新闻综合广播	0.56	10.3
5	福州交通之声	0.50	9.2
6	福州新闻广播	0.26	4.8
7	福建经济广播	0.22	4.0
8	福州音乐广播	0.21	3.9
9	中央中国之声	0.20	3.7
10	福州左海之声	0.18	3.3

二十六　成都广播市场收听竞争格局

表 26　2021 年成都地区广播频率收听竞争格局 TOP10

单位：%

排名	频率名称	收听率	收听份额
1	成都交通文艺广播	0.43	15.6
2	成都新闻广播	0.29	10.4
3	四川城市之音	0.25	9.1
4	四川交通广播	0.24	8.8
5	成都经济广播	0.22	7.9
6	四川岷江音乐广播	0.19	6.8
7	四川文艺广播	0.19	6.7
8	成都文化休闲广播	0.14	5.0
9	四川综合广播	0.12	4.3
10	四川经济广播	0.09	3.4

二十七　西安广播市场收听竞争格局

表 27　2021 年西安地区广播频率收听竞争格局 TOP10

单位：%

排名	频率名称	收听率	收听份额
1	西安交通旅游广播	0.39	13.4
2	陕西交通广播	0.34	11.5
3	西安音乐广播	0.27	9.3
4	西安新闻广播	0.24	8.3
5	陕西音乐广播	0.21	7.3
6	陕西新闻广播	0.20	6.8
7	中央经济之声	0.19	6.5
8	陕西都市广播	0.16	5.4
9	中央中国之声	0.13	4.6
10	西安综艺广播	0.10	3.5

二十八　兰州广播市场收听竞争格局

表28　2021年兰州地区广播频率收听竞争格局TOP10

单位：%

排名	频率名称	收听率	收听份额
1	甘肃交通广播	0.59	24.5
2	兰州综合广播	0.48	20.0
3	甘肃都市调频广播	0.17	7.1
4	兰州生活文艺广播	0.17	7.0
5	兰州交通音乐广播	0.16	6.8
6	甘肃新闻综合广播	0.16	6.6
7	甘肃青少广播青春调频	0.15	6.1
8	甘肃经济广播动感934	0.14	5.9
9	甘肃农村广播乡村之音	0.11	4.5
10	中央中国之声	0.09	1.4

二十九　贵阳广播市场收听竞争格局

表29　2021年贵阳地区广播频率收听竞争格局TOP10

单位：%

排名	频率名称	收听率	收听份额
1	贵州交通广播	0.52	18.2
2	贵阳交通广播	0.45	15.8
3	贵州音乐广播	0.41	14.6
4	贵州综合广播	0.32	11.4
5	贵州都市广播	0.24	8.4
6	贵阳综合广播	0.20	7.2
7	贵州故事广播	0.17	6.1
8	贵州旅游广播	0.15	5.4
9	贵州经济广播	0.11	4.0
10	中央中国之声	0.08	3.0

三十　银川广播市场收听竞争格局

表 30　2021 年银川地区广播频率收听竞争格局 TOP10

单位：%

排名	频率名称	收听率	收听份额
1	宁夏交通广播	0.53	17.7
2	银川交通音乐广播	0.45	15.1
3	宁夏新闻广播	0.44	14.6
4	宁夏音乐广播	0.31	10.4
5	宁夏经济广播	0.27	9.0
6	宁夏旅游广播	0.25	8.4
7	银川都市经济广播	0.18	6.1
8	银川综合广播	0.16	5.3
9	中央音乐之声	0.14	4.5
10	中央经济之声	0.11	3.8

三十一　南宁广播市场收听竞争格局

表 31　2021 年南宁地区广播频率收听竞争格局 TOP10

单位：%

排名	频率名称	收听率	收听份额
1	广西教育广播	0.38	20.8
2	广西文艺广播	0.28	15.3
3	广西经济广播	0.24	13.2
4	南宁乡村生活广播	0.20	11.1
5	广西综合广播	0.18	9.9
6	广西交通广播	0.17	9.5
7	南宁交通音乐广播	0.13	7.2
8	南宁故事广播	0.08	4.6
9	中央音乐之声	0.04	2.5
10	中央中国之声	0.04	2.4

三十二 昆明广播市场收听竞争格局

表32 2021年昆明地区广播频率收听竞争格局TOP10

单位：%

排名	频率名称	收听率	收听份额
1	云南交通之声	0.48	15.1
2	昆明汽车音乐广播	0.37	11.5
3	云南新闻广播	0.32	10.0
4	云南音乐广播	0.31	9.6
5	昆明新闻综合广播	0.27	8.5
6	昆明文艺旅游广播	0.24	7.4
7	云南经济广播	0.23	7.1
8	云南旅游广播	0.21	6.6
9	中央中国之声	0.21	6.5
10	中央经济之声	0.17	5.4

三十三 海口广播市场收听竞争格局

表33 2021年海口地区广播频率收听竞争格局TOP10

单位：%

排名	频率名称	收听率	收听份额
1	海南交通广播	0.68	19.9
2	海口旅游交通广播	0.55	16.1
3	海南音乐广播	0.48	14.0
4	海口音乐广播	0.42	12.3
5	海口综合广播	0.36	10.6
6	海南新闻广播	0.25	7.4
7	海南旅游广播国际旅游岛之声	0.23	6.6
8	中央音乐之声	0.16	4.8
9	海南民生广播	0.11	3.2
10	中央中国之声	0.07	2.1

三十四　西宁广播市场收听竞争格局

表 34　2021 年西宁地区广播频率收听竞争格局 TOP10

单位：%

排名	频率名称	收听率	收听份额
1	青海交通音乐广播	0.54	20.6
2	西宁交通文艺广播	0.47	17.9
3	青海新闻综合广播	0.32	12.4
4	青海生活广播	0.25	9.6
5	西宁都市生活广播	0.23	8.7
6	中央音乐之声	0.20	7.8
7	西宁新闻综合广播	0.19	7.3
8	青海经济广播	0.17	6.6
9	西宁旅游广播	0.11	4.1
10	中央中国之声	0.08	3.1

三十五　乌鲁木齐广播市场收听竞争格局

表 35　2021 年乌鲁木齐地区广播频率收听竞争格局 TOP10

单位：%

排名	频率名称	收听率	收听份额
1	新疆交通广播	0.36	15.6
2	乌鲁木齐旅游音乐广播	0.31	13.4
3	中央中国之声	0.28	11.9
4	乌鲁木齐交通广播	0.22	9.5
5	新疆私家车广播	0.18	7.8
6	新疆音乐广播	0.15	6.4
7	乌鲁木齐维语交通文艺广播	0.14	6.1
8	乌鲁木齐新闻广播	0.12	5.3
9	新疆故事广播	0.09	3.9
10	昌吉音乐广播	0.08	3.5

三十六　清远广播市场收听竞争格局

表36　2021年清远地区广播频率收听竞争格局TOP10

单位：%

排名	频率名称	收听率	收听份额
1	清远交通音乐广播	1.04	26.7
2	清远农村广播	0.88	22.5
3	清远综合广播	0.76	19.4
4	广东音乐之声	0.18	4.5
5	中央中国之声	0.15	3.8
6	广东城市之声	0.14	3.7
7	广东新闻广播	0.13	3.3
8	广东交通之声	0.12	3.2
9	广东南方生活广播	0.10	2.5
10	广州新闻资讯广播	0.07	1.7

三十七　包头广播市场收听竞争格局

表37　2021年包头地区广播频率收听竞争格局TOP10

单位：%

排名	频率名称	收听率	收听份额
1	包头交通广播	1.05	27.7
2	包头综合广播	0.64	16.8
3	包头汽车音乐广播	0.53	14.0
4	内蒙古交通之声	0.31	8.2
5	包头文艺广播	0.25	6.6
6	包头蒙语广播	0.21	5.7
7	内蒙古音乐之声	0.14	3.8
8	内蒙古新闻广播	0.11	2.9
9	内蒙古经济生活广播	0.11	2.9
10	中央音乐之声	0.08	2.1

三十八　赤峰广播市场收听竞争格局

表38　2021年赤峰地区广播频率收听竞争格局TOP10

单位：%

排名	频率名称	收听率	收听份额
1	赤峰交通广播	0.78	23.0
2	赤峰文艺广播	0.51	15.0
3	内蒙古音乐之声	0.45	13.3
4	赤峰综合广播	0.43	12.6
5	中央中国之声	0.27	8.0
6	内蒙古交通之声	0.23	6.9
7	内蒙古经济生活广播	0.11	3.3
8	内蒙古新闻广播	0.11	3.2
9	中国音乐之声	0.08	2.5
10	内蒙古评书曲艺广播	0.07	2.2

三十九　鄂尔多斯广播市场收听竞争格局

表39　2021年鄂尔多斯地区广播频率收听竞争格局TOP10

单位：%

排名	频率名称	收听率	收听份额
1	鄂尔多斯文体交通广播	0.71	21.2
2	鄂尔多斯曲艺评书广播	0.52	15.6
3	鄂尔多斯汉语综合广播	0.41	12.3
4	内蒙古音乐之声	0.40	12.0
5	中央中国之声	0.30	9.0
6	内蒙古经济生活广播	0.22	6.6
7	内蒙古评书曲艺广播	0.17	5.1
8	内蒙古新闻广播	0.15	4.4
9	鄂尔多斯蒙语综合广播	0.07	2.2
10	内蒙古新闻综合广播	0.07	2.1

四十　扬州广播市场收听竞争格局

表40　2021年扬州地区广播频率收听竞争格局TOP10

单位：%

排名	频率名称	收听率	收听份额
1	扬州交通广播	0.66	15.2
2	扬州新闻广播	0.65	15.0
3	扬州经济音乐广播	0.49	11.3
4	江苏交通广播	0.46	10.6
5	扬州健康生活广播	0.39	9.0
6	扬州江都广播	0.33	7.6
7	江苏健康广播	0.18	4.3
8	镇江综合广播	0.13	3.1
9	镇江音乐广播	0.11	2.5
10	江苏新闻广播	0.10	2.4

四十一　济宁广播市场收听竞争格局

表41　2021年济宁地区广播频率收听竞争格局TOP10

单位：%

排名	频率名称	收听率	收听份额
1	济宁交通文艺广播	1.11	42.5
2	济宁综合广播	0.66	25.2
3	济宁生活广播	0.55	21.0
4	山东交通广播	0.13	5.1
5	中央中国之声	0.06	2.3
6	山东生活信息广播	0.03	1.3
7	嘉祥音乐广播	0.03	1.0
8	山东新闻广播	0.01	0.4
9	山东文艺广播	—	0.2
10	山东经济广播	—	—

Abstract

Report on Development of China's Audio Media (2022) is compiled under the auspices of the Institute of Broadcasting (Audio Media) of Chongqing Normal University, in collaboration with the School of Journalism and Commun-ication of Jinan University, the School of Journalism and Communication of Chongqing Normal University, the Chongqing School of Journalism, and Nielsen-CCData Media Research Co. , LTD. (CCData), the research results of the professional research team of integrated media.

2021 is the centenary of the communist party of China, and also the 80th anniversary of the creation of the Chinese people's foreign broadcasting business. With a high sense of responsibility, the Chinese broadcast mainstream media, in concert with the Party and the times, have created a batch after batch of audio works with profound ideas, rich emotions, excellent production and powerful matrices, forming an epic " soundscape " of the great cause of national rejuvenation in the new era of broadcast audio, with large-scale live broadcasts beginning to become the norm, various news websites are also accelerating audio, and the policy and regulation system and governance of the radio and audio industry are being continuously strengthened.

In 2021, China's media convergence will develop to a deeper level, and the vertical and horizontal integration of broadcast audio will follow the trend. Under the new industrial pattern of accelerated upgrading of audio platforms and rapid development of niche podcasters such as small universe, traditional media promote the video and socialization of broadcast content, while accelerating the ecological layout of deep integration of broadcasting, creating cross-border broadcast IP and building a full-media communication system; the national broadcast frequency fusion communication development continues to deepen, maintaining a better communication effect, and the basic stability of the communication pattern. The development of the sound internet ecology of "audio+" is looking good, and by the end of 2021, China's online audio users reached 690 million people.

This report continues to focus on the latest developments and future trends in the development of China's audio ecology, share and recommend the evaluation of broadcast integrated media communication effect, interpret the national broadcast integrated media communication effect EMC integration index and the national broadcast market listening competition pattern basic data, explore the traditional broadcast video-based integration path in the context of deep media integration, and gain insight into China's network voice live broadcasting, network audio, audiobooks, etc. in 2021. The report is based on scientific and realistic first-hand data. Through scientific and realistic first-hand data and objective and rational case analysis, this report presents the development and innovation achievements of China's broadcast and audio media market, providing rational reference and objective basis for the integration and upgrading of audio industry.

Throughout China's audio media in 2021, the interactive development of "platformization" and copyright system construction echoes each other. On the one hand, the new media matrix of national broadcast media is becoming more and more complete, the whole media communication system is becoming more and more perfect, and the two development trends of new platform media and resource aggregation "cloud platform" are becoming clearer; on the other hand, national broadcast media are strengthening copyright management and operation, actively laying out car network and mobile Internet, and orderly deepening copyright protection. In 2021, the revision and implementation of the new *Copyright Law* has promoted the further improvement of the legal system for the application of online music copyright protection, and the ecological system of online music licensing is gradually being established. Meanwhile, with the development of internet digital technology, changes in people's reading habits, policy promotion and socio-economic development, audiobooks have become an increasingly popular audio content product in China. China has become the second largest market for audiobooks in the world, and the audiobook industry is developing rapidly and the market system is maturing, and the integrated and innovative profit model of "cloud listening" has brought new inspiration to the transformation and development of broadcast media.

In the increasingly competitive video consumption market, the market size of audio products and the proportion of total media consumption continue to grow, the advertising of broadcast audio shows great flexibility, the pace of construction of one-stop audio entertainment platform for broadcast media further accelerates, audio streaming, online clients and other methods to make online audio and traditional radio listening time equal. Music streaming media, online podcasts, audio books, audio live, audio social and so on continue to expand the auditory application scene, 5G, smart speakers, VR wearable devices and other technologies in boosting audio communication personalization, convenience, social features, while accelerating the promotion of new media content broadcast, auditory "golden age" has been near at hand.

Keywords: Audio Media; Video; EMC Fusion Index

Contents

I   General Report

Abstract: 2021 is the centenary of the founding of the Communist Party of China. With a highly responsible spirit, Chinese mainstream radio and audio, in unison with the Party and in sync with the times, record historical greatness and show the centenary with their unique political sensitivity and family sentiment, tell the story of the Communist Party of China vividly and vividly, sing the main theme of the good Communist Party in unison, and create a batch of profoundly thoughtful, emotionally radio and audio works with profound thoughts, emotions, grand structure and wide matrix. At the same time, international communication, construction of laws and regulations, media convergence, and operation of "news + government, services and business" were also effectively launched with many highlights.

Keywords: The 100th Anniversary of the Founding of the CPC; Media Fusion; "News+"; Audio Communication

Ⅱ Media Convergence

B . 2 Insights into the Ecological Layout of Deep Integration of

China's Broadcast in 2021

Beijing Radio and Television Program Research and Development Center / 013

Abstract: This paper takes the innovative radio end practice of Beijing Radio and Television Station in 2021 as an example, and focuses on the experience of how Beijing Media Network has built a cross-border broadcasting IP, explored new profit models and constructed a full-media communication system under the background of deep media integration, with mechanism innovation and content innovation as the grasp. This study analyzes the development status and trend of the construction of the traditional broadcasting all-media communication system from three dimensions: top-level design, innovation practice and innovation strategy.

Keywords: Media Fusion; Beijing Radio and Television Station; All Media Communication System

B . 3 Evaluation on the Communication Effect of China's

Broadcast Convergence Media in 2021　　　　*Sun Linlin* / 032

Abstract: In 2021, the development of the national radio frequency integrated communication continues to deepen, maintains a good communication effect, and the communication pattern is basically stable. In the integrated communication, the scale of radio media audience has been effectively expanded, with the total audience of over 870 million, the fan pool on the new media matrix platform exceeding 440 million, and the content of radio media has been spread in breadth. In 2021, the broadcast media communication influence index is generally stable and slightly declined, mainly due to fluctuations in data on social media platforms. The two types of news and transportation communication frequencies continue the communication advantage of the traditional end, and maintain the advantage of communication influence in the integrated communication. The national frequency of China National Radio Voice of China has maintained the lead for three consecutive years, and many provincial frequencies form the backbone. At the same time, a large number of benchmarking frequencies have emerged in different levels and different types of frequencies of the national broadcasting media, playing a demonstration role for other broadcasting frequencies.

Keywords: Radio Frequency; Fusion Transmission; Communication Effect

B.4 Exploration on the Integration of Traditional Radio Program Video in 2021

Zhang Alin / 050

Abstract: With the advent of the 5G era, the traditional radio and television stations are faced with the key choice of competition and development, reform and transformation, and the century-old broadcasting stations have ushered in the key node of integrated development. In 2021, the ecological environment of mainstream media has undergone profound changes, and the joint efforts of national strategy, industry market and technology development make radio program video necessary. The development process of video has changed the working mode, ecological environment, mechanism and system and personnel team of broadcasting industry. In the process of video, the broadcast media develops a unique video form based on its own advantages.

Keywords: Integrated Development; Video; Broadcasting New Ecology

B. 5 Panoramic Insights on User Catalyst Behavior in China's

Audio Media Market in 2021 *Niu Cunyou* / 067

Abstract: In 2021, the "platformization" of the audio media market is its most significant development trend and characteristics. Driven by the widespread application of intelligent devices, broadcastaudience have basically completed the transformation to audio users; "platform" has become the main path for audio users to obtain information, intelligent devices become the main communication port of audio media full scene, the communication of audio content from traditional broadcast to media platform matrix communication; audio platform presents long tail effect and market bottleneck, audio users show high attention to the WeChat ecological platform in the all-media communication matrix created by traditional mainstream media, and users' platform usage preferences basically constitute the closed loop of "interaction+consumption".

Keywords: Audio Media Market; User Portrait; Platform Features

B. 6 Analysis Report on User Behavior in China's Network

Audio Platform in 2021

Wu Rongbin, Xin Fei and Yan Chunlong / 089

Abstract: With the acceleration of 5G mobile network, the market scale of network audio users continues to expand, reaching 17. 31 billion yuan in 2021, with a growth rate of 40.8%. The ratio of male to female network audio users is balanced, "post-70s", "post-80s" and "post-90s" are the main traffic, and middle and high income groups are the main users. In terms of listening habits, it is obviously influenced by the changes of spatial and temporal behavior, and the use of intelligent setting to listen to audio has become a new trend, and the user information access channels are more diversified. In terms of listening content, the exposure surface of listening content is greatly expanded, and the listening activity increases; the user payment habit has been formed, and the payment model is mainly the membership model, supplemented by quality content payment, accompanied by a variety of purposes.

Keywords: Network Audio Platform; User Portrait; Catalyst Habits; Content Preference; Payment Habits

B.7 An Overview of the Development of Network Voice Live Broadcasting in China in 2021 *Shen Qiwu, Li Yingyan /* 117

Abstract: In 2021, the product positioning and target market of voice live broadcastinghave been further defined, and gradually from the previous market expansion and resource competition to the stage of self-precipitation and intensive cultivation. After several years of development, the platform has gradually realized that the control of quality content resources is directly related to the user experience and retention rate. Now, with the common support of policy, capital, technology and other aspects, voice live broadcasting is further developing in the direction of specialization and quality. In the future, in the continuous development of the vertical market, voice live broadcasting will face a more severe supply and demand relationship and supply quality test.

Keywords: Voice Live Broadcasting; Media Ecology; Vertical Market

Ⅲ Radio Station

B.8 Changes and Characteristics of Competition Pattern in China's Broadcasting Market in 2021

Chen Yehong, Zhang Yang / 131

Abstract: In 2021, under the continuous impact of mobile internet and internet of vehicles, the overall influence of national broadcasting media has declined. Influenced by the network listening and mobile entertainment, the broadcast touch scale and listening viscosity in the car space and the scene have decreased. In this process, the quality of radio listeners is still relatively good quality, but the high-end people appear signs of shrinking. The competition pattern of three-level radio station is still, provincial radio stations maintain the leading advantage, but the municipal radio stations continue to make efforts, and the competition is more fierce. The frequency of the three main types of traffic, music and news still occupies the monopoly advantage, but the frequency of music has declined, and the frequency of life, economy and literature is on the rise. The concentration of listening in cities has increased slightly, and traffic broadcasting continues to remain the top of the competition. Under the guidance of the China Media Group, the national radio media have strengthened the management of copyright, protection and the exchange and sharing of program resources, which to some extent has triggered the adjustment of algorithm rules by commercial audio platforms. Integrating and streamlining radio frequency resources, strengthening the layout of internet of vehicles and mobile internet, and strengthening copyright protection and peer communication are active explorations made by national radio media in response to the decline of the influence of traditional live broadcast programs, and also the only way for the transformation and development of radio media.

Keywords: On-board Listening Market; Three-level Radio Station; Listening Concentration; Copyright Protection

B.9 The Prediction of the Challenge and Development Trend of China's Broadcast *Zhao Suiyi, Wang Siwen* / 152

Abstract: In the long history of China's broadcasting industry, China's Broadcast has played an important role in national public opinion propaganda, social information services and social governance. However, with the development of technology, the richness of content products, the diversification of audience reading and listening habits, and the mobile form of communication, Chinese broadcasting has encountered unprecedented challenges. If broadcast media want to continue to develop in the wave of technology, correct development strategy positioning, vertical transformation of products to industry, deep plowing of broadcast IP, promotion and use of offline activities, think tank construction and authoritative index release, the concept of "content is king-quality is supreme", innovation of operation and revenue generation mode, the development of all-media product ecology and industry need to be comprehensively promoted.

Keywords: Digital Technology; Media Strategy; Vertical Industry

B.10 The Analysis Report of China's Broadcast Listeners in 2021

Sun Meiling, Zhao Haijing / 164

Abstract: In recent years, although the broadcast media has encountered the impact of mobile internet and new media development, but in the continuous deepening of media convergence development, the listening habits of broadcast listeners are still stable in general and stable in part. Radio listeners are mainly post-80s and post-90s, showing a certain trend of rejuvenation, although more men, but the gender gap is narrowing; mainly middle and high education, middle and high income white-collar working class, overall more high-quality. Smart terminal and car terminal are the main listening terminals for listeners, with smart terminal users exceeding car terminal; listeners' listening scenarios are flexible and changeable, with strong competitive advantages in car, commuting, home, exercise and other scenarios. Listeners' listening activity and stickiness are still strong, with a relatively higher concentration of listening during peak hours on weekdays and a shift to later peak hours in the evening. The proportion of listeners choosing to listen to fixed radio stations / frequencies has dropped significantly, while the choice to listen to App program content, specific program content as well as live, specific hosts and active search for program content has increased significantly, which is consistent with the smart terminal to become the most important listening terminal for listeners. Listening content is still dominated by local content, news, music, traffic as the main type of listening frequency. Different types of listeners, different listening scenarios of content consumption needs show more obvious differences, the content of the program vertical production and fine programming is still the basic strategy of the mobile Internet era of radio stations to consolidate the retention rate of listeners and enhance the stickiness and listening loyalty of listeners.

Keywords: Listening Terminal; Audience Portrait; Listening Scene

Ⅳ Online Music

B . 11 Observation on the Development Trend of Network

Music in China in 2021

Wang Chunmei, Zhang Siqi and Wu Ting / 182

Abstract: With the combined effect of technology, policy and market, China's network music industry continued its steady development in 2021, with significant growth in both the number of users and revenue scale. The industry pattern of "one super and one strong" is basically stable, with new players joining the industry, expanding the industry chain and business types. Market boundaries continue to dissolve and cross-border development has become mainstream, with the network music industry intermingling with short-form video, social media and long-form audio. The exclusive copyright model has dissolved, major platforms have strengthened their support for original music, online performances have become the norm, and sleep-aiding and healing music has been an eye-catcher. With the promotion of technology, concepts such as meta-universe and NFT have been applied in the online music industry, and user payment rates have increased significantly. For the future, the network music industry needs to focus on the new demand and trend of "listening", targeting niche groups and scenarios, continuously innovating content and services, and improving the supply capacity of quality music products.

Keywords: Network Music; Mobile Music; Digital Music

B.12   The Current Situation and Development of Network

Music Copyright Protection in China in 2021

Wu Shenghua, *Zhou Jian* / 196

Abstract: 2021 is the opening year of the 14th Five-Year Plan and the year of the implementation of China's newly amended *Copyright Law*, which has opened a new page for the protection of network music copyright in China. Since July 2015, the relevant departments have launched a special rectification action for network music copyright, and formulated and implemented a "three-step" approach to stop infringement, guide the standardization of authorization model, and promote the establishment of business model for digital music licensing and ecological optimization. In 2021, the newly amended *Copyright Law* was implemented, and the legal system applicable to network music copyright protection was further improved; the State Administration of Market Supervision issued an administrative penalty decision, ordering Tencent Holdings Limited and its affiliates to release exclusive music copyrights within 30 days. The "first anti-monopoly case in China's online music copyright market" has far-reaching impact; the improvement of authorization model and commercial ecology continues to advance, and the network music genuine ecological system is gradually established. However, music copyright issues such as short video and online live broadcast are highlighted, and copyright law enforcement and supervision bright sword new formats and new fields. Analyzing the development trend of China's network music copyright protection, the copyright authorization model needs to be further improved, and the good market ecology of network music copyright needs to continue to be created; the online copyright industry enters the "trillion era", and network music copyright investment is promising; audio copyright protection technology further develops, and network music rights protection enters the era of technical defense.

Keywords: Network Music; Copyright Protection; Blockchain Technology

B.13 The Analysis Report on the Users Listening to Chinese

Network Music in 2021   *Zhang Shuai*, *Sun Yang* / 212

Abstract: China's online music industry has shown steady development in recent years as the internet continues to penetrate into the daily lives of internet users and the network music platform system is becoming more sophisticated. 2021 has seen a steady rise in the size of network music users, with the proportion of males rising, younger groups emerging, a relatively even distribution of cities, a high proportion of medium to high consumers, and a growing prominence of payment models. The listening scene of network music is getting richer and richer, and music has penetrated into all hours of users' work and life. The promotion of online concerts and other new formats has brought different development opportunities to the network music market. Network music continues to develop listening channels, and strives to achieve linkage with short videos, reading and radio. The internet music listening ecology is becoming more and more systematic.

Keywords: Network Music; User Portrait; Music Dissemination

V Audio Books Online

B.14 Insights into China's Audiobook Market in 2021

Wang Yu, *Li Dandan* / 233

Abstract: With the development of internet digital technology, the change of people's reading habits, the promotion of policies and the development of social economy, audiobooks have become an increasingly popular audio content product in China. At present, China is the second largest market for audiobooks in the world, and the audiobook industry continues to develop rapidly and the market system is gradually maturing. The upstream of the audiobook industry chain is the copyright holder, the midstream is mainly the audiobook reading platform, with Himalaya, Dragonfly FM and Lychee forming the head effect, and the audiobook production mode has three modes: UGC, PGC and PUGC. Downstream users show young characteristics, listen to audiobooks for a variety of purposes and a wide range of application scenarios, and young and new first-tier city users are more willing to pay. In the future, audiobooks will have a wider range of application scenarios and richer profit models, with more players joining the track to stimulate business potential, while also requiring industry change and innovation to break through bottlenecks to achieve high-quality development.

Keywords: Audiobooks; Digital Reading; User Payment

B. 15 Research on the Profit Model of China's Audiobook

Market in 2021   *Tong Yun*, *Li Ruomei* / 251

Abstract: In 2021, China's audiobook market boomed with a series of new policies to escort the development of cultural industry; audiobooks on the theme of the centenary of the founding of the Party were hot; educational and health, traditional culture audiobooks and IP creation became market hotspots. The audiobook market has formed five representative profit models, namely the network platform agency model, membership subscription model, advertising profit model, community trading model and IP value derivation model. The integration and innovation profit model of "cloud listening" is represen-tative. However, China's digital audiobook industry has a short history of development, and there are many shortcomings. It should improve the regulatory mechanism of audiobook intellectual property rights, establish industry standards, strengthen market supervision from many aspects such as law, environment and platform, form a benign and orderly competition atmosphere, stimulate the market innovation vitality, and bring into play the social value of audiobook.

Keywords: Audiobooks; Digital Audio Publishing; Value Derivation of IP; Cloud Listening

B.16 The User Portrait and Catalyst Analysis of China's Audiobook Market in 2021

Lai Lijie, Fang Long and Qiu Xin / 266

Abstract: In recent years, with the update and iteration of mobile Internet and wearable technology, audio products content, form and scene are constantly enriched, and audio products represented by audiobooks are on the rise. The users of audiobooks are mainly middle-aged and young people, especially the "one with a car" who have a relatively considerable income. In terms of media exposure, audiobook users prefer to socialize, using smartphones and other devices to enter different scenes to express themselves and interact socially; in terms of listening behavior, audiobook users prefer music and news frequencies with strong localization and lifestyle, as well as selected content of knowledge and urban romance, and present regular listening, mostly concentrated in the morning, midday and evening hours; in terms of consumption behavior, audiobook users pursue higher content demand, and there are contradictions between single payment mode and higher content demand. Further excavation of user demand, identification of user pain points, and matching diverse payment modes are the keys to sustainable development of audiobooks.

Keywords: Audiobook; User Portrait; Listening Behavior; Content Payment

Ⅵ   Appendices：Data

社会科学文献出版社

皮 书

智库成果出版与传播平台

❖ 皮书定义 ❖

皮书是对中国与世界发展状况和热点问题进行年度监测，以专业的角度、专家的视野和实证研究方法，针对某一领域或区域现状与发展态势展开分析和预测，具备前沿性、原创性、实证性、连续性、时效性等特点的公开出版物，由一系列权威研究报告组成。

❖ 皮书作者 ❖

皮书系列报告作者以国内外一流研究机构、知名高校等重点智库的研究人员为主，多为相关领域一流专家学者，他们的观点代表了当下学界对中国与世界的现实和未来最高水平的解读与分析。截至2021年底，皮书研创机构逾千家，报告作者累计超过10万人。

❖ 皮书荣誉 ❖

皮书作为中国社会科学院基础理论研究与应用对策研究融合发展的代表性成果，不仅是哲学社会科学工作者服务中国特色社会主义现代化建设的重要成果，更是助力中国特色新型智库建设、构建中国特色哲学社会科学"三大体系"的重要平台。皮书系列先后被列入"十二五""十三五""十四五"时期国家重点出版物出版专项规划项目；2013~2022年，重点皮书列入中国社会科学院国家哲学社会科学创新工程项目。

皮书网

（网址：www.pishu.cn）

发布皮书研创资讯，传播皮书精彩内容
引领皮书出版潮流，打造皮书服务平台

栏目设置

◆关于皮书

何谓皮书、皮书分类、皮书大事记、
皮书荣誉、皮书出版第一人、皮书编辑部

◆最新资讯

通知公告、新闻动态、媒体聚焦、
网站专题、视频直播、下载专区

◆皮书研创

皮书规范、皮书选题、皮书出版、
皮书研究、研创团队

◆皮书评奖评价

指标体系、皮书评价、皮书评奖

◆皮书研究院理事会

理事会章程、理事单位、个人理事、高级
研究员、理事会秘书处、入会指南

所获荣誉

◆2008年、2011年、2014年，皮书网均
在全国新闻出版业网站荣誉评选中获得
"最具商业价值网站"称号；

◆2012年，获得"出版业网站百强"称号。

网库合一

2014年，皮书网与皮书数据库端口合
一，实现资源共享，搭建智库成果融合创
新平台。

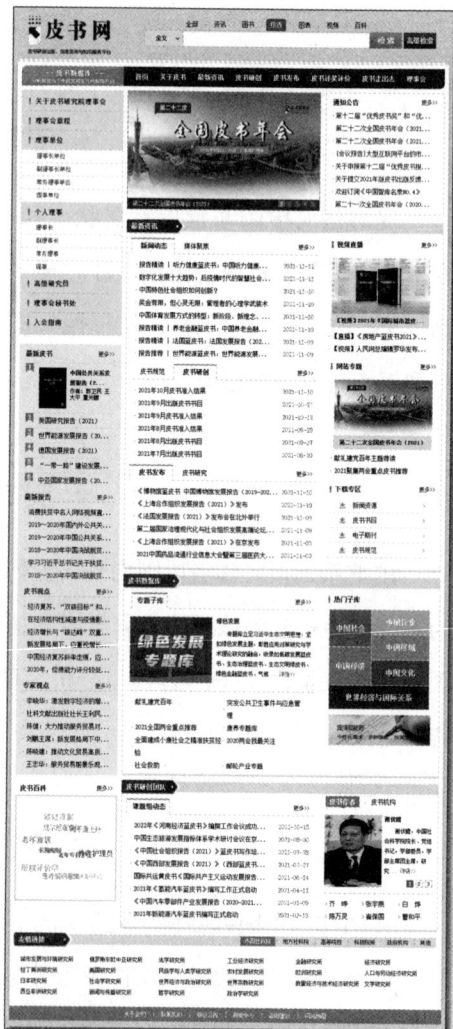

皮书网

"皮书说"
微信公众号

皮书微博

权威报告·连续出版·独家资源

皮书数据库
ANNUAL REPORT(YEARBOOK)
DATABASE

分析解读当下中国发展变迁的高端智库平台

所获荣誉

- 2020年，入选全国新闻出版深度融合发展创新案例
- 2019年，入选国家新闻出版署数字出版精品遴选推荐计划
- 2016年，入选"十三五"国家重点电子出版物出版规划骨干工程
- 2013年，荣获"中国出版政府奖·网络出版物奖"提名奖
- 连续多年荣获中国数字出版博览会"数字出版·优秀品牌"奖

皮书数据库　　"社科数托邦"
微信公众号

成为会员

　　登录网址www.pishu.com.cn访问皮书数据库网站或下载皮书数据库APP，通过手机号码验证或邮箱验证即可成为皮书数据库会员。

会员福利

- 已注册用户购书后可免费获赠100元皮书数据库充值卡。刮开充值卡涂层获取充值密码，登录并进入"会员中心"—"在线充值"—"充值卡充值"，充值成功即可购买和查看数据库内容。
- 会员福利最终解释权归社会科学文献出版社所有。

数据库服务热线：400-008-6695
数据库服务QQ：2475522410
数据库服务邮箱：database@ssap.cn
图书销售热线：010-59367070/7028
图书服务QQ：1265056568
图书服务邮箱：duzhe@ssap.cn

S 基本子库
SUB DATABASE

中国社会发展数据库（下设 12 个专题子库）

紧扣人口、政治、外交、法律、教育、医疗卫生、资源环境等 12 个社会发展领域的前沿和热点，全面整合专业著作、智库报告、学术资讯、调研数据等类型资源，帮助用户追踪中国社会发展动态、研究社会发展战略与政策、了解社会热点问题、分析社会发展趋势。

中国经济发展数据库（下设 12 专题子库）

内容涵盖宏观经济、产业经济、工业经济、农业经济、财政金融、房地产经济、城市经济、商业贸易等 12 个重点经济领域，为把握经济运行态势、洞察经济发展规律、研判经济发展趋势、进行经济调控决策提供参考和依据。

中国行业发展数据库（下设 17 个专题子库）

以中国国民经济行业分类为依据，覆盖金融业、旅游业、交通运输业、能源矿产业、制造业等 100 多个行业，跟踪分析国民经济相关行业市场运行状况和政策导向，汇集行业发展前沿资讯，为投资、从业及各种经济决策提供理论支撑和实践指导。

中国区域发展数据库（下设 4 个专题子库）

对中国特定区域内的经济、社会、文化等领域现状与发展情况进行深度分析和预测，涉及省级行政区、城市群、城市、农村等不同维度，研究层级至县及县以下行政区，为学者研究地方经济社会宏观态势、经验模式、发展案例提供支撑，为地方政府决策提供参考。

中国文化传媒数据库（下设 18 个专题子库）

内容覆盖文化产业、新闻传播、电影娱乐、文学艺术、群众文化、图书情报等 18 个重点研究领域，聚焦文化传媒领域发展前沿、热点话题、行业实践，服务用户的教学科研、文化投资、企业规划等需要。

世界经济与国际关系数据库（下设 6 个专题子库）

整合世界经济、国际政治、世界文化与科技、全球性问题、国际组织与国际法、区域研究 6 大领域研究成果，对世界经济形势、国际形势进行连续性深度分析，对年度热点问题进行专题解读，为研判全球发展趋势提供事实和数据支持。

法律声明

"皮书系列"(含蓝皮书、绿皮书、黄皮书)之品牌由社会科学文献出版社最早使用并持续至今,现已被中国图书行业所熟知。"皮书系列"的相关商标已在国家商标管理部门商标局注册,包括但不限于LOGO(▨)、皮书、Pishu、经济蓝皮书、社会蓝皮书等。"皮书系列"图书的注册商标专用权及封面设计、版式设计的著作权均为社会科学文献出版社所有。未经社会科学文献出版社书面授权许可,任何使用与"皮书系列"图书注册商标、封面设计、版式设计相同或者近似的文字、图形或其组合的行为均系侵权行为。

经作者授权,本书的专有出版权及信息网络传播权等为社会科学文献出版社享有。未经社会科学文献出版社书面授权许可,任何就本书内容的复制、发行或以数字形式进行网络传播的行为均系侵权行为。

社会科学文献出版社将通过法律途径追究上述侵权行为的法律责任,维护自身合法权益。

欢迎社会各界人士对侵犯社会科学文献出版社上述权利的侵权行为进行举报。电话:010-59367121,电子邮箱:fawubu@ssap.cn。

社会科学文献出版社